# 电网工程限额设计控制指标

## （2021 年水平）

电力规划设计总院　编

中国电力出版社
CHINA ELECTRIC POWER PRESS

## 内 容 提 要

电力规划设计总院受国家能源局委托，在 2020 年水平限额设计控制指标基础上，依据 2021 年度电网工程初步设计及施工图资料，采用 2019 年 11 月国家能源局颁发的《电网工程建设预算编制与计算规定》《电力建设工程概算定额》和《电力建设工程预算定额》（2018 年版）以及 2021 年设备、材料（北京市及甘肃兰州市）价格，编制了常规送电、变电工程及光通信工程限额设计控制指标、调整指标（2021 年水平）及 2020～2021 年综合结算性造价指数，反映了 2021 年的送、变电工程基本建设的较先进造价水平及 2020～2021 年造价变化情况。

本限额设计控制指标适用于 220～1000kV 送变电工程项目。本书可供电网工程项目投资、设计、管理人员参考使用。

**图书在版编目（CIP）数据**

电网工程限额设计控制指标. 2021 年水平 / 电力规划设计总院编. —北京：中国电力出版社，2022.7

ISBN 978-7-5198-6891-8

Ⅰ. ①电… Ⅱ. ①电… Ⅲ. ①电力工程–预算定额–中国 Ⅳ. ①F426.61

中国版本图书馆 CIP 数据核字（2022）第 125294 号

---

出版发行：中国电力出版社
地　　址：北京市东城区北京站西街 19 号（邮政编码 100005）
网　　址：http://www.cepp.sgcc.com.cn
责任编辑：王　南（010-63412876）
责任校对：黄　蓓　常燕昆
装帧设计：赵姗姗
责任印制：石　雷

---

印　　刷：三河市万龙印装有限公司
版　　次：2022 年 7 月第一版
印　　次：2022 年 7 月北京第一次印刷
开　　本：850 毫米×1168 毫米　32 开本
印　　张：13.25
字　　数：318 千字
印　　数：0001—1500 册
定　　价：100.00 元

---

# 关于印发《火电工程限额设计参考造价指标》（2021 年水平）及《电网工程限额设计控制指标》（2021 年水平）的通知

电规科技〔2022〕1 号

各有关单位：

受国家能源局委托，电力规划设计总院组织编制完成了 2021 年水平的限额设计指标。根据目前工程造价控制的实际需要，指标按《火电工程限额设计参考造价指标》和《电网工程限额设计控制指标》两册分别出版。

本次编制工作对基本方案作了部分设计优化，完善了模块的设置，根据《电力建设工程概算定额》（2018 年版）及《电网工程建设预算编制与计算规定》《火力发电工程建设预算编制与计算规定》（2018 年版），结合施工图工程量，对原有指标进行了调整，在设备材料价格选取方面体现了从严控制的原则，总体造价更加贴近市场水平。

2021 年水平限额指标编制完成后，经过广泛征求意见和专家评审，并向国家能源局进行了汇报，现印发实施。如在执行中遇到问题，请及时告知电力规划设计总院。

附件：1. 火电工程限额设计参考造价指标（2021 年水平）（另发）

2. 电网工程限额设计控制指标（2021 年水平）（另发）

电力规划设计总院（印）

2022 年 6 月 30 日

# 总 说 明

根据我国电力工程技术发展的需要，电力规划设计总院受国家能源局委托在2020年水平限额设计控制指标基础上，依据2021年度电网工程初步设计及施工图资料，采用2019年11月国家能源局颁发的《电网工程建设预算编制与计算规定》《电力建设工程概算定额》和《电力建设工程预算定额》（2018年版）以及2021年设备、材料（北京市及甘肃兰州市）价格，编制了常规送电、变电工程及光通信工程限额设计控制指标、调整指标（2021年水平）及2020～2021年综合结算性造价指数，反映了2021年的送、变电工程基本建设的较先进造价水平及2020～2021年造价变化情况。

本限额设计控制指标的主要作用是：

一、作为主管机关核准项目时对申请核准报告的投资估算和投资概算的控制尺度；

二、作为电网建设项目动态管理的依据；

三、作为各电网公司编制宏观规划的参考资料；

四、作为项目法人控制工程投资的参考；

五、作为设计部门编制可行性研究报告投资估算、初步设计概算进行对比分析和造价控制的参考。

本限额设计控制指标适用于220～1000kV交流输变电工程、±800kV及以下直流输电工程、换流站工程以及光纤通信工程。当工程的技术条件、设备材料价格、建设场地征用及清理费等因素与指标不同时，应对投资作出修正。

# 目　录

## 第二部分　光纤通信工程

# 第三部分　变电工程

电网工程限额设计控制指标

（2021年水平）

第一部分

# 送电工程

# 一、送电工程限额设计控制指标

（2021 年水平）

## （一）编制说明

1. 主要编制依据

（1）定额执行国家能源局 2019 年 11 月发布的《电力建设工程预算定额（2018 年版）第四册　架空输电线路工程》。

（2）项目划分及取费标准执行国家能源局 2019 年 11 月发布的《电网工程建设预算编制与计算规定》（2018 年版）及 2021 年 4 月发布的中华人民共和国电力行业标准：DL/T 5467—2021《输变电工程初步设计概算编制导则》、DL/T 5468—2021《输变电工程施工图预算编制导则》、DL/T 5469—2021《输变电工程可行性研究投资估算编制导则》、DL/T 5472—2021《架空输电线路工程建设预算项目划分导则》。其他政策文件依照惯例使用截至 2021 年底。

（3）定额人工费调整、电网安装工程定额材机调整及建筑工程定额材料价差、施工机械价差调整执行《电力工程造价与定额管理总站关于发布 2018 版电力建设工程概预算定额 2021 年度价格水平调整的通知》（定额〔2022〕1 号）。1000、500、220、±800kV 及±500kV 定额材料机械费调整执行北京市的系数，750kV 及 330kV 工程执行甘肃省的系数。

（4）社会保险费：缴费费率为养老保险、失业保险、医疗保险、生育保险、工伤保险费率之和。1000、500、220、

±800kV 及±500kV 工程按北京市为（16＋0.5＋9＋0.8＋1）%，750kV 及 330kV 工程按甘肃省为（16＋0.7＋6＋0.7＋0.6）%。

（5）住房公积金：1000、500、220、±800kV 及±500kV 工程缴费费率执行《关于 2021 住房公积金年度住房公积金缴存有关问题的通知》（京房公积金管委会发〔2021〕12 号）北京市为 12%，750kV 及 330kV 工程按甘肃省为 12%。

（6）增值税税率执行《电力工程造价与定额管理总站关于调整电力工程计价依据增值税税率的通知》（定额〔2019〕13 号）。

（7）装置性材料采用《电力建设工程装置性材料预算价格》（2018 年版）进本体取费，并参照 2021 年度实际工程招标合同价调整价差。地方性材料价格 1000、500、220、±800kV 及±500kV 工程按照北京市 2021 年信息价计列，750kV 及 330kV 工程按照甘肃兰州市 2021 年信息价计列。主要材料价格详见"一、（十二）2021 年水平送电工程主要材料价格表"。

本指标甲供材料范围为塔材、导地线、绝缘子和金具。

（8）本指标中环境监测及环境保护验收费按 1700 元/km 计列、水土保持监测及验收费按 2300 元/km 计列，实际工程按各地有关部门规定的标准计算。

（9）本指标中建设场地征用及清理费 500kV 工程分单、双回考虑，其他电压等级按综合价统一考虑。其中水土保持补偿费按 1.4 元/$m^2$ 计列。

（10）本指标不含专业爆破服务费。

（11）本指标不考虑新型冠状病毒肺炎疫情对工程造价的影响。

（12）本指标价格只计算到静态投资，基本预备费费率 1000kV 及±800kV 为 1%，其余为 1.5%。

2. 编制范围

（1）自发电厂升压站或送电端变电站引出线构架线路

侧的绝缘子金具串起，至受电端变电站引入线构架的绝缘子金具串止的 1000、750、500、330、220、±800、±500kV 架空送电线路。

（2）本指标不包括：

1）特殊地基处理（特殊注明除外）；

2）大跨越；

3）地区间价差调整；

4）建设期贷款利息及价差预备费。

3. 工程技术条件

本限额指标执行 DL/T 5551—2018《架空输电线路荷载规范》、DL/T 5582—2020《架空输电线路电气设计规程》、DL/T 5486—2020《架空输电线路杆塔结构设计技术规程》、DL/T 5440—2020《重冰区架空输电线路设计规程》等标准，详见“二、送电工程限额设计技术条件”。

4. 指标内容构成

本指标按平地、丘陵、河网泥沼、山地、高山、峻岭等各类地形分别进行编制，分为线路本体工程和其他（含辅助设施工程费、其他费用、编制基准期价差及基本预备费）两部分。

5. 使用说明

（1）本指标是 2021 年水平静态价。

（2）单一地形可直接套用本指标；多种地形时应按地形比例加权平均。

（3）当设计气象条件等与本限额设计标准不同时，可采用送电工程限额设计控制指标及调整系数表进行调整。

具体使用方法详见“一、（十三）送电工程限额设计控制指标计算实例”。

## （二）2021 年水平送电工程限额设计控制指标范围

金额单位：万元/km

| 序号 | 方案名称 | 电压等级 | 回路数 | 气象条件 | 导线规格 | 单位造价 | | | | | | 备注 |
|---|---|---|---|---|---|---|---|---|---|---|---|---|
| | | | | | | 平地 | 丘陵 | 河网泥沼 | 山地 | 高山 | 峻岭 | |
| 一、交流工程 | | | | | | | | | | | | |
| 1 | 1000kV 双回 8×630（钢管塔） | 1000kV | 双回 | 27m/s，10mm | 8×JL/G1A-630/45 | 1068.54 | 1133.7 | 1447.9 | 1337.06 | — | — | |
| 2 | 1000kV 单回 8×500 | 1000kV | 单回 | 27m/s，10mm | 8×JL/G1A-500/45 | — | — | — | 578.34 | 649.84 | — | |
| 3 | 750kV 双回 6×500 | 750kV | 双回 | 27m/s，10mm | 6×JL/G1A-500/45 | 533.62 | 559.59 | — | 646.45 | 735.96 | — | |
| 4 | 750kV 双回 6×400 | 750kV | 双回 | 27m/s，10mm | 6×JL/G1A-400/50 | 489.85 | 513.66 | — | 594.97 | 690.69 | — | |

续表

| 序号 | 方案名称 | 电压等级 | 回路数 | 气象条件 | 导线规格 | 单位造价 | | | | | | 备注 |
|---|---|---|---|---|---|---|---|---|---|---|---|---|
| | | | | | | 平地 | 丘陵 | 河网泥沼 | 山地 | 高山 | 峻岭 | |
| 5 | 750kV 单回 6×400 | 750kV | 单回 | 27m/s，10mm | 6×JL/G1A-400/50 | 256.94 | 266.04 | — | 305.60 | 356.79 | — | |
| 6 | 500kV 双回 4×720 | 500kV | 双回 | 31m/s，0mm | 4×JL/G1A-720/50 | 425.59 | 438.75 | 545.13 | 517.18 | 574.71 | — | |
| 7 | 500kV 双回 4×630 | 500kV | 双回 | 27m/s，10mm | 4×JL/G1A-630/45 | 374.19 | 386.34 | 479.89 | 458.53 | 509.53 | — | |
| 8 | 500kV 双回 4×400 | 500kV | 双回 | 27m/s，10mm | 4×JL/G1A-400/35 | 299.93 | 312.77 | 387.55 | 370.97 | 418.63 | — | |
| 9 | 500kV 双回 4×630（35m/s 风） | 500kV | 双回 | 35m/s，0mm | 4×JL/G1A-630/45 | 429.10 | 442.90 | 561.76 | 536.09 | 599.38 | — | |

续表

| 序号 | 方案名称 | 电压等级 | 回路数 | 气象条件 | 导线规格 | 单位造价 | | | | | | 备注 |
|---|---|---|---|---|---|---|---|---|---|---|---|---|
| | | | | | | 平地 | 丘陵 | 河网泥沼 | 山地 | 高山 | 峻岭 | |
| 10 | 500kV 单回 4×630 | 500kV | 单回 | 27m/s，10mm | 4×JL/G1A-630/45 | 199.04 | 206.92 | 249.42 | 239.28 | 265.33 | — | |
| 11 | 500kV 单回 4×400（20mm 冰） | 500kV | 单回 | 27m/s，20mm | 4×JL/G1A-400/50 | — | — | — | 308.50 | 343.60 | — | |
| 12 | 500kV 单回 4×400 | 500kV | 单回 | 27m/s，10mm | 4×JL/G1A-400/35 | 163.02 | 169.75 | 207.16 | 197.76 | 220.17 | 240.13 | |
| 13 | 500kV 单回 4×300 | 500kV | 单回 | 27m/s，10mm | 4×JL/G1A-300/40 | 152.85 | 159.60 | 193.13 | 185.12 | 205.31 | — | |
| 14 | 500kV 单回 6×300（紧凑型） | 500kV | 单回 | 27m/s，10mm | 6×JL/G1A-300/40 | 180.44 | 188.48 | 228.17 | 217.13 | 242.26 | — | |

续表

| 序号 | 方案名称 | 电压等级 | 回路数 | 气象条件 | 导线规格 | 单位造价 | | | | | | 备注 |
|---|---|---|---|---|---|---|---|---|---|---|---|---|
| | | | | | | 平地 | 丘陵 | 河网泥沼 | 山地 | 高山 | 峻岭 | |
| 15 | 330kV 双回 4×400 | 330kV | 双回 | 27m/s，10mm | 4×JL/G1A-400/35 | 251.48 | 260.76 | — | 289.76 | 335.42 | — | |
| 16 | 330kV 双回 2×300 | 330kV | 双回 | 27m/s，10mm | 2×JL/G1A-300/40 | 172.26 | 179.49 | — | 204.47 | 236.65 | — | |
| 17 | 330kV 单回 2×400 | 330kV | 单回 | 27m/s，10mm | 2×JL/G1A-400/35 | 104.96 | 107.77 | — | 119.90 | 135.83 | — | |
| 18 | 330kV 单回 4×400 | 330kV | 单回 | 27m/s，10mm | 4×JL/G1A-400/35 | 138.52 | 142.00 | — | 155.52 | 176.78 | — | |
| 19 | 330kV 单回 2×300 | 330kV | 单回 | 27m/s，10mm | 2×JL/G1A-300/40 | 98.00 | 101.36 | — | 114.92 | 131.28 | — | |
| 20 | 220kV 双回 2×630 | 220kV | 双回 | 25m/s，10mm | 2×JL/G1A-630/45 | 178.99 | 186.14 | 218.36 | 217.60 | 244.79 | — | |

续表

| 序号 | 方案名称 | 电压等级 | 回路数 | 气象条件 | 导线规格 | 单位造价 | | | | | | 备注 |
|---|---|---|---|---|---|---|---|---|---|---|---|---|
| | | | | | | 平地 | 丘陵 | 河网泥沼 | 山地 | 高山 | 峻岭 | |
| 21 | 220kV 双回 2×400 | 220kV | 双回 | 25m/s，10mm | 2×JL/G1A-400/35 | 150.02 | 157.63 | 188.47 | 186.39 | 212.42 | — | |
| 22 | 220kV 单回 2×630 | 220kV | 单回 | 25m/s，10mm | 2×JL/G1A-630/45 | 102.27 | 106.81 | 124.20 | 122.47 | 137.30 | — | |
| 23 | 220kV 单回 2×400 | 220kV | 单回 | 25m/s，10mm | 2×JL/G1A-400/35 | 88.03 | 92.04 | 110.71 | 107.05 | 121.59 | — | |
| 24 | 220kV 单回 2×300 | 220kV | 单回 | 25m/s，10mm | 2×JL/G1A-300/40 | 83.13 | 86.91 | 105.00 | 101.48 | 115.58 | — | |
| 二、直流工程 | | | | | | | | | | | | |
| 1 | ±800kV 双极 6×1250 | ±800kV | 双极 | 27m/s，10mm | 6×JL1/G3A-1250/70、6×JL1/G2A-1250/100 | 401.20 | 418.12 | 540.64 | 513.72 | 579.04 | — | |

续表

| 序号 | 方案名称 | 电压等级 | 回路数 | 气象条件 | 导线规格 | 单位造价 | | | | | | 备注 |
|---|---|---|---|---|---|---|---|---|---|---|---|---|
| | | | | | | 平地 | 丘陵 | 河网泥沼 | 山地 | 高山 | 峻岭 | |
| 2 | ±800kV 双极 6×1000 | ±800kV | 双极 | 27m/s，10mm | 6×JL1/G3A-1000/45、6×JL1/G2A-1000/80 | 362.72 | 378.30 | 471.98 | 457.54 | 522.02 | — | |
| 3 | ±500kV 双极 4×720 | ±500kV | 双极 | 27m/s，10mm | 4×JL/G1A-720/50 | 184.83 | 192.97 | 235.46 | 221.31 | 250.34 | — | |
| 4 | ±800kV 接地极 2×2×500 | ±800kV | — | 23.5m/s，10mm | JNRLH60/G1A-500/45 | 75.02 | 78.66 | 100.08 | 93.66 | — | — | |
| 5 | ±500kV 接地极 2×2×300 | ±500kV | — | 23.5m/s，10mm | JNRLH60/G3A-300/40 | 63.46 | 66.78 | 86.70 | 80.12 | — | — | |

## （三）1000kV 送电工程限额设计控制指标

金额单位：万元/km

| 序号 | 项目名称 | 1000kV 双回 8×630（钢管塔） | | | | |
|---|---|---|---|---|---|---|
| | | 平地 | 丘陵 | 河网泥沼 | 山地 | 高山 |
| 1 | 本体工程 | 745.46 | 796.26 | 1044.98 | 964.64 | |
| | 其中：材料 | 561.46 | 570.46 | 628.33 | 603.02 | |
| 2 | 其他 | 323.08 | 337.44 | 402.92 | 372.42 | |
| | 其中：价差 | 193.46 | 198.68 | 231.48 | 217.72 | |
| 静态投资 | | 1068.54 | 1133.70 | 1447.90 | 1337.06 | |

注　建设场地征用及清理费综合价为 47.5 万元/km。

金额单位：万元/km

| 序号 | 项目名称 | 1000kV 单回 8×500 | | | | |
|---|---|---|---|---|---|---|
| | | 平地 | 丘陵 | 河网泥沼 | 山地 | 高山 |
| 1 | 本体工程 | | | | 393.30 | 452.70 |
| | 其中：材料 | | | | 241.96 | 245.12 |
| 2 | 其他 | | | | 185.04 | 197.14 |
| | 其中：价差 | | | | 83.44 | 87.12 |
| 静态投资 | | | | | 578.34 | 649.84 |

注　建设场地征用及清理费综合价为 47.5 万元/km。

## （四）750kV 送电工程限额设计控制指标

金额单位：万元/km

| 序号 | 项目名称 | 750kV 双回 6×500 | | | | |
|---|---|---|---|---|---|---|
| | | 平地 | 丘陵 | 河网泥沼 | 山地 | 高山 |
| 1 | 本体工程 | 363.71 | 383.65 | | 457.65 | 529.01 |
| | 其中：材料 | 259.49 | 263.37 | | 276.16 | 284.29 |
| 2 | 其他 | 169.91 | 175.94 | | 188.80 | 206.95 |
| | 其中：价差 | 88.24 | 91.14 | | 97.86 | 103.35 |
| 静态投资 | | 533.62 | 559.59 | | 646.45 | 735.96 |

注　建设场地征用及清理费综合价为 23.2 万元/km。

金额单位：万元/km

| 序号 | 项目名称 | 750kV 双回 6×400 | | | | |
|---|---|---|---|---|---|---|
| | | 平地 | 丘陵 | 河网泥沼 | 山地 | 高山 |
| 1 | 本体工程 | 329.31 | 347.54 | | 417.02 | 494.08 |
| | 其中：材料 | 231.93 | 235.29 | | 247.04 | 254.65 |
| 2 | 其他 | 160.54 | 166.12 | | 177.95 | 196.61 |
| | 其中：价差 | 82.67 | 85.31 | | 91.49 | 96.92 |
| 静态投资 | | 489.85 | 513.66 | | 594.97 | 690.69 |

注　建设场地征用及清理费综合价为 23.2 万元/km。

金额单位：万元/km

| 序号 | 项目名称 | 750kV 单回 6×400 | | | | |
|---|---|---|---|---|---|---|
| | | 平地 | 丘陵 | 河网泥沼 | 山地 | 高山 |
| 1 | 本体工程 | 162.44 | 168.87 | | 200.74 | 244.26 |
| | 其中：材料 | 115.01 | 115.30 | | 120.01 | 125.36 |
| 2 | 其他 | 94.50 | 97.17 | | 104.86 | 112.53 |
| | 其中：价差 | 40.10 | 41.22 | | 44.12 | 45.64 |
| 静态投资 | | 256.94 | 266.04 | | 305.60 | 356.79 |

注　建设场地征用及清理费综合价为 23.2 万元/km。

## （五）500kV 送电工程限额设计控制指标

金额单位：万元/km

| 序号 | 项目名称 | 500kV 双回 4×720 | | | | |
|---|---|---|---|---|---|---|
| | | 平地 | 丘陵 | 河网泥沼 | 山地 | 高山 |
| 1 | 本体工程 | 268.48 | 279.12 | 362.56 | 341.73 | 387.19 |
| | 其中：材料 | 200.52 | 201.08 | 224.18 | 217.20 | 220.37 |
| 2 | 其他 | 157.11 | 159.63 | 182.57 | 175.45 | 187.52 |
| | 其中：价差 | 73.16 | 73.71 | 86.50 | 81.35 | 84.45 |
| 静态投资 | | 425.59 | 438.75 | 545.13 | 517.18 | 574.71 |

注　建设场地征用及清理费综合价为 37 万元/km。

金额单位：万元/km

| 序号 | 项目名称 | 500kV 双回 4×630 | | | | |
|---|---|---|---|---|---|---|
| | | 平地 | 丘陵 | 河网泥沼 | 山地 | 高山 |
| 1 | 本体工程 | 230.66 | 240.35 | 313.80 | 298.09 | 339.95 |
| | 其中：材料 | 170.32 | 170.71 | 190.60 | 184.23 | 186.85 |
| 2 | 其他 | 143.53 | 145.99 | 166.09 | 160.44 | 169.58 |
| | 其中：价差 | 64.41 | 64.98 | 76.07 | 71.79 | 74.60 |
| 静态投资 | | 374.19 | 386.34 | 479.89 | 458.53 | 509.53 |

注　建设场地征用及清理费综合价为 37 万元/km。

金额单位：万元/km

| 序号 | 项目名称 | 500kV 双回 4×400 | | | | |
|---|---|---|---|---|---|---|
| | | 平地 | 丘陵 | 河网泥沼 | 山地 | 高山 |
| 1 | 本体工程 | 180.14 | 190.23 | 247.68 | 236.18 | 275.09 |
| | 其中：材料 | 128.37 | 129.37 | 145.71 | 142.07 | 144.77 |
| 2 | 其他 | 119.79 | 122.54 | 139.87 | 134.79 | 143.54 |
| | 其中：价差 | 47.63 | 48.44 | 58.27 | 54.28 | 56.99 |
| 静态投资 | | 299.93 | 312.77 | 387.55 | 370.97 | 418.63 |

注　建设场地征用及清理费综合价为 37 万元/km。

金额单位：万元/km

| 序号 | 项目名称 | 500kV 双回 4×630（35m/s 风） | | | | |
|---|---|---|---|---|---|---|
| | | 平地 | 丘陵 | 河网泥沼 | 山地 | 高山 |
| 1 | 本体工程 | 270.61 | 281.88 | 375.12 | 356.75 | 409.09 |
| | 其中：材料 | 199.37 | 199.59 | 227.76 | 219.58 | 221.09 |
| 2 | 其他 | 158.49 | 161.02 | 186.64 | 179.34 | 190.29 |
| | 其中：价差 | 74.25 | 74.73 | 89.10 | 83.54 | 87.09 |
| 静态投资 | | 429.10 | 442.90 | 561.76 | 536.09 | 599.38 |

注　建设场地征用及清理费综合价为 37 万元/km。

金额单位：万元/km

| 序号 | 项目名称 | 500kV 单回 4×630 | | | | |
|---|---|---|---|---|---|---|
| | | 平地 | 丘陵 | 河网泥沼 | 山地 | 高山 |
| 1 | 本体工程 | 111.99 | 118.03 | 151.13 | 143.67 | 164.55 |
| | 其中：材料 | 80.46 | 81.00 | 89.57 | 86.10 | 87.20 |
| 2 | 其他 | 87.05 | 88.89 | 98.29 | 95.61 | 100.78 |
| | 其中：价差 | 30.44 | 30.89 | 35.87 | 33.64 | 34.97 |
| 静态投资 | | 199.04 | 206.92 | 249.42 | 239.28 | 265.33 |

注　建设场地征用及清理费综合价为 32 万元/km。

金额单位：万元/km

| 序号 | 项目名称 | 500kV 单回 4×400（20mm 冰） | | | | |
|---|---|---|---|---|---|---|
| | | 平地 | 丘陵 | 河网泥沼 | 山地 | 高山 |
| 1 | 本体工程 | | | | 193.10 | 221.40 |
| | 其中：材料 | | | | 110.87 | 111.76 |
| 2 | 其他 | | | | 115.40 | 122.20 |
| | 其中：价差 | | | | 42.00 | 43.60 |
| 静态投资 | | | | | 308.50 | 343.60 |

**注** 建设场地征用及清理费综合价为 32 万元/km。

金额单位：万元/km

| 序号 | 项目名称 | 500kV 单回 4×400 | | | | | |
|---|---|---|---|---|---|---|---|
| | | 平地 | 丘陵 | 河网泥沼 | 山地 | 高山 | 峻岭 |
| 1 | 本体工程 | 87.65 | 92.74 | 121.28 | 114.56 | 132.38 | 148.17 |
| | 其中：材料 | 60.44 | 60.94 | 68.19 | 65.69 | 66.50 | 67.28 |
| 2 | 其他 | 75.37 | 77.01 | 85.88 | 83.20 | 87.79 | 91.96 |
| | 其中：价差 | 22.19 | 22.65 | 27.28 | 25.15 | 26.21 | 27.27 |
| 静态投资 | | 163.02 | 169.75 | 207.16 | 197.76 | 220.17 | 240.13 |

**注** 建设场地征用及清理费综合价为 32 万元/km。

金额单位：万元/km

| 序号 | 项目名称 | 500kV 单回 4×300 | | | | |
|---|---|---|---|---|---|---|
| | | 平地 | 丘陵 | 河网泥沼 | 山地 | 高山 |
| 1 | 本体工程 | 80.24 | 85.22 | 110.82 | 105.14 | 121.12 |
| | 其中：材料 | 54.59 | 55.22 | 61.56 | 59.54 | 59.93 |
| 2 | 其他 | 72.61 | 74.38 | 82.31 | 79.98 | 84.19 |
| | 其中：价差 | 20.35 | 20.82 | 25.00 | 23.08 | 23.95 |
| 静态投资 | | 152.85 | 159.60 | 193.13 | 185.12 | 205.31 |

**注** 建设场地征用及清理费综合价为 32 万元/km。

金额单位：万元/km

| 序号 | 项目名称 | 500kV 单回 6×300（紧凑型） | | | | |
|---|---|---|---|---|---|---|
| | | 平地 | 丘陵 | 河网泥沼 | 山地 | 高山 |
| 1 | 本体工程 | 104.10 | 110.17 | 140.74 | 132.81 | 152.97 |
| | 其中：材料 | 71.91 | 72.56 | 79.86 | 77.21 | 78.45 |
| 2 | 其他 | 76.34 | 78.31 | 87.43 | 84.32 | 89.29 |
| | 其中：价差 | 28.08 | 28.61 | 33.47 | 31.03 | 32.24 |
| 静态投资 | | 180.44 | 188.48 | 228.17 | 217.13 | 242.26 |

**注** 建设场地征用及清理费综合价为 25 万元/km。

## （六）330kV送电工程限额设计控制指标

金额单位：万元/km

| 序号 | 项目名称 | 330kV 双回 4×400 | | | | |
|---|---|---|---|---|---|---|
| | | 平地 | 丘陵 | 河网泥沼 | 山地 | 高山 |
| 1 | 本体工程 | 160.62 | 168.29 | | 191.71 | 229.57 |
| | 其中：材料 | 110.56 | 109.59 | | 111.67 | 115.63 |
| 2 | 其他 | 90.86 | 92.47 | | 98.05 | 105.85 |
| | 其中：价差 | 42.43 | 42.59 | | 44.49 | 47.04 |
| 静态投资 | | 251.48 | 260.76 | | 289.76 | 335.42 |

注　建设场地征用及清理费综合价为18.8万元/km。

金额单位：万元/km

| 序号 | 项目名称 | 330kV 双回 2×300 | | | | |
|---|---|---|---|---|---|---|
| | | 平地 | 丘陵 | 河网泥沼 | 山地 | 高山 |
| 1 | 本体工程 | 107.57 | 113.25 | | 133.14 | 159.66 |
| | 其中：材料 | 70.32 | 69.70 | | 72.32 | 73.92 |
| 2 | 其他 | 64.69 | 66.24 | | 71.33 | 76.99 |
| | 其中：价差 | 23.12 | 23.42 | | 25.21 | 26.68 |
| 静态投资 | | 172.26 | 179.49 | | 204.47 | 236.65 |

注　建设场地征用及清理费综合价为18.8万元/km。

金额单位：万元/km

| 序号 | 项目名称 | 330kV 单回 2×400 | | | | |
|---|---|---|---|---|---|---|
| | | 平地 | 丘陵 | 河网泥沼 | 山地 | 高山 |
| 1 | 本体工程 | 57.99 | 60.07 | | 69.33 | 81.98 |
| | 其中：材料 | 36.57 | 36.12 | | 37.29 | 37.88 |
| 2 | 其他 | 46.97 | 47.70 | | 50.57 | 53.85 |
| | 其中：价差 | 13.02 | 12.97 | | 13.79 | 14.51 |
| 静态投资 | | 104.96 | 107.77 | | 119.90 | 135.83 |

注 建设场地征用及清理费综合价为 18.8 万元/km。

金额单位：万元/km

| 序号 | 项目名称 | 330kV 单回 4×400 | | | | |
|---|---|---|---|---|---|---|
| | | 平地 | 丘陵 | 河网泥沼 | 山地 | 高山 |
| 1 | 本体工程 | 80.88 | 83.55 | | 94.00 | 111.07 |
| | 其中：材料 | 54.07 | 53.29 | | 54.34 | 56.19 |
| 2 | 其他 | 57.64 | 58.45 | | 61.52 | 65.71 |
| | 其中：价差 | 20.69 | 20.66 | | 21.59 | 22.78 |
| 静态投资 | | 138.52 | 142.00 | | 155.52 | 176.78 |

注 建设场地征用及清理费综合价为 18.8 万元/km。

金额单位：万元/km

| 序号 | 项目名称 | 330kV 单回 2×300 | | | | |
|---|---|---|---|---|---|---|
| | | 平地 | 丘陵 | 河网泥沼 | 山地 | 高山 |
| 1 | 本体工程 | 53.26 | 56.04 | | 66.50 | 79.52 |
| | 其中：材料 | 33.32 | 33.65 | | 35.29 | 35.95 |
| 2 | 其他 | 44.74 | 45.32 | | 48.42 | 51.76 |
| | 其中：价差 | 11.41 | 11.14 | | 12.06 | 12.80 |
| 静态投资 | | 98.00 | 101.36 | | 114.92 | 131.28 |

注　建设场地征用及清理费综合价为 18.8 万元/km。

## （七）220kV 送电工程限额设计控制指标

金额单位：万元/km

| 序号 | 项目名称 | 220kV 双回 2×630 | | | | |
|---|---|---|---|---|---|---|
| | | 平地 | 丘陵 | 河网泥沼 | 山地 | 高山 |
| 1 | 本体工程 | 109.56 | 115.36 | 140.30 | 139.75 | 161.75 |
| | 其中：材料 | 76.50 | 77.37 | 82.87 | 82.45 | 82.96 |
| 2 | 其他 | 69.43 | 70.78 | 78.06 | 77.85 | 83.04 |
| | 其中：价差 | 30.41 | 30.93 | 34.18 | 33.81 | 35.22 |
| 静态投资 | | 178.99 | 186.14 | 218.36 | 217.60 | 244.79 |

注　建设场地征用及清理费综合价为 16.2 万元/km。

金额单位：万元/km

| 序号 | 项目名称 | 220kV 双回 2×400 | | | | |
| --- | --- | --- | --- | --- | --- | --- |
| | | 平地 | 丘陵 | 河网泥沼 | 山地 | 高山 |
| 1 | 本体工程 | 90.86 | 96.31 | 120.73 | 119.17 | 140.18 |
| | 其中：材料 | 60.55 | 61.37 | 66.70 | 66.02 | 66.47 |
| 2 | 其他 | 59.16 | 61.32 | 67.74 | 67.22 | 72.24 |
| | 其中：价差 | 23.02 | 23.49 | 26.67 | 26.14 | 27.45 |
| 静态投资 | | 150.02 | 157.63 | 188.47 | 186.39 | 212.42 |

**注** 建设场地征用及清理费综合价为 16.2 万元/km。

金额单位：万元/km

| 序号 | 项目名称 | 220kV 单回 2×630 | | | | |
| --- | --- | --- | --- | --- | --- | --- |
| | | 平地 | 丘陵 | 河网泥沼 | 山地 | 高山 |
| 1 | 本体工程 | 56.90 | 60.51 | 73.72 | 72.32 | 83.87 |
| | 其中：材料 | 38.13 | 38.93 | 41.29 | 40.87 | 41.24 |
| 2 | 其他 | 45.37 | 46.30 | 50.48 | 50.15 | 53.43 |
| | 其中：价差 | 15.19 | 15.56 | 17.14 | 16.81 | 17.56 |
| 静态投资 | | 102.27 | 106.81 | 124.20 | 122.47 | 137.30 |

**注** 建设场地征用及清理费综合价为 16.2 万元/km。

金额单位：万元/km

| 序号 | 项目名称 | 220kV 单回 2×400 | | | | |
|---|---|---|---|---|---|---|
| | | 平地 | 丘陵 | 河网泥沼 | 山地 | 高山 |
| 1 | 本体工程 | 47.71 | 50.91 | 65.05 | 62.19 | 73.51 |
| | 其中：材料 | 30.38 | 31.12 | 34.09 | 32.98 | 33.29 |
| 2 | 其他 | 40.32 | 41.13 | 45.66 | 44.86 | 48.08 |
| | 其中：价差 | 11.55 | 11.86 | 13.66 | 13.05 | 13.77 |
| 静态投资 | | 88.03 | 92.04 | 110.71 | 107.05 | 121.59 |

**注** 建设场地征用及清理费综合价为 16.2 万元/km。

金额单位：万元/km

| 序号 | 项目名称 | 220kV 单回 2×300 | | | | |
|---|---|---|---|---|---|---|
| | | 平地 | 丘陵 | 河网泥沼 | 山地 | 高山 |
| 1 | 本体工程 | 44.09 | 47.10 | 60.67 | 58.03 | 68.98 |
| | 其中：材料 | 27.33 | 28.00 | 30.80 | 29.78 | 30.03 |
| 2 | 其他 | 39.04 | 39.81 | 44.33 | 43.45 | 46.60 |
| | 其中：价差 | 10.76 | 11.05 | 12.90 | 12.19 | 12.88 |
| 静态投资 | | 83.13 | 86.91 | 105.00 | 101.48 | 115.58 |

**注** 建设场地征用及清理费综合价为 16.2 万元/km。

## （八）±800kV 送电工程限额设计控制指标

金额单位：万元/km

| 序号 | 项目名称 | ±800kV 双极 6×1250 | | | | |
|---|---|---|---|---|---|---|
| | | 平地 | 丘陵 | 河网泥沼 | 山地 | 高山 |
| 1 | 本体工程 | 249.94 | 262.32 | 365.32 | 342.12 | 396.50 |
| | 其中：材料 | 162.36 | 163.86 | 191.53 | 196.65 | 199.94 |
| 2 | 其他 | 151.26 | 155.80 | 175.32 | 171.60 | 182.54 |
| | 其中：价差 | 65.06 | 66.38 | 75.54 | 75.18 | 79.28 |
| 静态投资 | | 401.20 | 418.12 | 540.64 | 513.72 | 579.04 |

注 建设场地征用及清理费综合价为 47.5 万元/km。

金额单位：万元/km

| 序号 | 项目名称 | ±800kV 双极 6×1000 | | | | |
|---|---|---|---|---|---|---|
| | | 平地 | 丘陵 | 河网泥沼 | 山地 | 高山 |
| 1 | 本体工程 | 224.64 | 236.18 | 311.58 | 300.84 | 354.36 |
| | 其中：材料 | 143.72 | 145.25 | 159.82 | 166.60 | 171.02 |
| 2 | 其他 | 138.08 | 142.12 | 160.40 | 156.70 | 167.66 |
| | 其中：价差 | 54.18 | 55.08 | 64.82 | 63.80 | 67.98 |
| 静态投资 | | 362.72 | 378.30 | 471.98 | 457.54 | 522.02 |

注 建设场地征用及清理费综合价为 47.5 万元/km。

## （九）±500kV 送电工程限额设计控制指标

金额单位：万元/km

| 序号 | 项目名称 | ±500kV 双极 4×720 | | | | |
|---|---|---|---|---|---|---|
| | | 平地 | 丘陵 | 河网泥沼 | 山地 | 高山 |
| 1 | 本体工程 | 104.00 | 110.19 | 143.53 | 132.72 | 156.26 |
| | 其中：材料 | 74.75 | 76.23 | 83.17 | 79.36 | 80.68 |
| 2 | 其他 | 80.83 | 82.78 | 91.93 | 88.59 | 94.08 |
| | 其中：价差 | 26.38 | 26.97 | 31.63 | 29.31 | 30.70 |
| 静态投资 | | 184.83 | 192.97 | 235.46 | 221.31 | 250.34 |

注　建设场地征用及清理费综合价为 32 万元/km。

## （十）接地极线路工程限额设计控制指标

金额单位：万元/km

| 序号 | 项目名称 | ±800kV 接地极 2×2×500 | | | | |
|---|---|---|---|---|---|---|
| | | 平地 | 丘陵 | 河网泥沼 | 山地 | 高山 |
| 1 | 本体工程 | 41.70 | 44.68 | 61.00 | 56.06 | |
| | 其中：材料 | 28.24 | 28.87 | 31.50 | 30.67 | |
| 2 | 其他 | 33.32 | 33.98 | 39.08 | 37.60 | |
| | 其中：价差 | 8.60 | 8.84 | 10.90 | 9.96 | |
| 静态投资 | | 75.02 | 78.66 | 100.08 | 93.66 | |

注　建设场地征用及清理费综合价为 12.7 万元/km。

金额单位：万元/km

| 序号 | 项目名称 | ±500kV 接地极 2×2×300 | | | | |
|---|---|---|---|---|---|---|
| | | 平地 | 丘陵 | 河网泥沼 | 山地 | 高山 |
| 1 | 本体工程 | 33.10 | 35.86 | 50.98 | 45.86 | |
| | 其中：材料 | 21.17 | 21.73 | 24.10 | 23.26 | |
| 2 | 其他 | 30.36 | 30.92 | 35.72 | 34.26 | |
| | 其中：价差 | 6.80 | 7.00 | 8.90 | 8.00 | |
| 静态投资 | | 63.46 | 66.78 | 86.70 | 80.12 | |

注　建设场地征用及清理费综合价为 12.7 万元/km。

## （十一）送电工程限额水平调整系数

| 序号 | 项目名称 | 调整系数 | 调整基数 |
|---|---|---|---|
| 一 | 750kV 送电工程 | | |
| 1 | 标准：风速 27m/s；覆冰 10mm | 1 | 标准风速、覆冰控制指标 |
| 2 | 风速 31m/s；覆冰 10mm | 1.08 | |
| 3 | 风速 27m/s；覆冰 20mm | 1.47 | |
| 二 | 500kV 送电工程 | | |
| 1 | 标准：风速 27m/s；覆冰 10mm | 1 | 标准风速、覆冰控制指标 |
| 2 | 风速 31m/s；覆冰 10mm | 1.08 | |

续表

| 序号 | 项目名称 | 调整系数 | 调整基数 |
|---|---|---|---|
| 三 | 330kV 送电工程 | | |
| 1 | 标准：风速 27m/s；覆冰 10mm | 1 | 标准风速、覆冰控制指标 |
| 2 | 风速 31m/s；覆冰 10mm | 1.08 | |
| 3 | 风速 27m/s；覆冰 20mm | 1.47 | |
| 四 | 220kV 送电工程 | | |
| 1 | 导线截面 2×JL/G1A-300/40 | 1 | 2×JL/G1A-300 导线控制指标 |
| 2 | 导线截面 2×JL/G1A-240/40 | 0.91 | |
| 3 | 导线截面 2×JL/G1A-185/30 | 0.75 | |
| 4 | 导线截面 1×JL/G1A-400/50 | 0.76 | |
| 5 | 导线截面 1×JL/G1A-300/40 | 0.67 | |

## （十二）2021 年水平送电工程主要材料价格表

| 材料名称 | | 2021 年水平预算价（含税） | 2021 年水平预算价（不含税） | 备注 |
|---|---|---|---|---|
| 导线（元/t） | JL1/G3A-1250/70、JL1/G2A-1250/100 | 21 800 | 19 292 | |
| | JL1/G3A-1000/45、JL1/G2A-1000/80 | 21 600 | 19 115 | |
| | JL/G1A-800/55 | 21 400 | 18 938 | |
| | JL/G1A-720/50 | 21 200 | 18 761 | |

续表

| 材料名称 | | 2021年水平预算价（含税） | 2021年水平预算价（不含税） | 备注 |
|---|---|---|---|---|
| 导线（元/t） | JL/G1A-630/45 | 21 100 | 18 673 | |
| | JL/G1A-500/45 | 21 000 | 18 584 | |
| | JL/G1A-400/35 | 20 900 | 18 496 | |
| | JL/G1A-300/40 | 20 400 | 18 053 | |
| 地线（元/t） | LBGJ-40AC | 18 100 | 16 018 | |
| | LBGJ-20AC | 13 500 | 11 947 | |
| 塔材（元/t） | 角钢塔（220～750kV） | 9200 | 8142 | |
| | 角钢塔（特高压） | 9300 | 8230 | |
| | 钢管塔（220～750kV） | 10 800 | 9558 | |
| | 钢管塔（特高压） | 11 800 | 10 442 | |
| 金具（元/t） | | 19 000 | 16 814 | |
| 钢筋（含铁件）（元/t） | | 5800 | 5133 | 北京市 |
| 水泥42.5（元/t） | | 555 | 491 | |
| 砂（元/$m^3$） | | 150 | 146 | |
| 石（元/$m^3$） | | 130 | 126 | |

注　预算价为含运杂费的价格。

## （十三）送电工程限额设计控制指标计算实例

例：某单回 500kV 输电线路，导线型号为 4×JL/G1A-

400/35，设计气象条件：10mm 覆冰、31m/s 风速，地形比例：平地 20%、丘陵 20%、河网泥沼 20%、山地 20%、高山 20%，该工程的限额设计控制指标计算如下。

第一步，根据地形计算风速 27m/s、覆冰 10mm 标准条件下 500kV 单回 4×400 限额设计控制指标为

163.02×20%＋169.75×20%＋207.16×20%＋197.76×20%＋220.17×20%=191.57 万元/km。

第二步，查本章“（十）送电工程造价限额水平调整系数表”知：500kV 线路风速 31m/s、覆冰 10mm 条件下调整系数为 1.08，则综合限额设计控制指标为

191.57×1.08=206.90 万元/km。

# 二、送电工程限额设计技术条件

## （一）1000kV 送电工程限额设计基本技术组合方案

| 方案名称 | | 1000kV 双回 8×630（钢管塔） | | | | |
|---|---|---|---|---|---|---|
| 导线型号 | | 8×JL/G1A-630/45 | | | | |
| 地线型号 | | JLB20A-185 | | | | |
| 地形条件 | | 平地 | 丘陵 | 河网泥沼 | 山地 | 高山 |
| 气象条件 | 风速（m/s） | 27 | 27 | 27 | 27 | |
| | 覆冰（mm） | 10 | 10 | 10 | 10 | |
| 杆塔基数（基/km） | | 2.06 | 2 | 2.16 | 1.9 | |
| 运距 | 人力（km） | 0.3 | 0.6 | 0.7 | 0.9 | |
| | 汽车（km） | 25 | 25 | 25 | 25 | |

| 方案名称 | | 1000kV 单回 8×500 | | | | |
|---|---|---|---|---|---|---|
| 导线型号 | | 8×JL/G1A-500/45 | | | | |
| 地线型号 | | JLB20A-170 | | | | |
| 地形条件 | | 平地 | 丘陵 | 河网泥沼 | 山地 | 高山 |
| 气象条件 | 风速（m/s） | | | | 27 | 27 |
| | 覆冰（mm） | | | | 10 | 10 |
| 杆塔基数（基/km） | | | | | 1.9 | 1.88 |
| 运距 | 人力（km） | | | | 0.9 | 1.3 |
| | 汽车（km） | | | | 25 | 25 |

## （二）750kV 送电工程限额设计基本技术组合方案

| 方案名称 | | 750kV 双回 6×500 | | | | |
|---|---|---|---|---|---|---|
| 导线型号 | | 6×JL/G1A-500/45 | | | | |
| 地线型号 | | JLB20A-150 | | | | |
| 地形条件 | | 平地 | 丘陵 | 河网泥沼 | 山地 | 高山 |
| 气象条件 | 风速（m/s） | 27 | 27 | | 27 | 27 |
| | 覆冰（mm） | 10 | 10 | | 10 | 10 |
| 杆塔基数（基/km） | | 2.45 | 2.12 | | 2.05 | 1.85 |
| 运距 | 人力（km） | 0.3 | 0.6 | | 0.9 | 1.3 |
| | 汽车（km） | 25 | 25 | | 25 | 25 |

| 方案名称 | | 750kV 双回 6×400 | | | | |
|---|---|---|---|---|---|---|
| 导线型号 | | 6×JL/G1A-400/50 | | | | |
| 地线型号 | | JLB20A-150 | | | | |
| 地形条件 | | 平地 | 丘陵 | 河网泥沼 | 山地 | 高山 |
| 气象条件 | 风速（m/s） | 27 | 27 | | 27 | 27 |
| | 覆冰（mm） | 10 | 10 | | 10 | 10 |
| 杆塔基数（基/km） | | 2.45 | 2.12 | | 2.05 | 1.85 |
| 运距 | 人力（km） | 0.3 | 0.6 | | 0.9 | 1.3 |
| | 汽车（km） | 25 | 25 | | 25 | 25 |

| 方案名称 | | 750kV 单回 6×400 | | | | |
| --- | --- | --- | --- | --- | --- | --- |
| 导线型号 | | 6×JL/G1A-400/50 | | | | |
| 地线型号 | | JLB20A-150 | | | | |
| 地形条件 | | 平地 | 丘陵 | 河网泥沼 | 山地 | 高山 |
| 气象条件 | 风速（m/s） | 27 | 27 | | 27 | 27 |
| | 覆冰（mm） | 10 | 10 | | 10 | 10 |
| 杆塔基数（基/km） | | 2.45 | 2.12 | | 2.05 | 1.85 |
| 运距 | 人力（km） | 0.3 | 0.6 | | 0.9 | 1.3 |
| | 汽车（km） | 25 | 25 | | 25 | 25 |

## （三）500kV 送电工程限额设计基本技术组合方案

| 方案名称 | | 500kV 双回 4×720 | | | | |
| --- | --- | --- | --- | --- | --- | --- |
| 导线型号 | | 4×JL/G1A-720/50 | | | | |
| 地线型号 | | JLB20A-120 | | | | |
| 地形条件 | | 平地 | 丘陵 | 河网泥沼 | 山地 | 高山 |
| 气象条件 | 风速（m/s） | 31 | 31 | 31 | 31 | 31 |
| | 覆冰（mm） | 0 | 0 | 0 | 0 | 0 |
| 杆塔基数（基/km） | | 2.6 | 2.5 | 2.6 | 2.2 | 2.2 |
| 运距 | 人力（km） | 0.3 | 0.6 | 0.7 | 0.9 | 1.3 |
| | 汽车（km） | 25 | 25 | 25 | 25 | 25 |

| 方案名称 | | 500kV 双回 4×630 | | | | |
| --- | --- | --- | --- | --- | --- | --- |
| 导线型号 | | 4×JL/G1A-630/45 | | | | |
| 地线型号 | | JLB20A-120 | | | | |
| 地形条件 | | 平地 | 丘陵 | 河网泥沼 | 山地 | 高山 |
| 气象条件 | 风速（m/s） | 27 | 27 | 27 | 27 | 27 |
| | 覆冰（mm） | 10 | 10 | 10 | 10 | 10 |
| 杆塔基数（基/km） | | 2.6 | 2.5 | 2.6 | 2.2 | 2.2 |
| 运距 | 人力（km） | 0.3 | 0.6 | 0.7 | 0.9 | 1.3 |
| | 汽车（km） | 25 | 25 | 25 | 25 | 25 |

| 方案名称 | | 500kV 双回 4×400 | | | | |
| --- | --- | --- | --- | --- | --- | --- |
| 导线型号 | | 4×JL/G1A-400/35 | | | | |
| 地线型号 | | JLB20A-120 | | | | |
| 地形条件 | | 平地 | 丘陵 | 河网泥沼 | 山地 | 高山 |
| 气象条件 | 风速（m/s） | 27 | 27 | 27 | 27 | 27 |
| | 覆冰（mm） | 10 | 10 | 10 | 10 | 10 |
| 杆塔基数（基/km） | | 2.55 | 2.45 | 2.55 | 2.2 | 2.2 |
| 运距 | 人力（km） | 0.3 | 0.6 | 0.7 | 0.9 | 1.3 |
| | 汽车（km） | 25 | 25 | 25 | 25 | 25 |

| 方案名称 | | 500kV 双回 4×630（35m/s 风） | | | | |
|---|---|---|---|---|---|---|
| 导线型号 | | 4×JL/G1A-630/45 | | | | |
| 地线型号 | | JLB20A-120 | | | | |
| 地形条件 | | 平地 | 丘陵 | 河网泥沼 | 山地 | 高山 |
| 气象条件 | 风速（m/s） | 35 | 35 | 35 | 35 | 35 |
| | 覆冰（mm） | 0 | 0 | 0 | 0 | 0 |
| 杆塔基数（基/km） | | 2.6 | 2.5 | 2.6 | 2.2 | 2.2 |
| 运距 | 人力（km） | 0.3 | 0.6 | 0.7 | 0.9 | 1.3 |
| | 汽车（km） | 25 | 25 | 25 | 25 | 25 |

| 方案名称 | | 500kV 单回 4×630 | | | | |
|---|---|---|---|---|---|---|
| 导线型号 | | 4×JL/G1A-630/45 | | | | |
| 地线型号 | | JLB20A-120 | | | | |
| 地形条件 | | 平地 | 丘陵 | 河网泥沼 | 山地 | 高山 |
| 气象条件 | 风速（m/s） | 27 | 27 | 27 | 27 | 27 |
| | 覆冰（mm） | 10 | 10 | 10 | 10 | 10 |
| 杆塔基数（基/km） | | 2.55 | 2.45 | 2.55 | 2.2 | 2.2 |
| 运距 | 人力（km） | 0.3 | 0.6 | 0.7 | 0.9 | 1.3 |
| | 汽车（km） | 25 | 25 | 25 | 25 | 25 |

| 方案名称 | | 500kV 单回 4×400（20mm 冰） | | | | |
|---|---|---|---|---|---|---|
| 导线型号 | | 4×JL/G1A-400/50 | | | | |
| 地线型号 | | JLB20A-120 | | | | |
| 地形条件 | | 平地 | 丘陵 | 河网泥沼 | 山地 | 高山 |
| 气象条件 | 风速（m/s） | | | | 27 | 27 |
| | 覆冰（mm） | | | | 20 | 20 |
| 杆塔基数（基/km） | | | | | 3.0 | 3.0 |
| 运距 | 人力（km） | | | | 0.9 | 1.3 |
| | 汽车（km） | | | | 25 | 25 |

| 方案名称 | | 500kV 单回 4×400 | | | | | |
|---|---|---|---|---|---|---|---|
| 导线型号 | | 4×JL/G1A-400/35 | | | | | |
| 地线型号 | | JLB20A-120 | | | | | |
| 地形条件 | | 平地 | 丘陵 | 河网泥沼 | 山地 | 高山 | 峻岭 |
| 气象条件 | 风速（m/s） | 27 | 27 | 27 | 27 | 27 | 27 |
| | 覆冰（mm） | 10 | 10 | 10 | 10 | 10 | 10 |
| 杆塔基数（基/km） | | 2.55 | 2.45 | 2.55 | 2.2 | 2.2 | 2 |
| 运距 | 人力（km） | 0.3 | 0.6 | 0.7 | 0.9 | 1.3 | 1.6 |
| | 汽车（km） | 25 | 25 | 25 | 25 | 25 | 25 |

<table>
<tr><td colspan="2">方案名称</td><td colspan="5">500kV 单回 4×300</td></tr>
<tr><td colspan="2">导线型号</td><td colspan="5">4×JL/G1A-300/40</td></tr>
<tr><td colspan="2">地线型号</td><td colspan="5">JLB20A-120</td></tr>
<tr><td colspan="2">地形条件</td><td>平地</td><td>丘陵</td><td>河网泥沼</td><td>山地</td><td>高山</td></tr>
<tr><td rowspan="2">气象条件</td><td>风速（m/s）</td><td>27</td><td>27</td><td>27</td><td>27</td><td>27</td></tr>
<tr><td>覆冰（mm）</td><td>10</td><td>10</td><td>10</td><td>10</td><td>10</td></tr>
<tr><td colspan="2">杆塔基数（基/km）</td><td>2.55</td><td>2.45</td><td>2.55</td><td>2.2</td><td>2.2</td></tr>
<tr><td rowspan="2">运距</td><td>人力（km）</td><td>0.3</td><td>0.6</td><td>0.7</td><td>0.9</td><td>1.3</td></tr>
<tr><td>汽车（km）</td><td>25</td><td>25</td><td>25</td><td>25</td><td>25</td></tr>
</table>

<table>
<tr><td colspan="2">方案名称</td><td colspan="5">500kV 单回 6×300（紧凑型）</td></tr>
<tr><td colspan="2">导线型号</td><td colspan="5">6×JL/G1A-300/40</td></tr>
<tr><td colspan="2">地线型号</td><td colspan="5">JLB20A-120</td></tr>
<tr><td colspan="2">地形条件</td><td>平地</td><td>丘陵</td><td>河网泥沼</td><td>山地</td><td>高山</td></tr>
<tr><td rowspan="2">气象条件</td><td>风速（m/s）</td><td>27</td><td>27</td><td>27</td><td>27</td><td>27</td></tr>
<tr><td>覆冰（mm）</td><td>10</td><td>10</td><td>10</td><td>10</td><td>10</td></tr>
<tr><td colspan="2">杆塔基数（基/km）</td><td>2.55</td><td>2.45</td><td>2.55</td><td>2.2</td><td>2.2</td></tr>
<tr><td rowspan="2">运距</td><td>人力（km）</td><td>0.3</td><td>0.6</td><td>0.7</td><td>0.9</td><td>1.3</td></tr>
<tr><td>汽车（km）</td><td>25</td><td>25</td><td>25</td><td>25</td><td>25</td></tr>
</table>

## （四）330kV 送电工程限额设计基本技术组合方案

| 方案名称 | | 330kV 双回 4×400 | | | | |
| --- | --- | --- | --- | --- | --- | --- |
| 导线型号 | | 4×JL/G1A-400/35 | | | | |
| 地线型号 | | JLB20A-120 | | | | |
| 地形条件 | | 平地 | 丘陵 | 河网泥沼 | 山地 | 高山 |
| 气象条件 | 风速（m/s） | 27 | 27 | | 27 | 27 |
| | 覆冰（mm） | 10 | 10 | | 10 | 10 |
| 杆塔基数（基/km） | | 3.00 | 2.80 | | 2.30 | 2.20 |
| 运距 | 人力（km） | 0.3 | 0.6 | | 0.9 | 1.3 |
| | 汽车（km） | 25 | 25 | | 25 | 25 |

| 方案名称 | | 330kV 双回 2×300 | | | | |
| --- | --- | --- | --- | --- | --- | --- |
| 导线型号 | | 2×JL/G1A-300/40 | | | | |
| 地线型号 | | JLB20A-120 | | | | |
| 地形条件 | | 平地 | 丘陵 | 河网泥沼 | 山地 | 高山 |
| 气象条件 | 风速（m/s） | 27 | 27 | | 27 | 27 |
| | 覆冰（mm） | 10 | 10 | | 10 | 10 |
| 杆塔基数（基/km） | | 3.00 | 2.80 | | 2.30 | 2.20 |
| 运距 | 人力（km） | 0.3 | 0.6 | | 0.9 | 1.3 |
| | 汽车（km） | 25 | 25 | | 25 | 25 |

| 方案名称 | | 330kV 单回 2×400 | | | | |
| --- | --- | --- | --- | --- | --- | --- |
| 导线型号 | | 2×JL/G1A-400/35 | | | | |
| 地线型号 | | JLB20A-120 | | | | |
| 地形条件 | | 平地 | 丘陵 | 河网泥沼 | 山地 | 高山 |
| 气象条件 | 风速（m/s） | 27 | 27 | | 27 | 27 |
| | 覆冰（mm） | 10 | 10 | | 10 | 10 |
| 杆塔基数（基/km） | | 3.00 | 2.80 | | 2.30 | 2.20 |
| 运距 | 人力（km） | 0.3 | 0.6 | | 0.9 | 1.3 |
| | 汽车（km） | 25 | 25 | | 25 | 25 |

| 方案名称 | | 330kV 单回 4×400 | | | | |
| --- | --- | --- | --- | --- | --- | --- |
| 导线型号 | | 4×JL/G1A-400/35 | | | | |
| 地线型号 | | JLB20A-120 | | | | |
| 地形条件 | | 平地 | 丘陵 | 河网泥沼 | 山地 | 高山 |
| 气象条件 | 风速（m/s） | 27 | 27 | | 27 | 27 |
| | 覆冰（mm） | 10 | 10 | | 10 | 10 |
| 杆塔基数（基/km） | | 3.00 | 2.80 | | 2.30 | 2.20 |
| 运距 | 人力（km） | 0.3 | 0.6 | | 0.9 | 1.3 |
| | 汽车（km） | 25 | 25 | | 25 | 25 |

| 方案名称 | | 330kV 单回 2×300 | | | | |
|---|---|---|---|---|---|---|
| 导线型号 | | 2×JL/G1A-300/40 | | | | |
| 地线型号 | | JLB20A-120 | | | | |
| 地形条件 | | 平地 | 丘陵 | 河网泥沼 | 山地 | 高山 |
| 气象条件 | 风速（m/s） | 27 | 27 | | 27 | 27 |
| | 覆冰（mm） | 10 | 10 | | 10 | 10 |
| 杆塔基数（基/km） | | 3.00 | 2.80 | | 2.30 | 2.20 |
| 运距 | 人力（km） | 0.3 | 0.6 | | 0.9 | 1.3 |
| | 汽车（km） | 25 | 25 | | 25 | 25 |

## （五）220kV 送电工程限额设计基本技术组合方案

| 方案名称 | | 220kV 双回 2×630 | | | | |
|---|---|---|---|---|---|---|
| 导线型号 | | 2×JL/G1A-630/45 | | | | |
| 地线型号 | | JLB20A-100 | | | | |
| 地形条件 | | 平地 | 丘陵 | 河网泥沼 | 山地 | 高山 |
| 气象条件 | 风速（m/s） | 25 | 25 | 25 | 25 | 25 |
| | 覆冰（mm） | 10 | 10 | 10 | 10 | 10 |
| 杆塔基数（基/km） | | 3 | 3 | 3 | 2.4 | 2.2 |
| 运距 | 人力（km） | 0.3 | 0.6 | 0.7 | 0.9 | 1.3 |
| | 汽车（km） | 25 | 25 | 25 | 25 | 25 |

<table>
<tr><td colspan="2">方案名称</td><td colspan="5">220kV 双回 2×400</td></tr>
<tr><td colspan="2">导线型号</td><td colspan="5">2×JL/G1A-400/35</td></tr>
<tr><td colspan="2">地线型号</td><td colspan="5">JLB20A-100</td></tr>
<tr><td colspan="2">地形条件</td><td>平地</td><td>丘陵</td><td>河网泥沼</td><td>山地</td><td>高山</td></tr>
<tr><td rowspan="2">气象条件</td><td>风速（m/s）</td><td>25</td><td>25</td><td>25</td><td>25</td><td>25</td></tr>
<tr><td>覆冰（mm）</td><td>10</td><td>10</td><td>10</td><td>10</td><td>10</td></tr>
<tr><td colspan="2">杆塔基数（基/km）</td><td>3</td><td>3</td><td>3</td><td>2.4</td><td>2.2</td></tr>
<tr><td rowspan="2">运距</td><td>人力（km）</td><td>0.3</td><td>0.6</td><td>0.7</td><td>0.9</td><td>1.3</td></tr>
<tr><td>汽车（km）</td><td>25</td><td>25</td><td>25</td><td>25</td><td>25</td></tr>
</table>

<table>
<tr><td colspan="2">方案名称</td><td colspan="5">220kV 单回 2×630</td></tr>
<tr><td colspan="2">导线型号</td><td colspan="5">2×JL/G1A-630/45</td></tr>
<tr><td colspan="2">地线型号</td><td colspan="5">JLB20A-100</td></tr>
<tr><td colspan="2">地形条件</td><td>平地</td><td>丘陵</td><td>河网泥沼</td><td>山地</td><td>高山</td></tr>
<tr><td rowspan="2">气象条件</td><td>风速（m/s）</td><td>25</td><td>25</td><td>25</td><td>25</td><td>25</td></tr>
<tr><td>覆冰（mm）</td><td>10</td><td>10</td><td>10</td><td>10</td><td>10</td></tr>
<tr><td colspan="2">杆塔基数（基/km）</td><td>3</td><td>3</td><td>3</td><td>2.4</td><td>2.2</td></tr>
<tr><td rowspan="2">运距</td><td>人力（km）</td><td>0.3</td><td>0.6</td><td>0.7</td><td>0.9</td><td>1.3</td></tr>
<tr><td>汽车（km）</td><td>25</td><td>25</td><td>25</td><td>25</td><td>25</td></tr>
</table>

| 方案名称 | | 220kV 单回 2×400 | | | | |
| --- | --- | --- | --- | --- | --- | --- |
| 导线型号 | | 2×JL/G1A-400/35 | | | | |
| 地线型号 | | JLB20A-100 | | | | |
| 地形条件 | | 平地 | 丘陵 | 河网泥沼 | 山地 | 高山 |
| 气象条件 | 风速（m/s） | 25 | 25 | 25 | 25 | 25 |
| | 覆冰（mm） | 10 | 10 | 10 | 10 | 10 |
| 杆塔基数（基/km） | | 3 | 3 | 3 | 2.4 | 2.2 |
| 运距 | 人力（km） | 0.3 | 0.6 | 0.7 | 0.9 | 1.3 |
| | 汽车（km） | 25 | 25 | 25 | 25 | 25 |

| 方案名称 | | 220kV 单回 2×300 | | | | |
| --- | --- | --- | --- | --- | --- | --- |
| 导线型号 | | 2×JL/G1A-300/40 | | | | |
| 地线型号 | | JLB20A-100 | | | | |
| 地形条件 | | 平地 | 丘陵 | 河网泥沼 | 山地 | 高山 |
| 气象条件 | 风速（m/s） | 25 | 25 | 25 | 25 | 25 |
| | 覆冰（mm） | 10 | 10 | 10 | 10 | 10 |
| 杆塔基数（基/km） | | 3 | 3 | 3 | 2.4 | 2.2 |
| 运距 | 人力（km） | 0.3 | 0.6 | 0.7 | 0.9 | 1.3 |
| | 汽车（km） | 25 | 25 | 25 | 25 | 25 |

## （六）±800kV 送电工程限额设计基本技术组合方案

| 方案名称 | | ±800kV 双极 6×1250 | | | | |
|---|---|---|---|---|---|---|
| 导线型号 | | 6×JL1/G3A-1250/70、<br>6×JL1/G2A-1250/100 | | | | |
| 地线型号 | | JLB20A-150 | | | | |
| 地形条件 | | 平地 | 丘陵 | 河网泥沼 | 山地 | 高山 |
| 气象条件 | 风速（m/s） | 27 | 27 | 27 | 27 | 27 |
| | 覆冰（mm） | 10 | 10 | 10 | 10 | 10 |
| 杆塔基数（基/km） | | 2.1 | 2.06 | 2.16 | 1.9 | 1.86 |
| 运距 | 人力（km） | 0.3 | 0.6 | 0.7 | 0.9 | 1.3 |
| | 汽车（km） | 25 | 25 | 25 | 25 | 25 |

| 方案名称 | | ±800kV 双极 6×1000 | | | | |
|---|---|---|---|---|---|---|
| 导线型号 | | 6×JL1/G3A-1000/45、<br>6×JL1/G2A-1000/80 | | | | |
| 地线型号 | | JLB20A-150 | | | | |
| 地形条件 | | 平地 | 丘陵 | 河网泥沼 | 山地 | 高山 |
| 气象条件 | 风速（m/s） | 27 | 27 | 27 | 27 | 27 |
| | 覆冰（mm） | 10 | 10 | 10 | 10 | 10 |
| 杆塔基数（基/km） | | 2.1 | 2.06 | 2.16 | 1.9 | 1.86 |
| 运距 | 人力（km） | 0.3 | 0.6 | 0.7 | 0.9 | 1.3 |
| | 汽车（km） | 25 | 25 | 25 | 25 | 25 |

## （七）±500kV 送电工程限额设计基本技术组合方案

| 方案名称 | | ±500kV 双极 4×720 | | | | |
|---|---|---|---|---|---|---|
| 导线型号 | | 4×JL/G1A-720/50 | | | | |
| 地线型号 | | JLB20A-120 | | | | |
| 地形条件 | | 平地 | 丘陵 | 河网泥沼 | 山地 | 高山 |
| 气象条件 | 风速（m/s） | 27 | 27 | 27 | 27 | 27 |
| | 覆冰（mm） | 10 | 10 | 10 | 10 | 10 |
| 杆塔基数（基/km） | | 2.55 | 2.45 | 2.55 | 2.2 | 2.2 |
| 运距 | 人力（km） | 0.3 | 0.6 | 0.7 | 0.9 | 1.3 |
| | 汽车（km） | 25 | 25 | 25 | 25 | 25 |

## （八）接地极线路工程限额设计基本技术组合方案

| 方案名称 | | ±800kV 接地极 2×2×500 | | | | |
|---|---|---|---|---|---|---|
| 导线型号 | | 2×JNRLH60/G1A-500/45 | | | | |
| 地线型号 | | JLB20A-80 | | | | |
| 地形条件 | | 平地 | 丘陵 | 河网泥沼 | 山地 | 高山 |
| 气象条件 | 风速（m/s） | 23.5 | 23.5 | 23.5 | 23.5 | |
| | 覆冰（mm） | 10 | 10 | 10 | 10 | |
| 杆塔基数（基/km） | | 2.8 | 2.8 | 2.8 | 2.7 | |
| 运距 | 人力（km） | 0.3 | 0.6 | 0.7 | 0.9 | |
| | 汽车（km） | 25 | 25 | 25 | 25 | |

| 方案名称 | | ±500kV 接地极 2×2×300 | | | | |
|---|---|---|---|---|---|---|
| 导线型号 | | 2×JNRLH60/G3A-300/40 | | | | |
| 地线型号 | | JLB20A-80 | | | | |
| 地形条件 | | 平地 | 丘陵 | 河网泥沼 | 山地 | 高山 |
| 气象条件 | 风速（m/s） | 23.5 | 23.5 | 23.5 | 23.5 | |
| | 覆冰（mm） | 10 | 10 | 10 | 10 | |
| 杆塔基数（基/km） | | 2.8 | 2.8 | 2.8 | 2.7 | |
| 运距 | 人力（km） | 0.3 | 0.6 | 0.7 | 0.9 | |
| | 汽车（km） | 25 | 25 | 25 | 25 | |

## （九）1000kV 送电工程主要材料单位千米指标

1000kV 送电工程各模块工程量指标对应的边界条件如下：

（1）未采用拉线塔。

（2）耐张比例为 16.7%～18.9%。

（3）未考虑林区高跨的影响。

（4）交叉跨越按一般情况考虑，未考虑城市近郊等多跨越情况的影响。

（5）污秽等级按 d 级考虑，单回路直线塔绝缘子按中相 V 串、边相 I 串复合绝缘子考虑；双回路直线塔绝缘子按 I 串复合绝缘子考虑；耐张塔绝缘子按盘型、钟罩型考虑。

（6）海拔按 1000m 以下考虑。

（7）丘陵、山区塔位地形坡度为 20°～25°。

（8）丘陵、山区铁塔采用全方位长短腿铁塔。

（9）杆塔、基础指标均未考虑地震影响。

| 序号 | 材料名称 | 方案名称 | 1000kV 双回 8×630（钢管塔） | | | | |
|---|---|---|---|---|---|---|---|
| | | 指标单位 | 平地 | 丘陵 | 河网泥沼 | 山地 | 高山 |
| 1 | 导线（含跳线、弧垂） | t/km | 102.8 | 103.1 | 102.9 | 103.9 | |
| 2 | 地线（含弧垂） | t/km | 2.44 | 2.45 | 2.44 | 2.47 | |
| 3 | 塔基数 | 基/km | 2.06 | 2.00 | 2.16 | 1.90 | |
| | 耐张比例 | % | 17.5 | 18.0 | 16.7 | 18.9 | |
| 4 | 塔材 | t/km | 313.6 | 321.6 | 338.7 | 352.9 | |
| 5 | 基础钢材（不含地脚螺栓） | t/km | 42.5 | 43.8 | 93.8 | 47.7 | |
| 6 | 挂线金具 | t/km | 10.5 | 10.4 | 11.0 | 10.2 | |
| 7 | 接地钢材 | t/km | 0.6 | 0.7 | 0.5 | 0.9 | |
| 8 | 间隔棒（含跳线间隔棒） | 组/km | 132.2 | 132.2 | 132.2 | 132.2 | |
| 9 | 导线防振锤 | 只/km | 13.4 | 20.0 | 13.4 | 75.0 | |
| 10 | 地线防振锤 | 只/km | 18.0 | 18.0 | 18.0 | 18.0 | |
| 11 | 复合绝缘子（含跳线绝缘子） | 支/km | 24.7 | 24.0 | 25.9 | 22.8 | |
| 12 | 盘式绝缘子（不含地线绝缘子） | 片/km | 764.6 | 764.6 | 807.1 | 722.2 | |
| 13 | 基础混凝土 | $m^3$/km | 472.6 | 486.4 | 987.4 | 530.2 | |

**注**　刚性跳线工程量另计。

| 序号 | 材料名称 | 方案名称 | 1000kV 单回 8×500 | | | | |
|---|---|---|---|---|---|---|---|
| | | 指标单位 | 平地 | 丘陵 | 河网泥沼 | 山地 | 高山 |
| 1 | 导线（含跳线、弧垂） | t/km | | | | 41.9 | 42.0 |
| 2 | 地线（含弧垂） | t/km | | | | 2.34 | 2.35 |
| 3 | 塔基数 | 基/km | | | | 1.90 | 1.88 |
| | 耐张比例 | % | | | | 17.9 | 18.1 |
| 4 | 塔材 | t/km | | | | 169.5 | 171.4 |
| 5 | 基础钢材(不含地脚螺栓） | t/km | | | | 17.4 | 18.6 |
| 6 | 挂线金具 | t/km | | | | 5.4 | 7.0 |
| 7 | 接地钢材 | t/km | | | | 0.4 | 0.4 |
| 8 | 间隔棒(含跳线间隔棒） | 组/km | | | | 66.1 | 66.1 |
| 9 | 导线防振锤 | 只/km | | | | 36.5 | 54.7 |
| 10 | 地线防振锤 | 只/km | | | | 18.0 | 18.0 |
| 11 | 复合绝缘子(含跳线绝缘子） | 支/km | | | | 14.5 | 14.4 |
| 12 | 盘式绝缘子(不含地线绝缘子） | 片/km | | | | 368.7 | 368.7 |
| 13 | 基础混凝土 | $m^3$/km | | | | 202.0 | 210.6 |

注　刚性跳线工程量另计。

## （十）750kV 送电工程主要材料单位千米指标

750kV 送电工程各模块工程量指标对应的边界条件如下：

（1）未采用拉线塔。

（2）耐张比例约为 12%。

（3）未考虑林区高跨的影响。

（4）交叉跨越按一般情况考虑，未考虑城市近郊等多跨越情况的影响。

（5）污秽等级按 d 级考虑，单回路直线塔绝缘子按中相 V 串、边相 I 串复合绝缘子考虑；双回路直线塔绝缘子按 I 串复合绝缘子考虑；耐张塔绝缘子按盘型考虑；复合绝缘子均按双串考虑。

（6）海拔按 2500m 以下考虑。

（7）丘陵、山区塔位地形坡度为 20°～25°。

（8）丘陵、山区铁塔采用全方位长短腿铁塔。

（9）杆塔、基础指标均未考虑地震影响。

| 序号 | 材料名称 | 方案名称 | 750kV 双回 6×500 | | | | |
|---|---|---|---|---|---|---|---|
| | | 指标单位 | 平地 | 丘陵 | 河网泥沼 | 山地 | 高山 |
| 1 | 导线（含跳线、弧垂） | t/km | 61.9 | 62.0 | | 62.4 | 62.4 |
| 2 | 地线（含弧垂） | t/km | 2.00 | 2.00 | | 2.00 | 2.00 |
| 3 | 塔基数 | 基/km | 2.45 | 2.12 | | 2.05 | 1.85 |
| | 耐张比例 | % | 12.2 | 12.3 | | 12.2 | 12.4 |

续表

| 序号 | 材料名称 | 方案名称 | 750kV 双回 6×500 | | | | |
|---|---|---|---|---|---|---|---|
| | | 指标单位 | 平地 | 丘陵 | 河网泥沼 | 山地 | 高山 |
| 4 | 塔材 | t/km | 166.2 | 176.9 | | 192.8 | 205.9 |
| 5 | 基础钢材（不含地脚螺栓） | t/km | 14.3 | 15.2 | | 16.8 | 17.4 |
| 6 | 挂线金具 | t/km | 4.6 | 3.8 | | 3.7 | 3.3 |
| 7 | 接地钢材 | t/km | 0.4 | 0.4 | | 0.5 | 0.6 |
| 8 | 间隔棒（含跳线间隔棒） | 组/km | 112.2 | 110.4 | | 105.0 | 109.2 |
| 9 | 导线防振锤 | 只/km | 35.3 | 61.1 | | 73.8 | 106.6 |
| 10 | 地线防振锤 | 只/km | 19.6 | 17.0 | | 16.4 | 14.8 |
| 11 | 复合绝缘子（含跳线绝缘子） | 支/km | 18.1 | 15.6 | | 15.1 | 13.6 |
| 12 | 盘式绝缘子（不含地线绝缘子） | 片/km | 295.2 | 255.8 | | 246.0 | 226.3 |
| 13 | 基础混凝土 | $m^3$/km | 194.5 | 202.2 | | 227.9 | 241.8 |

注　刚性跳线工程量另计。

| 序号 | 材料名称 | 方案名称 | 750kV 双回 6×400 | | | | |
|---|---|---|---|---|---|---|---|
| | | 指标单位 | 平地 | 丘陵 | 河网泥沼 | 山地 | 高山 |
| 1 | 导线（含跳线、弧垂） | t/km | 55.5 | 55.6 | | 55.9 | 55.9 |
| 2 | 地线（含弧垂） | t/km | 2.00 | 2.00 | | 2.00 | 2.00 |
| 3 | 塔基数 | 基/km | 2.45 | 2.12 | | 2.05 | 1.85 |
| | 耐张比例 | % | 12.2 | 12.3 | | 12.2 | 12.4 |
| 4 | 塔材 | t/km | 149.7 | 159.4 | | 173.7 | 185.5 |
| 5 | 基础钢材（不含地脚螺栓） | t/km | 14.7 | 15.6 | | 17.3 | 17.9 |
| 6 | 挂线金具 | t/km | 4.6 | 3.7 | | 3.6 | 3.3 |
| 7 | 接地钢材 | t/km | 0.4 | 0.4 | | 0.5 | 0.6 |
| 8 | 间隔棒（含跳线间隔棒） | 组/km | 112.2 | 110.4 | | 105.0 | 109.2 |
| 9 | 导线防振锤 | 只/km | 35.3 | 61.1 | | 73.8 | 106.6 |
| 10 | 地线防振锤 | 只/km | 19.6 | 17.0 | | 16.4 | 14.8 |
| 11 | 复合绝缘子（含跳线绝缘子） | 支/km | 18.1 | 15.6 | | 15.1 | 13.6 |
| 12 | 盘式绝缘子（不含地线绝缘子） | 片/km | 295.2 | 255.8 | | 246.0 | 226.3 |
| 13 | 基础混凝土 | $m^3$/km | 188.8 | 196.3 | | 221.3 | 234.8 |

注 刚性跳线工程量另计。

| 序号 | 材料名称 | 方案名称 | 750kV 单回 6×400 | | | | |
|---|---|---|---|---|---|---|---|
| | | 指标单位 | 平地 | 丘陵 | 河网泥沼 | 山地 | 高山 |
| 1 | 导线（含跳线、弧垂） | t/km | 27.7 | 27.8 | | 27.9 | 28.0 |
| 2 | 地线（含弧垂） | t/km | 2.00 | 2.00 | | 2.00 | 2.00 |
| 3 | 塔基数 | 基/km | 2.45 | 2.12 | | 2.05 | 1.85 |
| | 耐张比例 | % | 12.2 | 12.3 | | 12.2 | 12.4 |
| 4 | 塔材 | t/km | 68.1 | 72.4 | | 79.0 | 84.3 |
| 5 | 基础钢材（不含地脚螺栓） | t/km | 9.1 | 8.1 | | 7.9 | 8.9 |
| 6 | 挂线金具 | t/km | 2.3 | 1.9 | | 1.8 | 1.7 |
| 7 | 接地钢材 | t/km | 0.4 | 0.4 | | 0.4 | 0.5 |
| 8 | 间隔棒（含跳线间隔棒） | 组/km | 57.6 | 56.7 | | 54.3 | 56.0 |
| 9 | 导线防振锤 | 只/km | 17.6 | 30.5 | | 29.5 | 26.6 |
| 10 | 地线防振锤 | 只/km | 19.6 | 17.0 | | 16.4 | 14.8 |
| 11 | 复合绝缘子（含跳线绝缘子） | 支/km | 13.8 | 11.9 | | 11.5 | 10.4 |
| 12 | 盘式绝缘子（不含地线绝缘子） | 片/km | 147.6 | 127.9 | | 123.0 | 113.2 |
| 13 | 基础混凝土 | $m^3$/km | 89.9 | 101.2 | | 112.9 | 127.5 |

注　刚性跳线工程量另计。

## （十一）500kV 送电工程主要材料单位千米指标

500kV 送电工程各模块工程量指标对应的边界条件如下：

（1）未采用拉线塔。

（2）轻冰区模块耐张比例约为 15%、重冰区模块耐张比例约为 20%。

（3）未考虑林区高跨的影响。

（4）交叉跨越按一般情况考虑，未考虑城市近郊等多跨越情况的影响。

（5）轻冰区污秽等级按 d 级考虑，单回路直线塔绝缘子按中相 V 串、边相 I 串复合绝缘子考虑；双回路直线塔绝缘子按 I 串复合绝缘子考虑；耐张塔绝缘子按盘型考虑；复合绝缘子除重要交叉跨越外，均按单串考虑。

（6）海拔按 1000m 以下考虑。

（7）丘陵、山区塔位地形坡度为 20°～25°。

（8）河网泥沼地形中灌注桩基数比例按杆塔总数的 30%考虑。

（9）河网泥沼地形中地基承载力特征值按 60～70kPa 考虑。

（10）丘陵、山区铁塔采用全方位长短腿铁塔。

（11）杆塔、基础指标均未考虑地震影响。

| 序号 | 材料名称 | 方案名称 | 500kV 双回 4×720 | | | | |
|---|---|---|---|---|---|---|---|
| | | 指标单位 | 平地 | 丘陵 | 河网泥沼 | 山地 | 高山 |
| 1 | 导线（含跳线、弧垂） | t/km | 58.5 | 58.7 | 58.5 | 59.0 | 59.1 |

续表

| 序号 | 材料名称 | 方案名称 | 500kV 双回 4×720 | | | | |
|---|---|---|---|---|---|---|---|
| | | 指标单位 | 平地 | 丘陵 | 河网泥沼 | 山地 | 高山 |
| 2 | 地线（含弧垂） | t/km | 1.63 | 1.64 | 1.63 | 1.65 | 1.65 |
| 3 | 塔基数 | 基/km | 2.55 | 2.45 | 2.55 | 2.20 | 2.20 |
| | 耐张比例 | % | 14.9 | 15.1 | 14.9 | 15.0 | 15.0 |
| 4 | 塔材 | t/km | 116.6 | 118.0 | 129.4 | 138.9 | 142.3 |
| 5 | 基础钢材（不含地脚螺栓） | t/km | 11.2 | 10.1 | 30.8 | 12.4 | 12.9 |
| 6 | 挂线金具 | t/km | 2.9 | 2.8 | 2.9 | 2.7 | 2.8 |
| 7 | 接地钢材 | t/km | 0.3 | 0.4 | 0.3 | 0.4 | 0.4 |
| 8 | 间隔棒（含跳线间隔棒） | 组/km | 113.1 | 112.9 | 113.1 | 111.9 | 111.9 |
| 9 | 导线防振锤 | 只/km | 6.0 | 18.0 | 6.0 | 24.0 | 24.0 |
| 10 | 地线防振锤 | 只/km | 20.0 | 20.0 | 20.0 | 30.0 | 30.0 |
| 11 | 复合绝缘子（含跳线绝缘子） | 支/km | 16.2 | 16.2 | 16.2 | 16.8 | 17.7 |
| 12 | 盘式绝缘子（不含地线绝缘子） | 片/km | 256.4 | 249.6 | 256.4 | 222.6 | 222.6 |
| 13 | 基础混凝土 | $m^3$/km | 159.7 | 144.5 | 353.0 | 155.5 | 161.0 |

| 序号 | 材料名称 | 方案名称 | 500kV 双回 4×630 | | | | |
|---|---|---|---|---|---|---|---|
| | | 指标单位 | 平地 | 丘陵 | 河网泥沼 | 山地 | 高山 |
| 1 | 导线（含跳线、弧垂） | t/km | 50.8 | 51.0 | 50.8 | 51.2 | 51.3 |
| 2 | 地线（含弧垂） | t/km | 1.63 | 1.64 | 1.63 | 1.65 | 1.65 |
| 3 | 塔基数 | 基/km | 2.55 | 2.45 | 2.55 | 2.20 | 2.20 |
| | 耐张比例 | % | 14.9 | 15.1 | 14.9 | 15.0 | 15.0 |
| 4 | 塔材 | t/km | 95.4 | 96.4 | 105.9 | 113.7 | 116.5 |
| 5 | 基础钢材（不含地脚螺栓） | t/km | 9.8 | 9.1 | 27.0 | 11.5 | 11.9 |
| 6 | 挂线金具 | t/km | 2.8 | 2.7 | 2.8 | 2.5 | 2.6 |
| 7 | 接地钢材 | t/km | 0.3 | 0.4 | 0.3 | 0.4 | 0.4 |
| 8 | 间隔棒（含跳线间隔棒） | 组/km | 113.1 | 112.9 | 113.1 | 111.9 | 111.9 |
| 9 | 导线防振锤 | 只/km | 6.0 | 18.0 | 6.0 | 24.0 | 24.0 |
| 10 | 地线防振锤 | 只/km | 20.0 | 20.0 | 20.0 | 30.0 | 30.0 |
| 11 | 复合绝缘子（含跳线绝缘子） | 支/km | 16.2 | 16.2 | 16.2 | 16.8 | 17.7 |
| 12 | 盘式绝缘子（不含地线绝缘子） | 片/km | 247.3 | 236.8 | 247.3 | 214.7 | 214.7 |
| 13 | 基础混凝土 | $m^3$/km | 140.4 | 130.3 | 310.4 | 143.8 | 149.0 |

| 序号 | 材料名称 | 方案名称 | 500kV 双回 4×400 | | | | |
|---|---|---|---|---|---|---|---|
| | | 指标单位 | 平地 | 丘陵 | 河网泥沼 | 山地 | 高山 |
| 1 | 导线（含跳线、弧垂） | t/km | 32.9 | 33.0 | 32.9 | 33.2 | 33.3 |
| 2 | 地线（含弧垂） | t/km | 1.63 | 1.64 | 1.63 | 1.65 | 1.65 |
| 3 | 塔基数 | 基/km | 2.55 | 2.45 | 2.55 | 2.20 | 2.20 |
| | 耐张比例 | % | 14.9 | 15.1 | 14.9 | 15.0 | 15.0 |
| 4 | 塔材 | t/km | 79.5 | 80.3 | 88.3 | 96.0 | 98.1 |
| 5 | 基础钢材（不含地脚螺栓） | t/km | 9.1 | 8.8 | 24.0 | 10.6 | 11.4 |
| 6 | 挂线金具 | t/km | 2.0 | 2.0 | 2.0 | 2.2 | 2.3 |
| 7 | 接地钢材 | t/km | 0.5 | 0.7 | 0.4 | 0.7 | 0.8 |
| 8 | 间隔棒（含跳线间隔棒） | 组/km | 113.1 | 112.9 | 113.1 | 111.9 | 111.9 |
| 9 | 导线防振锤 | 只/km | 6.0 | 18.0 | 6.0 | 24.0 | 24.0 |
| 10 | 地线防振锤 | 只/km | 20.0 | 20.0 | 20.0 | 30.0 | 30.0 |
| 11 | 复合绝缘子（含跳线绝缘子） | 支/km | 16.3 | 17.5 | 16.3 | 18.1 | 20.6 |
| 12 | 盘式绝缘子（不含地线绝缘子） | 片/km | 273.6 | 266.4 | 273.6 | 237.6 | 237.6 |
| 13 | 基础混凝土 | $m^3$/km | 124.7 | 120.8 | 273.2 | 127.4 | 137.7 |

| 序号 | 材料名称 | 方案名称 | 500kV 双回 4×630（35m/s 风） | | | | |
|---|---|---|---|---|---|---|---|
| | | 指标单位 | 平地 | 丘陵 | 河网泥沼 | 山地 | 高山 |
| 1 | 导线（含跳线、弧垂） | t/km | 50.8 | 51.0 | 50.8 | 51.2 | 51.3 |
| 2 | 地线（含弧垂） | t/km | 1.63 | 1.64 | 1.63 | 1.65 | 1.65 |
| 3 | 塔基数 | 基/km | 2.55 | 2.45 | 2.55 | 2.20 | 2.20 |
| | 耐张比例 | % | 14.9 | 15.1 | 14.9 | 15.0 | 15.0 |
| 4 | 塔材 | t/km | 132.9 | 134.1 | 147.2 | 158.0 | 161.9 |
| 5 | 基础钢材（不含地脚螺栓） | t/km | 12.5 | 11.3 | 34.4 | 13.7 | 14.2 |
| 6 | 挂线金具 | t/km | 2.8 | 2.7 | 2.8 | 2.5 | 2.6 |
| 7 | 接地钢材 | t/km | 0.3 | 0.4 | 0.3 | 0.4 | 0.4 |
| 8 | 间隔棒（含跳线间隔棒） | 组/km | 113.1 | 112.9 | 113.1 | 111.9 | 111.9 |
| 9 | 导线防振锤 | 只/km | 6.0 | 18.0 | 6.0 | 24.0 | 24.0 |
| 10 | 地线防振锤 | 只/km | 20.0 | 20.0 | 20.0 | 30.0 | 30.0 |
| 11 | 复合绝缘子（含跳线绝缘子） | 支/km | 16.2 | 16.2 | 16.2 | 16.8 | 17.7 |
| 12 | 盘式绝缘子（不含地线绝缘子） | 片/km | 247.3 | 240.7 | 247.3 | 214.7 | 214.7 |
| 13 | 基础混凝土 | $m^3$/km | 178.8 | 160.7 | 395.1 | 171.9 | 178.0 |

| 序号 | 材料名称 | 方案名称 | 500kV 单回 4×630 | | | | |
|---|---|---|---|---|---|---|---|
| | | 指标单位 | 平地 | 丘陵 | 河网泥沼 | 山地 | 高山 |
| 1 | 导线（含跳线、弧垂） | t/km | 25.4 | 25.5 | 25.4 | 25.6 | 25.7 |
| 2 | 地线（含弧垂） | t/km | 1.63 | 1.64 | 1.63 | 1.65 | 1.65 |
| 3 | 塔基数 | 基/km | 2.55 | 2.45 | 2.55 | 2.20 | 2.20 |
| | 耐张比例 | % | 14.9 | 15.1 | 14.9 | 15.0 | 15.0 |
| 4 | 塔材 | t/km | 38.2 | 38.6 | 42.4 | 45.2 | 46.4 |
| 5 | 基础钢材（不含地脚螺栓） | t/km | 4.8 | 4.8 | 13.1 | 5.7 | 5.8 |
| 6 | 挂线金具 | t/km | 1.6 | 1.6 | 1.6 | 1.5 | 1.5 |
| 7 | 接地钢材 | t/km | 0.3 | 0.4 | 0.3 | 0.4 | 0.4 |
| 8 | 间隔棒（含跳线间隔棒） | 组/km | 57.7 | 57.6 | 57.7 | 57.0 | 57.0 |
| 9 | 导线防振锤 | 只/km | 3.0 | 9.0 | 3.0 | 12.0 | 12.0 |
| 10 | 地线防振锤 | 只/km | 20.0 | 20.0 | 20.0 | 30.0 | 30.0 |
| 11 | 复合绝缘子（含跳线绝缘子） | 支/km | 10.8 | 10.8 | 10.8 | 11.2 | 11.8 |
| 12 | 盘式绝缘子（不含地线绝缘子） | 片/km | 128.8 | 125.2 | 128.8 | 111.8 | 111.8 |
| 13 | 基础混凝土 | $m^3$/km | 69.3 | 69.3 | 145.7 | 70.9 | 72.9 |

| 序号 | 材料名称 | 方案名称 | 500kV 单回 4×400（20mm 冰） | | | | |
|---|---|---|---|---|---|---|---|
| | | 指标单位 | 平地 | 丘陵 | 河网泥沼 | 山地 | 高山 |
| 1 | 导线（含跳线、弧垂） | t/km | | | | 18.8 | 18.9 |
| 2 | 地线（含弧垂） | t/km | | | | 1.66 | 1.67 |
| 3 | 塔基数 | 基/km | | | | 3.00 | 3.00 |
| | 耐张比例 | % | | | | 20.0 | 20.0 |
| 4 | 塔材 | t/km | | | | 89.6 | 90.1 |
| 5 | 基础钢材（不含地脚螺栓） | t/km | | | | 7.4 | 7.4 |
| 6 | 挂线金具 | t/km | | | | 2.0 | 2.0 |
| 7 | 接地钢材 | t/km | | | | 1.0 | 1.3 |
| 8 | 间隔棒（含跳线间隔棒） | 组/km | | | | 76.0 | 76.0 |
| 9 | 导线防振锤 | 只/km | | | | | |
| 10 | 地线防振锤 | 只/km | | | | | |
| 11 | 复合绝缘子（含跳线绝缘子） | 支/km | | | | 14.0 | 14.8 |
| 12 | 盘式绝缘子（不含地线绝缘子） | 片/km | | | | 201.6 | 201.6 |
| 13 | 基础混凝土 | $m^3$/km | | | | 92.6 | 92.8 |

| 序号 | 材料名称 | 方案名称 | 500kV 单回 4×400 | | | | | |
|---|---|---|---|---|---|---|---|---|
| | | 指标单位 | 平地 | 丘陵 | 河网泥沼 | 山地 | 高山 | 峻岭 |
| 1 | 导线（含跳线、弧垂） | t/km | 16.5 | 16.5 | 16.5 | 16.6 | 16.6 | 16.7 |
| 2 | 地线（含弧垂） | t/km | 1.63 | 1.64 | 1.63 | 1.65 | 1.65 | 1.66 |
| 3 | 塔基数 | 基/km | 2.55 | 2.45 | 2.55 | 2.20 | 2.20 | 2.00 |
| | 耐张比例 | % | 14.9 | 15.1 | 14.9 | 15.0 | 15.0 | 15.0 |
| 4 | 塔材 | t/km | 31.8 | 32.2 | 35.4 | 37.7 | 38.5 | 39.1 |
| 5 | 基础钢材（不含地脚螺栓） | t/km | 4.5 | 4.3 | 11.6 | 5.1 | 5.1 | 5.4 |
| 6 | 挂线金具 | t/km | 1.2 | 1.2 | 1.2 | 1.3 | 1.3 | 1.3 |
| 7 | 接地钢材 | t/km | 0.3 | 0.5 | 0.2 | 0.5 | 0.6 | 0.6 |
| 8 | 间隔棒（含跳线间隔棒） | 组/km | 57.7 | 57.5 | 57.7 | 57.0 | 57.0 | 56.5 |
| 9 | 导线防振锤 | 只/km | 3.0 | 9.0 | 3.0 | 12.0 | 12.0 | 12.0 |
| 10 | 地线防振锤 | 只/km | 20.0 | 20.0 | 20.0 | 30.0 | 30.0 | 30.0 |
| 11 | 复合绝缘子（含跳线绝缘子） | 支/km | 10.8 | 10.7 | 10.5 | 11.0 | 11.4 | 13.1 |
| 12 | 盘式绝缘子（不含地线绝缘子） | 片/km | 127.7 | 124.3 | 127.7 | 110.9 | 110.9 | 100.8 |
| 13 | 基础混凝土 | $m^3$/km | 61.2 | 59.5 | 128.6 | 62.3 | 62.3 | 65.5 |

| 序号 | 材料名称 | 方案名称 | 500kV 单回 4×300 | | | | |
|---|---|---|---|---|---|---|---|
| | | 指标单位 | 平地 | 丘陵 | 河网泥沼 | 山地 | 高山 |
| 1 | 导线（含跳线、弧垂） | t/km | 13.8 | 13.9 | 13.8 | 13.9 | 14.0 |
| 2 | 地线（含弧垂） | t/km | 1.63 | 1.64 | 1.63 | 1.65 | 1.65 |
| 3 | 塔基数 | 基/km | 2.55 | 2.45 | 2.55 | 2.20 | 2.20 |
| | 耐张比例 | % | 14.9 | 15.1 | 14.9 | 15.0 | 15.0 |
| 4 | 塔材 | t/km | 30.1 | 30.5 | 33.0 | 35.8 | 36.0 |
| 5 | 基础钢材（不含地脚螺栓） | t/km | 4.1 | 4.0 | 10.6 | 4.5 | 4.5 |
| 6 | 挂线金具 | t/km | 1.2 | 1.2 | 1.2 | 1.3 | 1.3 |
| 7 | 接地钢材 | t/km | 0.3 | 0.5 | 0.2 | 0.5 | 0.6 |
| 8 | 间隔棒（含跳线间隔棒） | 组/km | 57.7 | 57.5 | 57.7 | 57.0 | 57.0 |
| 9 | 导线防振锤 | 只/km | 3.0 | 9.0 | 3.0 | 12.0 | 12.0 |
| 10 | 地线防振锤 | 只/km | 20.0 | 20.0 | 20.0 | 30.0 | 30.0 |
| 11 | 复合绝缘子（含跳线绝缘子） | 支/km | 10.5 | 10.7 | 10.5 | 11.0 | 11.4 |
| 12 | 盘式绝缘子（不含地线绝缘子） | 片/km | 127.7 | 124.3 | 127.7 | 110.9 | 110.9 |
| 13 | 基础混凝土 | $m^3$/km | 55.4 | 53.9 | 118.3 | 54.5 | 54.5 |

| 序号 | 材料名称 | 方案名称 | 500kV 单回 6×300（紧凑型） | | | | |
|---|---|---|---|---|---|---|---|
| | | 指标单位 | 平地 | 丘陵 | 河网泥沼 | 山地 | 高山 |
| 1 | 导线（含跳线、弧垂） | t/km | 20.7 | 20.8 | 20.7 | 20.9 | 20.9 |
| 2 | 地线（含弧垂） | t/km | 1.63 | 1.64 | 1.63 | 1.65 | 1.65 |
| 3 | 塔基数 | 基/km | 2.55 | 2.45 | 2.55 | 2.20 | 2.20 |
| | 耐张比例 | % | 14.9 | 15.1 | 14.9 | 15.0 | 15.0 |
| 4 | 塔材 | t/km | 38.8 | 39.2 | 41.8 | 44.7 | 45.5 |
| 5 | 基础钢材（不含地脚螺栓） | t/km | 5.0 | 4.9 | 12.9 | 5.4 | 5.5 |
| 6 | 挂线金具 | t/km | 1.4 | 1.5 | 1.4 | 1.6 | 1.8 |
| 7 | 接地钢材 | t/km | 0.3 | 0.5 | 0.2 | 0.5 | 0.6 |
| 8 | 间隔棒（含跳线间隔棒） | 组/km | 65.7 | 65.5 | 65.7 | 65.0 | 65.0 |
| 9 | 导线防振锤 | 只/km | 3.0 | 9.0 | 3.0 | 12.0 | 12.0 |
| 10 | 地线防振锤 | 只/km | 20.0 | 20.0 | 20.0 | 30.0 | 30.0 |
| 11 | 复合绝缘子（含跳线绝缘子） | 支/km | 14.2 | 14.6 | 14.2 | 15.1 | 16.8 |
| 12 | 盘式绝缘子（不含地线绝缘子） | 片/km | 127.7 | 124.3 | 127.7 | 110.9 | 110.9 |
| 13 | 基础混凝土 | $m^3$/km | 68.1 | 67.1 | 143.7 | 65.6 | 66.5 |

## （十二）330kV 送电工程主要材料单位千米指标

330kV 送电工程各模块工程量指标对应的边界条件如下：

（1）未采用拉线塔。

（2）耐张比例约为 12%。

（3）未考虑林区高跨的影响。

（4）交叉跨越按一般情况考虑，未考虑城市近郊等多跨越情况的影响。

（5）轻冰区污秽等级按 d 级考虑，直线塔绝缘子按 I 串复合绝缘子考虑、耐张塔绝缘子按盘型考虑；复合绝缘子均按双串考虑。

（6）海拔按 2500m 以下考虑。

（7）丘陵、山区塔位地形坡度为 20°～25°。

（8）山区铁塔采用全方位长短腿铁塔。

（9）杆塔、基础指标均未考虑地震影响。

| 序号 | 材料名称 | 方案名称 | 330kV 双回 4×400 | | | | |
|---|---|---|---|---|---|---|---|
| | | 指标单位 | 平地 | 丘陵 | 河网泥沼 | 山地 | 高山 |
| 1 | 导线（含跳线、弧垂） | t/km | 32.8 | 32.9 | | 33.1 | 33.1 |
| 2 | 地线（含弧垂） | t/km | 1.60 | 1.60 | | 1.70 | 1.70 |
| 3 | 塔基数 | 基/km | 3.00 | 2.80 | | 2.30 | 2.20 |
| | 耐张比例 | % | 12.3 | 12.1 | | 12.2 | 12.3 |
| 4 | 塔材 | t/km | 59.3 | 58.8 | | 61.8 | 66.9 |

续表

| 序号 | 材料名称 | 方案名称 | 330kV 双回 4×400 | | | | |
|---|---|---|---|---|---|---|---|
| | | 指标单位 | 平地 | 丘陵 | 河网泥沼 | 山地 | 高山 |
| 5 | 基础钢材（不含地脚螺栓） | t/km | 7.5 | 7.6 | | 9.1 | 9.8 |
| 6 | 挂线金具 | t/km | 1.9 | 1.8 | | 1.5 | 1.4 |
| 7 | 接地钢材 | t/km | 0.3 | 0.3 | | 0.3 | 0.5 |
| 8 | 间隔棒（含跳线间隔棒） | 组/km | 110.0 | 110.0 | | 110.0 | 120.0 |
| 9 | 导线防振锤 | 只/km | 6.0 | 18.0 | | 24.0 | 24.0 |
| 10 | 地线防振锤 | 只/km | 24.0 | 22.4 | | 18.4 | 17.6 |
| 11 | 复合绝缘子（含跳线绝缘子） | 支/km | 24.3 | 22.7 | | 18.6 | 17.8 |
| 12 | 盘式绝缘子（不含地线绝缘子） | 片/km | 239.8 | 220.3 | | 181.4 | 175.1 |
| 13 | 基础混凝土 | $m^3$/km | 107.8 | 107.8 | | 113.7 | 122.9 |

| 序号 | 材料名称 | 方案名称 | 330kV 双回 2×300 | | | | |
|---|---|---|---|---|---|---|---|
| | | 指标单位 | 平地 | 丘陵 | 河网泥沼 | 山地 | 高山 |
| 1 | 导线（含跳线、弧垂） | t/km | 13.8 | 13.8 | | 13.9 | 13.9 |
| 2 | 地线（含弧垂） | t/km | 1.60 | 1.60 | | 1.70 | 1.70 |
| 3 | 塔基数 | 基/km | 3.00 | 2.80 | | 2.30 | 2.20 |
| | 耐张比例 | % | 12.3 | 12.1 | | 12.2 | 12.3 |
| 4 | 塔材 | t/km | 45.7 | 46.2 | | 49.8 | 52.0 |
| 5 | 基础钢材（不含地脚螺栓） | t/km | 5.8 | 6.0 | | 7.3 | 7.6 |
| 6 | 挂线金具 | t/km | 1.2 | 0.9 | | 0.7 | 0.7 |
| 7 | 接地钢材 | t/km | 0.3 | 0.3 | | 0.3 | 0.5 |
| 8 | 间隔棒（含跳线间隔棒） | 组/km | 110.0 | 110.0 | | 110.0 | 120.0 |
| 9 | 导线防振锤 | 只/km | 50.0 | 50.0 | | 44.0 | 44.0 |
| 10 | 地线防振锤 | 只/km | 24.0 | 22.4 | | 18.4 | 17.6 |
| 11 | 复合绝缘子（含跳线绝缘子） | 支/km | 27.5 | 25.7 | | 21.1 | 20.1 |
| 12 | 盘式绝缘子（不含地线绝缘子） | 片/km | 239.8 | 220.3 | | 181.4 | 175.0 |
| 13 | 基础混凝土 | $m^3$/km | 83.1 | 84.8 | | 91.6 | 95.6 |

| 序号 | 材料名称 | 方案名称 | 330kV 单回 2×400 | | | | |
|---|---|---|---|---|---|---|---|
| | | 指标单位 | 平地 | 丘陵 | 河网泥沼 | 山地 | 高山 |
| 1 | 导线（含跳线、弧垂） | t/km | 8.2 | 8.2 | | 8.3 | 8.3 |
| 2 | 地线（含弧垂） | t/km | 1.60 | 1.60 | | 1.70 | 1.70 |
| 3 | 塔基数 | 基/km | 3.00 | 2.80 | | 2.30 | 2.20 |
| | 耐张比例 | % | 12.3 | 12.1 | | 12.2 | 12.3 |
| 4 | 塔材 | t/km | 21.6 | 21.4 | | 22.7 | 23.7 |
| 5 | 基础钢材（不含地脚螺栓） | t/km | 2.7 | 2.7 | | 3.4 | 3.5 |
| 6 | 挂线金具 | t/km | 0.6 | 0.6 | | 0.5 | 0.5 |
| 7 | 接地钢材 | t/km | 0.2 | 0.2 | | 0.2 | 0.2 |
| 8 | 间隔棒（含跳线间隔棒） | 组/km | 55.0 | 55.0 | | 55.0 | 60.0 |
| 9 | 导线防振锤 | 只/km | 25.0 | 25.0 | | 22.0 | 22.0 |
| 10 | 地线防振锤 | 只/km | 24.0 | 22.4 | | 18.4 | 17.6 |
| 11 | 复合绝缘子（含跳线绝缘子） | 支/km | 12.2 | 12.8 | | 10.5 | 10.1 |
| 12 | 盘式绝缘子（不含地线绝缘子） | 片/km | 119.9 | 110.2 | | 90.7 | 87.5 |
| 13 | 基础混凝土 | $m^3$/km | 38.6 | 38.0 | | 42.4 | 43.8 |

| 序号 | 材料名称 | 方案名称 | 330kV 单回 4×400 | | | | |
|---|---|---|---|---|---|---|---|
| | | 指标单位 | 平地 | 丘陵 | 河网泥沼 | 山地 | 高山 |
| 1 | 导线（含跳线、弧垂） | t/km | 16.4 | 16.4 | | 16.5 | 16.6 |
| 2 | 地线（含弧垂） | t/km | 1.60 | 1.60 | | 1.70 | 1.70 |
| 3 | 塔基数 | 基/km | 3.00 | 2.80 | | 2.30 | 2.20 |
| | 耐张比例 | % | 12.3 | 12.1 | | 12.2 | 12.3 |
| 4 | 塔材 | t/km | 26.9 | 26.7 | | 28.1 | 30.4 |
| 5 | 基础钢材（不含地脚螺栓） | t/km | 3.1 | 3.0 | | 3.8 | 4.1 |
| 6 | 挂线金具 | t/km | 1.0 | 0.9 | | 0.7 | 0.7 |
| 7 | 接地钢材 | t/km | 0.2 | 0.2 | | 0.2 | 0.2 |
| 8 | 间隔棒（含跳线间隔棒） | 组/km | 55.0 | 55.0 | | 55.0 | 60.0 |
| 9 | 导线防振锤 | 只/km | 3.0 | 9.0 | | 12.0 | 12.0 |
| 10 | 地线防振锤 | 只/km | 24.0 | 22.4 | | 18.4 | 17.6 |
| 11 | 复合绝缘子（含跳线绝缘子） | 支/km | 12.2 | 11.4 | | 9.3 | 8.9 |
| 12 | 盘式绝缘子（不含地线绝缘子） | 片/km | 119.9 | 110.2 | | 90.7 | 87.5 |
| 13 | 基础混凝土 | $m^3$/km | 43.7 | 43.0 | | 48.0 | 49.4 |

| 序号 | 材料名称 | 方案名称 | 330kV 单回 2×300 | | | | |
|---|---|---|---|---|---|---|---|
| | | 指标单位 | 平地 | 丘陵 | 河网泥沼 | 山地 | 高山 |
| 1 | 导线（含跳线、弧垂） | t/km | 6.9 | 6.9 | | 6.9 | 6.9 |
| 2 | 地线（含弧垂） | t/km | 1.60 | 1.60 | | 1.70 | 1.70 |
| 3 | 塔基数 | 基/km | 3.00 | 2.80 | | 2.30 | 2.20 |
| | 耐张比例 | % | 12.3 | 12.1 | | 12.2 | 12.3 |
| 4 | 塔材 | t/km | 20.1 | 20.3 | | 21.9 | 23.0 |
| 5 | 基础钢材（不含地脚螺栓） | t/km | 2.3 | 2.4 | | 3.3 | 3.4 |
| 6 | 挂线金具 | t/km | 0.6 | 0.5 | | 0.5 | 0.5 |
| 7 | 接地钢材 | t/km | 0.2 | 0.2 | | 0.2 | 0.2 |
| 8 | 间隔棒（含跳线间隔棒） | 组/km | 55.0 | 55.0 | | 55.0 | 60.0 |
| 9 | 导线防振锤 | 只/km | 25.0 | 25.0 | | 22.0 | 22.0 |
| 10 | 地线防振锤 | 只/km | 24.0 | 22.4 | | 18.4 | 17.6 |
| 11 | 复合绝缘子（含跳线绝缘子） | 支/km | 13.7 | 12.8 | | 10.5 | 10.1 |
| 12 | 盘式绝缘子（不含地线绝缘子） | 片/km | 119.9 | 110.2 | | 90.7 | 87.5 |
| 13 | 基础混凝土 | $m^3$/km | 33.0 | 33.6 | | 41.7 | 42.8 |

## （十三）220kV 送电工程主要材料单位千米指标

220kV 送电工程各模块工程量指标对应的边界条件如下：

（1）未采用拉线塔。

（2）耐张比例约为 15%。

（3）未考虑林区高跨的影响。

（4）交叉跨越按一般情况考虑，未考虑城市近郊等多跨越情况的影响。

（5）轻冰区污秽等级按 d 级考虑，直线塔绝缘子按 I 串复合绝缘子考虑、耐张塔绝缘子按盘型考虑。

（6）海拔按 1000m 以下考虑。

（7）丘陵、山区塔位地形坡度为 20°～25°。

（8）河网泥沼地形中灌注桩基数比例按杆塔总数的 30%考虑。

（9）河网泥沼地形中地基承载力特征值按 60～70kPa 考虑。

（10）山区铁塔采用全方位长短腿铁塔。

（11）杆塔、基础指标均未考虑地震影响。

| 序号 | 材料名称 | 方案名称 | 220kV 双回 2×630 | | | | |
|---|---|---|---|---|---|---|---|
| | | 指标单位 | 平地 | 丘陵 | 河网泥沼 | 山地 | 高山 |
| 1 | 导线（含跳线、弧垂） | t/km | 25.3 | 25.4 | 25.3 | 25.5 | 25.6 |
| 2 | 地线（含弧垂） | t/km | 1.36 | 1.36 | 1.36 | 1.37 | 1.37 |

续表

| 序号 | 材料名称 | 方案名称 | 220kV 双回 2×630 | | | | |
|---|---|---|---|---|---|---|---|
| | | 指标单位 | 平地 | 丘陵 | 河网泥沼 | 山地 | 高山 |
| 3 | 塔基数 | 基/km | 3.00 | 3.00 | 3.00 | 2.40 | 2.20 |
| | 耐张比例 | % | 14.9 | 15.1 | 14.9 | 15.0 | 15.0 |
| 4 | 塔材 | t/km | 37.5 | 38.4 | 40.4 | 45.9 | 46.5 |
| 5 | 基础钢材（不含地脚螺栓） | t/km | 5.5 | 5.7 | 10.9 | 6.3 | 6.6 |
| 6 | 挂线金具 | t/km | 1.1 | 1.1 | 1.1 | 0.9 | 0.8 |
| 7 | 接地钢材 | t/km | 0.2 | 0.3 | 0.2 | 0.3 | 0.4 |
| 8 | 间隔棒（含跳线间隔棒） | 组/km | 110.8 | 110.8 | 110.8 | 108.6 | 107.9 |
| 9 | 导线防振锤 | 只/km | 80.0 | 80.0 | 80.0 | 80.0 | 80.0 |
| 10 | 地线防振锤 | 只/km | 14.0 | 14.0 | 14.0 | 20.0 | 20.0 |
| 11 | 复合绝缘子（含跳线绝缘子） | 支/km | 19.1 | 19.0 | 18.8 | 15.4 | 13.9 |
| 12 | 盘式绝缘子（不含地线绝缘子） | 片/km | 165.6 | 165.6 | 165.6 | 133.2 | 122.4 |
| 13 | 基础混凝土 | $m^3$/km | 64.4 | 67.4 | 128.7 | 73.8 | 77.4 |

| 序号 | 材料名称 | 方案名称 | 220kV 双回 2×400 | | | | |
|---|---|---|---|---|---|---|---|
| | | 指标单位 | 平地 | 丘陵 | 河网泥沼 | 山地 | 高山 |
| 1 | 导线（含跳线、弧垂） | t/km | 16.4 | 16.5 | 16.4 | 16.5 | 16.6 |
| 2 | 地线（含弧垂） | t/km | 1.36 | 1.37 | 1.36 | 1.38 | 1.38 |
| 3 | 塔基数 | 基/km | 3.00 | 3.00 | 3.00 | 2.40 | 2.20 |
| | 耐张比例 | % | 14.9 | 15.1 | 14.9 | 15.0 | 15.0 |
| 4 | 塔材 | t/km | 34.1 | 34.9 | 36.8 | 41.8 | 42.3 |
| 5 | 基础钢材（不含地脚螺栓） | t/km | 5.3 | 5.6 | 10.6 | 6.1 | 6.4 |
| 6 | 挂线金具 | t/km | 0.8 | 0.8 | 0.8 | 0.6 | 0.6 |
| 7 | 接地钢材 | t/km | 0.2 | 0.3 | 0.2 | 0.3 | 0.4 |
| 8 | 间隔棒（含跳线间隔棒） | 组/km | 110.8 | 110.8 | 110.8 | 108.6 | 107.9 |
| 9 | 导线防振锤 | 只/km | 80.0 | 80.0 | 80.0 | 80.0 | 80.0 |
| 10 | 地线防振锤 | 只/km | 14.0 | 14.0 | 14.0 | 20.0 | 20.0 |
| 11 | 复合绝缘子（含跳线绝缘子） | 支/km | 19.1 | 19.0 | 18.8 | 15.4 | 13.9 |
| 12 | 盘式绝缘子（不含地线绝缘子） | 片/km | 165.6 | 165.6 | 165.6 | 133.2 | 122.4 |
| 13 | 基础混凝土 | $m^3$/km | 62.5 | 65.4 | 125.0 | 71.6 | 75.1 |

| 序号 | 材料名称 | 方案名称 | 220kV 单回 2×630 | | | | |
|---|---|---|---|---|---|---|---|
| | | 指标单位 | 平地 | 丘陵 | 河网泥沼 | 山地 | 高山 |
| 1 | 导线（含跳线、弧垂） | t/km | 12.6 | 12.7 | 12.6 | 12.8 | 12.8 |
| 2 | 地线（含弧垂） | t/km | 1.36 | 1.37 | 1.36 | 1.38 | 1.38 |
| 3 | 塔基数 | 基/km | 3.00 | 3.00 | 3.00 | 2.40 | 2.20 |
| | 耐张比例 | % | 14.9 | 15.1 | 14.9 | 15.0 | 15.0 |
| 4 | 塔材 | t/km | 16.8 | 17.7 | 18.2 | 20.7 | 21.1 |
| 5 | 基础钢材（不含地脚螺栓） | t/km | 3.0 | 3.1 | 5.7 | 3.4 | 3.6 |
| 6 | 挂线金具 | t/km | 0.6 | 0.6 | 0.6 | 0.5 | 0.4 |
| 7 | 接地钢材 | t/km | 0.2 | 0.3 | 0.2 | 0.3 | 0.4 |
| 8 | 间隔棒（含跳线间隔棒） | 组/km | 55.4 | 55.4 | 55.4 | 54.3 | 54.0 |
| 9 | 导线防振锤 | 只/km | 40.0 | 40.0 | 40.0 | 40.0 | 40.0 |
| 10 | 地线防振锤 | 只/km | 14.0 | 14.0 | 14.0 | 20.0 | 20.0 |
| 11 | 复合绝缘子（含跳线绝缘子） | 支/km | 10.0 | 9.9 | 9.9 | 8.0 | 7.3 |
| 12 | 盘式绝缘子（不含地线绝缘子） | 片/km | 82.8 | 82.8 | 82.8 | 66.6 | 61.2 |
| 13 | 基础混凝土 | $m^3$/km | 34.8 | 36.4 | 66.5 | 39.9 | 41.9 |

| 序号 | 材料名称 | 方案名称 | 220kV 单回 2×400 | | | | |
|---|---|---|---|---|---|---|---|
| | | 指标单位 | 平地 | 丘陵 | 河网泥沼 | 山地 | 高山 |
| 1 | 导线（含跳线、弧垂） | t/km | 8.2 | 8.2 | 8.2 | 8.3 | 8.3 |
| 2 | 地线（含弧垂） | t/km | 1.36 | 1.40 | 1.36 | 1.38 | 1.38 |
| 3 | 塔基数 | 基/km | 3.00 | 3.00 | 3.00 | 2.40 | 2.20 |
| | 耐张比例 | % | 14.9 | 15.1 | 14.9 | 15.0 | 15.0 |
| 4 | 塔材 | t/km | 15.5 | 16.4 | 17.7 | 19.2 | 19.5 |
| 5 | 基础钢材（不含地脚螺栓） | t/km | 2.8 | 2.9 | 5.5 | 3.2 | 3.4 |
| 6 | 挂线金具 | t/km | 0.4 | 0.4 | 0.4 | 0.3 | 0.3 |
| 7 | 接地钢材 | t/km | 0.2 | 0.3 | 0.2 | 0.3 | 0.4 |
| 8 | 间隔棒（含跳线间隔棒） | 组/km | 55.4 | 55.4 | 55.4 | 54.3 | 54.0 |
| 9 | 导线防振锤 | 只/km | 40.0 | 40.0 | 40.0 | 40.0 | 40.0 |
| 10 | 地线防振锤 | 只/km | 14.0 | 14.0 | 14.0 | 20.0 | 20.0 |
| 11 | 复合绝缘子（含跳线绝缘子） | 支/km | 10.0 | 9.9 | 9.9 | 8.0 | 7.3 |
| 12 | 盘式绝缘子（不含地线绝缘子） | 片/km | 82.8 | 82.8 | 82.8 | 66.6 | 61.2 |
| 13 | 基础混凝土 | $m^3$/km | 33.2 | 34.7 | 64.5 | 38.0 | 39.9 |

<table>
<tr><td rowspan="2">序号</td><td rowspan="2">材料名称</td><td>方案名称</td><td colspan="5">220kV 单回 2×300</td></tr>
<tr><td>指标单位</td><td>平地</td><td>丘陵</td><td>河网泥沼</td><td>山地</td><td>高山</td></tr>
<tr><td>1</td><td>导线（含跳线、弧垂）</td><td>t/km</td><td>6.9</td><td>6.9</td><td>6.9</td><td>6.9</td><td>7.0</td></tr>
<tr><td>2</td><td>地线（含弧垂）</td><td>t/km</td><td>1.36</td><td>1.37</td><td>1.36</td><td>1.38</td><td>1.38</td></tr>
<tr><td rowspan="2">3</td><td>塔基数</td><td>基/km</td><td>3.00</td><td>3.00</td><td>3.00</td><td>2.40</td><td>2.20</td></tr>
<tr><td>耐张比例</td><td>%</td><td>14.9</td><td>15.1</td><td>14.9</td><td>15.0</td><td>15.0</td></tr>
<tr><td>4</td><td>塔材</td><td>t/km</td><td>14.8</td><td>15.6</td><td>16.9</td><td>18.3</td><td>18.6</td></tr>
<tr><td>5</td><td>基础钢材（不含地脚螺栓）</td><td>t/km</td><td>2.8</td><td>2.9</td><td>5.2</td><td>3.2</td><td>3.3</td></tr>
<tr><td>6</td><td>挂线金具</td><td>t/km</td><td>0.4</td><td>0.4</td><td>0.4</td><td>0.3</td><td>0.3</td></tr>
<tr><td>7</td><td>接地钢材</td><td>t/km</td><td>0.2</td><td>0.3</td><td>0.2</td><td>0.3</td><td>0.4</td></tr>
<tr><td>8</td><td>间隔棒（含跳线间隔棒）</td><td>组/km</td><td>55.4</td><td>55.4</td><td>55.4</td><td>54.3</td><td>54.0</td></tr>
<tr><td>9</td><td>导线防振锤</td><td>只/km</td><td>40.0</td><td>40.0</td><td>40.0</td><td>40.0</td><td>40.0</td></tr>
<tr><td>10</td><td>地线防振锤</td><td>只/km</td><td>14.0</td><td>14.0</td><td>14.0</td><td>20.0</td><td>20.0</td></tr>
<tr><td>11</td><td>复合绝缘子（含跳线绝缘子）</td><td>支/km</td><td>10.0</td><td>9.9</td><td>9.9</td><td>8.0</td><td>7.3</td></tr>
<tr><td>12</td><td>盘式绝缘子（不含地线绝缘子）</td><td>片/km</td><td>82.8</td><td>82.8</td><td>82.8</td><td>66.6</td><td>61.2</td></tr>
<tr><td>13</td><td>基础混凝土</td><td>$m^3$/km</td><td>32.4</td><td>33.9</td><td>61.7</td><td>37.1</td><td>38.9</td></tr>
</table>

## （十四）±800kV 送电工程主要材料单位千米指标

±800kV 送电工程各模块工程量指标对应的边界条件如下：

（1）未采用拉线塔。

（2）耐张比例为 15.7%～18.3%。

（3）未考虑林区高跨的影响。

（4）交叉跨越按一般情况考虑，未考虑城市近郊等多跨越情况的影响。

（5）污秽等级按中污区考虑，直线塔绝缘子按 V 串、复合绝缘子考虑；耐张塔绝缘子按盘型、钟罩型考虑。

（6）海拔按 1000m 以下考虑。

（7）丘陵、山区塔位地形坡度为 20°～25°。

（8）丘陵、山区铁塔采用全方位长短腿铁塔。

（9）杆塔、基础指标均未考虑地震影响。

| 序号 | 材料名称 | 方案名称 | ±800kV 双极 6×1250 | | | | |
|---|---|---|---|---|---|---|---|
| | | 指标单位 | 平地 | 丘陵 | 河网泥沼 | 山地 | 高山 |
| 1 | 导线（含跳线、弧垂） | t/km | 49.5 | 49.7 | 49.5 | 53.0 | 53.1 |
| 2 | 地线（含弧垂） | t/km | 1.99 | 2.00 | 1.99 | 2.01 | 2.02 |
| 3 | 塔基数 | 基/km | 2.10 | 2.06 | 2.16 | 1.90 | 1.86 |
| | 耐张比例 | % | 16.2 | 16.5 | 15.7 | 17.9 | 18.3 |
| 4 | 塔材 | t/km | 94.0 | 97.2 | 100.3 | 115.4 | 118.7 |

续表

| 序号 | 材料名称 | 方案名称 | ±800kV 双极 6×1250 | | | | |
|---|---|---|---|---|---|---|---|
| | | 指标单位 | 平地 | 丘陵 | 河网泥沼 | 山地 | 高山 |
| 5 | 基础钢材（不含地脚螺栓） | t/km | 15.9 | 13.5 | 30.4 | 12.7 | 12.8 |
| 6 | 挂线金具 | t/km | 6.2 | 6.2 | 6.3 | 6.8 | 6.8 |
| 7 | 接地钢材 | t/km | 0.2 | 0.3 | 0.2 | 0.3 | 0.4 |
| 8 | 间隔棒（含跳线间隔棒） | 组/km | 38.8 | 38.8 | 38.8 | 38.8 | 38.8 |
| 9 | 导线防振锤 | 只/km | 2.9 | 5.8 | 4.8 | 20.6 | 24.5 |
| 10 | 地线防振锤 | 只/km | 16.8 | 17.0 | 17.0 | 17.0 | 17.0 |
| 11 | 复合绝缘子（含跳线绝缘子） | 支/km | 15.4 | 14.8 | 15.8 | 15.6 | 15.5 |
| 12 | 盘式绝缘子（不含地线绝缘子） | 片/km | 418.9 | 418.9 | 418.9 | 418.9 | 418.9 |
| 13 | 基础混凝土 | $m^3$/km | 141.3 | 146.6 | 290.3 | 161.7 | 162.4 |

| 序号 | 材料名称 | 方案名称 | ±800kV 双极 6×1000 | | | | |
|---|---|---|---|---|---|---|---|
| | | 指标单位 | 平地 | 丘陵 | 河网泥沼 | 山地 | 高山 |
| 1 | 导线（含跳线、弧垂） | t/km | 38.3 | 38.4 | 38.3 | 42.5 | 42.6 |
| 2 | 地线（含弧垂） | t/km | 1.99 | 2.00 | 1.99 | 2.01 | 2.02 |
| 3 | 塔基数 | 基/km | 2.10 | 2.06 | 2.16 | 1.90 | 1.86 |
| | 耐张比例 | % | 16.2 | 16.5 | 15.7 | 17.9 | 18.3 |
| 4 | 塔材 | t/km | 88.0 | 90.6 | 95.9 | 105.5 | 109.9 |
| 5 | 基础钢材（不含地脚螺栓） | t/km | 11.7 | 9.8 | 27.6 | 8.6 | 8.4 |
| 6 | 挂线金具 | t/km | 3.0 | 3.0 | 3.0 | 3.7 | 3.8 |
| 7 | 接地钢材 | t/km | 0.2 | 0.3 | 0.2 | 0.3 | 0.4 |
| 8 | 间隔棒（含跳线间隔棒） | 组/km | 38.8 | 38.8 | 38.8 | 38.8 | 38.8 |
| 9 | 导线防振锤 | 只/km | 2.9 | 5.8 | 4.8 | 20.6 | 24.5 |
| 10 | 地线防振锤 | 只/km | 16.8 | 17.0 | 17.0 | 17.0 | 17.0 |
| 11 | 复合绝缘子(含跳线绝缘子) | 支/km | 9.8 | 9.8 | 10.0 | 10.5 | 11.3 |
| 12 | 盘式绝缘子（不含地线绝缘子） | 片/km | 314.2 | 314.2 | 314.2 | 418.9 | 418.9 |
| 13 | 基础混凝土 | $m^3$/km | 136.3 | 140.4 | 287.6 | 158.3 | 159.4 |

**注** 刚性跳线工程量另计。

## （十五）±500kV 送电工程主要材料单位千米指标

±500kV 送电工程各模块工程量指标对应的边界条件如下：

（1）未采用拉线塔。

（2）耐张比例约为 15%。

（3）未考虑林区高跨的影响。

（4）交叉跨越按一般情况考虑，未考虑城市近郊等多跨越情况的影响。

（5）污秽等级按中污区考虑，直线塔绝缘子按 V 串、复合绝缘子考虑，耐张塔绝缘子按盘型考虑。

（6）海拔按 1000m 以下考虑。

（7）丘陵、山区塔位地形坡度为 20°～25°。

（8）河网泥沼地形中灌注桩基数比例按杆塔总数的 30% 考虑。

（9）河网泥沼地形中地基承载力特征值按 60～70kPa 考虑。

（10）丘陵、山区铁塔采用全方位长短腿铁塔。

（11）杆塔、基础指标均未考虑地震影响。

| 序号 | 材料名称 | 方案名称 | ±500kV 双极 4×720 | | | | |
|---|---|---|---|---|---|---|---|
| | | 指标单位 | 平地 | 丘陵 | 河网泥沼 | 山地 | 高山 |
| 1 | 导线（含跳线、弧垂） | t/km | 19.6 | 19.6 | 19.6 | 19.7 | 19.8 |
| 2 | 地线（含弧垂） | t/km | 1.63 | 1.64 | 1.63 | 1.65 | 1.65 |

续表

| 序号 | 材料名称 | 方案名称 | ±500kV 双极 4×720 | | | | |
|---|---|---|---|---|---|---|---|
| | | 指标单位 | 平地 | 丘陵 | 河网泥沼 | 山地 | 高山 |
| 3 | 塔基数 | 基/km | 2.55 | 2.45 | 2.55 | 2.20 | 2.20 |
| | 耐张比例 | % | 14.9 | 15.1 | 14.9 | 15.0 | 15.0 |
| 4 | 塔材 | t/km | 39.9 | 40.8 | 42.5 | 44.7 | 45.6 |
| 5 | 基础钢材（不含地脚螺栓） | t/km | 5.2 | 5.1 | 13.5 | 6.1 | 6.2 |
| 6 | 挂线金具 | t/km | 1.1 | 1.3 | 1.1 | 1.2 | 1.3 |
| 7 | 接地钢材 | t/km | 0.4 | 0.5 | 0.5 | 0.6 | 0.8 |
| 8 | 间隔棒（含跳线间隔棒） | 组/km | 36.4 | 39.3 | 40.1 | 41.1 | 42.6 |
| 9 | 导线防振锤 | 只/km | 2.0 | 6.0 | 2.0 | 8.0 | 8.0 |
| 10 | 地线防振锤 | 只/km | 20.0 | 20.0 | 20.0 | 30.0 | 30.0 |
| 11 | 复合绝缘子（含跳线绝缘子） | 支/km | 9.4 | 10.7 | 9.4 | 10.4 | 11.1 |
| 12 | 盘式绝缘子（不含地线绝缘子） | 片/km | 127.7 | 124.3 | 127.7 | 110.9 | 110.9 |
| 13 | 基础混凝土 | $m^3$/km | 74.7 | 72.5 | 149.5 | 76.2 | 77.3 |

## （十六）接地极线路工程主要材料单位千米指标

接地极线路工程各模块工程量指标对应的边界条件如下：

（1）未采用拉线塔。

（2）耐张比例约为15%。

（3）未考虑林区高跨的影响。

（4）交叉跨越按一般情况考虑，未考虑城市近郊等多跨越情况的影响。

（5）海拔按1000m以下考虑。

（6）丘陵、山区塔位地形坡度为20°～25°。

（7）河网泥沼地形中灌注桩基数比例按杆塔总数的30%考虑。

（8）河网泥沼地形中地基承载力特征值按60～70kPa考虑。

（9）山区铁塔采用全方位长短腿铁塔。

（10）杆塔、基础指标均未考虑地震影响。

| 序号 | 材料名称 | 方案名称 | ±800kV接地极2×2×500 | | | | |
|---|---|---|---|---|---|---|---|
| | | 指标单位 | 平地 | 丘陵 | 河网泥沼 | 山地 | 高山 |
| 1 | 导线（含跳线、弧垂） | t/km | 6.8 | 6.9 | 6.8 | 6.9 | |
| 2 | 地线（含弧垂） | t/km | 0.53 | 0.53 | 0.53 | 0.54 | |
| 3 | 塔基数 | 基/km | 2.80 | 2.80 | 2.80 | 2.70 | |
| | 耐张比例 | % | 15.0 | 15.0 | 15.0 | 15.6 | |

续表

| 序号 | 材料名称 | 方案名称 | ±800kV 接地极 2×2×500 | | | | |
|---|---|---|---|---|---|---|---|
| | | 指标单位 | 平地 | 丘陵 | 河网泥沼 | 山地 | 高山 |
| 4 | 塔材 | t/km | 13.7 | 14.0 | 14.4 | 15.7 | |
| 5 | 基础钢材（不含地脚螺栓） | t/km | 2.0 | 2.2 | 5.5 | 2.7 | |
| 6 | 挂线金具 | t/km | 0.7 | 0.8 | 0.8 | 0.8 | |
| 7 | 接地钢材 | t/km | 0.1 | 0.2 | 0.2 | 0.3 | |
| 8 | 间隔棒（含跳线间隔棒） | 组/km | 39.4 | 39.4 | 39.4 | 39.4 | |
| 9 | 导线防振锤 | 只/km | | | | | |
| 10 | 地线防振锤 | 只/km | 10.0 | 10.0 | 10.0 | 15.0 | |
| 11 | 复合绝缘子（含跳线绝缘子） | 支/km | | | | | |
| 12 | 盘式绝缘子（不含地线绝缘子） | 片/km | 30.2 | 33.1 | 31.7 | 33.7 | |
| 13 | 基础混凝土 | $m^3$/km | 28.8 | 30.8 | 61.6 | 34.2 | |

| 序号 | 材料名称 | 方案名称 | ±500kV 接地极 2×2×300 | | | | |
|---|---|---|---|---|---|---|---|
| | | 指标单位 | 平地 | 丘陵 | 河网泥沼 | 山地 | 高山 |
| 1 | 导线（含跳线、弧垂） | t/km | 4.6 | 4.6 | 4.6 | 4.6 | |
| 2 | 地线（含弧垂） | t/km | 0.53 | 0.53 | 0.53 | 0.54 | |
| 3 | 塔基数 | 基/km | 2.80 | 2.80 | 2.80 | 2.70 | |
| | 耐张比例 | % | 15.0 | 15.0 | 15.0 | 15.6 | |
| 4 | 塔材 | t/km | 11.0 | 11.3 | 11.6 | 12.7 | |
| 5 | 基础钢材（不含地脚螺栓） | t/km | 1.8 | 2.0 | 5.0 | 2.5 | |
| 6 | 挂线金具 | t/km | 0.6 | 0.6 | 0.6 | 0.6 | |
| 7 | 接地钢材 | t/km | 0.1 | 0.2 | 0.2 | 0.3 | |
| 8 | 间隔棒（含跳线间隔棒） | 组/km | 39.4 | 39.4 | 39.4 | 39.4 | |
| 9 | 导线防振锤 | 只/km | | | | | |
| 10 | 地线防振锤 | 只/km | 10.0 | 10.0 | 10.0 | 15.0 | |
| 11 | 复合绝缘子（含跳线绝缘子） | 支/km | | | | | |
| 12 | 盘式绝缘子（不含地线绝缘子） | 片/km | 30.2 | 33.1 | 31.7 | 33.7 | |
| 13 | 基础混凝土 | $m^3$/km | 26.0 | 27.8 | 55.6 | 30.9 | |

# 三、送电工程综合结算性造价指数

（2020～2021 年水平）

## （一）编制说明

1. 编制目的

送电工程综合结算性造价指数是为工程概算的静态控制、动态管理使用的，也是用以计算年各项费用及综合造价因物价变化及政策性调整而引起各项费用变化的动态指数。

2. 主要编制依据

（1）定额执行国家能源局 2019 年 11 月发布的《电力建设工程预算定额（2018 年版）第四册 输电线路工程》《电力建设工程预算定额（2018 年版）第六册 调试工程》。

（2）项目划分及取费标准执行国家能源局 2019 年 11 月发布的《电网工程建设预算编制与计算规定》（2018 年版）及 2021 年 4 月发布的中华人民共和国电力行业标准：DL/T 5467～5469—2021、DL/T 5472—2021，其他政策文件依照惯例使用截至 2021 年底。

（3）定额人工费调整、电网安装工程定额材机调整及建筑工程定额材料价差、施工机械价差调整执行《电力工程造价与定额管理总站关于发布 2018 版电力建设工程概预算定额 2021 年度价格水平调整的通知》（定额〔2022〕1 号）。

1000、500、220、±800kV 及±500kV 定额材料机械费调整执行北京市的系数，750kV 及 330kV 工程执行甘肃省的系数。

（4）社会保险费：缴费费率为养老保险、失业保险、医疗保险、生育保险、工伤保险费率之和。1000、500、220、±800kV 及±500kV 工程按北京市为（16+0.5+9+0.8+1）%，750kV 及 330kV 工程按甘肃省为（16+0.7+6+0.7+0.6）%。

（5）住房公积金：1000、500、220、±800kV 及±500kV 工程缴费费率执行《关于 2021 住房公积金年度住房公积金缴存有关问题的通知》（京房公积金管委会发〔2021〕12 号）北京市为 12%，750kV 及 330kV 工程按甘肃省为 12%。

（6）增值税税率执行《电力工程造价与定额管理总站关于调整电力工程计价依据增值税税率的通知》（定额〔2019〕13 号）。

（7）装置性材料采用《电力建设工程装置性材料预算价格》（2018 年不含税版）进本体取费，并参照 2021 年度实际工程招标合同价调整价差。地方性材料价格 1000、500、220、±800kV 及±500kV 工程按照北京市 2021 年信息价计列，750kV 及 330kV 工程按照甘肃兰州市 2021 年信息价计列。主要材料价格详见“一、2021 年水平送电工程主要材料价格表”。

本指标甲供材料范围为塔材、导地线、绝缘子和金具。

（8）本指标中环境监测及环境保护验收费按 1700 元/km 计列、水土保持监测及验收费按 2300 元/km 计列，实际工程按各地有关部门规定的标准计算。

（9）本指标中建设场地征用及清理费 500kV 工程分单、

双回考虑，其他电压等级按综合价统一考虑，其中水土保持补偿费按 1.4 元/m$^2$ 计列。

（10）本指标不含专业爆破服务费。

（11）本指标不考虑新型冠状病毒肺炎疫情对工程造价的影响。

（12）本指标价格只计算到静态投资，基本预备费费率 1000kV 及±800kV 为 1%，其余为 1.5%。

3. 编制范围

（1）自发电厂升压站或送电端变电站引出线构架线路侧的绝缘子金具串起，至受电端变电站引入线构架的绝缘子金具串止的 1000、750、500、330、220、±800、±500kV 架空送电线路。

（2）本指标不包括：

1）特殊地基处理（特殊注明除外）；

2）大跨越；

3）地区间价差调整；

4）建设期贷款利息及价差预备费。

## （二）2020～2021 年结算性造价指数

| 序号 | 方案名称 | 电压等级 | 导线规格 | 造价指数（%） | 备注 |
|---|---|---|---|---|---|
| 一、交流工程 | | | | | |
| 1 | 1000kV 双回 8×630（钢管塔） | 1000kV | 8×JL/G1A-630/45 | 6.62 | |

续表

| 序号 | 方案名称 | 电压等级 | 导线规格 | 造价指数（%） | 备注 |
| --- | --- | --- | --- | --- | --- |
| 2 | 1000kV 单回 8×500 | 1000kV | 8×JL/G1A-500/45 | 5.95 | |
| 3 | 750kV 双回 6×500 | 750kV | 6×JL/G1A-500/45 | 7.61 | |
| 4 | 750kV 双回 6×400 | 750kV | 6×JL/G1A-400/50 | 7.66 | |
| 5 | 750kV 单回 6×400 | 750kV | 6×JL/G1A-400/50 | 7.76 | |
| 6 | 500kV 双回 4×720 | 500kV | 4×JL/G1A-720/50 | 9.14 | |
| 7 | 500kV 双回 4×630 | 500kV | 4×JL/G1A-630/45 | 9.32 | |
| 8 | 500kV 双回 4×400 | 500kV | 4×JL/G1A-400/35 | 8.32 | |
| 9 | 500kV 双回 4×630（35m/s 风） | 500kV | 4×JL/G1A-630/45 | 7.94 | |
| 10 | 500kV 单回 4×630 | 500kV | 4×JL/G1A-630/45 | 7.06 | |

续表

| 序号 | 方案名称 | 电压等级 | 导线规格 | 造价指数（%） | 备注 |
| --- | --- | --- | --- | --- | --- |
| 11 | 500kV 单回 4×400（20mm 冰） | 500kV | 4×JL/G1A-400/50 | 4.50 | |
| 12 | 500kV 单回 4×400 | 500kV | 4×JL/G1A-400/35 | 5.33 | |
| 13 | 500kV 单回 4×300 | 500kV | 4×JL/G1A-300/40 | 4.96 | |
| 14 | 500kV 单回 6×300（紧凑型） | 500kV | 6×JL/G1A-300/40 | 7.82 | |
| 15 | 330kV 双回 4×400 | 330kV | 4×JL/G1A-400/35 | 8.28 | |
| 16 | 330kV 双回 2×300 | 330kV | 2×JL/G1A-300/40 | 6.23 | |
| 17 | 330kV 单回 2×400 | 330kV | 2×JL/G1A-400/35 | 5.63 | |
| 18 | 330kV 单回 4×400 | 330kV | 4×JL/G1A-400/35 | 7.83 | |
| 19 | 330kV 单回 2×300 | 330kV | 2×JL/G1A-300/40 | 5.63 | |

续表

| 序号 | 方案名称 | 电压等级 | 导线规格 | 造价指数（%） | 备注 |
| --- | --- | --- | --- | --- | --- |
| 20 | 220kV 双回 2×630 | 220kV | 2×JL/G1A-630/45 | 9.66 | |
| 21 | 220kV 双回 2×400 | 220kV | 2×JL/G1A-400/35 | 7.95 | |
| 22 | 220kV 单回 2×630 | 220kV | 2×JL/G1A-630/45 | 8.82 | |
| 23 | 220kV 单回 2×400 | 220kV | 2×JL/G1A-400/35 | 7.20 | |
| 24 | 220kV 单回 2×300 | 220kV | 2×JL/G1A-300/40 | 6.61 | |
| 二、直流工程 | | | | | |
| 1 | ±800kV 双极 6×1250 | ±800kV | 6×JL1/G3A-1250/70、6×JL1/G2A-1250/100 | 7.64 | |
| 2 | ±800kV 双极 6×1000 | ±800kV | 6×JL1/G3A-1000/45、6×JL1/G2A-1000/80 | 6.61 | |

续表

| 序号 | 方案名称 | 电压等级 | 导线规格 | 造价指数（%） | 备注 |
| --- | --- | --- | --- | --- | --- |
| 3 | ±500kV 双极 4×720 | 500kV | 4×JL/G1A-720/50 | 5.71 | |
| 4 | ±800kV 接地极 2×2×500 | ±800kV | JNRLH60/G1A-500/45 | 7.83 | |
| 5 | ±500kV 接地极 2×2×300 | ±500kV | JNRLH60/G3A-300/40 | 6.71 | |

注 1. 1000kV 典型地形为平地 20%、丘陵 20%、山地 60%。

2. ±800、750、500、330kV 典型地形为平地 20%、山地 60%、高山 20%（其中：500kV 双回 4×800、双回 4×630、双回 4×400、单回 4×630 方案典型地形为平地 20%、丘陵 20%、河网泥沼 40%、山地 20%）。

3. 220kV 典型地形为平地 60%、山地 20%、高山 20%。

4. 工程地形不同可根据单项指标进行调整。

5. 综合结算性造价指数同时受主要技术因素和设备材料价格变化的影响。

# 四、工 程 案 例

## （一）准东（昌吉）—华东（皖南）±1100kV 特高压直流输电线路工程案例

1. 基本技术组合方案

<table>
<tr><td>电压等级</td><td colspan="2">±1100kV</td></tr>
<tr><td>导线截面（mm²）</td><td colspan="2">8×1250</td></tr>
<tr><td>工程名称</td><td colspan="2">准东（昌吉）—华东（皖南）±1100kV 特高压直流输电线路工程</td></tr>
<tr><td>设计单位</td><td colspan="2">西北电力设计院、东北电力设计院、华北电力设计院、中南电力设计院、西南电力设计院、广东省电力设计研究院等 27 家设计院</td></tr>
<tr><td>建设单位</td><td colspan="2">国家电网有限公司</td></tr>
<tr><td>线路长度（km）</td><td colspan="2">3316.3</td></tr>
<tr><td>回路数</td><td colspan="2">单回路</td></tr>
<tr><td rowspan="2">气象条件</td><td>最大风速（m/s）</td><td>27、29、30、31、32、33、36、37、38、41、43</td></tr>
<tr><td>最大覆冰（mm）</td><td>5、10、15、20、30</td></tr>
</table>

续表

<table>
<tr><td rowspan="2">工程地形（%）</td><td>平地</td><td>丘陵</td><td>河网泥沼</td><td>山地</td><td>高山</td><td>峻岭</td><td>沙漠</td></tr>
<tr><td>43.5</td><td>22.6</td><td>5</td><td>22</td><td>1.9</td><td>0.4</td><td>4.6</td></tr>
<tr><td rowspan="2">工程地质（%）</td><td>普通土</td><td>坚土</td><td>松砂石</td><td>岩石</td><td colspan="2">干/流砂</td><td>泥水</td></tr>
<tr><td>29</td><td>7</td><td>30</td><td>15</td><td colspan="2">5</td><td>14</td></tr>
<tr><td>导线型号</td><td colspan="7">8×JL1/G3A-1250/70、JL1/G2A-1250/100</td></tr>
<tr><td>地线型号</td><td colspan="7">JLB20A-240、LBGJ-240-20AC</td></tr>
<tr><td rowspan="2">工地运输平均运距</td><td colspan="3">人力运距（km）</td><td colspan="4">0.52</td></tr>
<tr><td colspan="3">汽车运距（km）</td><td colspan="4">29.26</td></tr>
<tr><td>工程设计和投资编制年</td><td colspan="7">2016 年</td></tr>
</table>

2. 主要材料单位千米指标

| 序号 | 材料名称 | 单位 | 指标 |
|---|---|---|---|
| 1 | 导线 | t | 67.92 |
| 2 | 地线 | t | 1.62 |
| 3 | 杆塔钢材 | t | 251.71 |
| 4 | 基础钢材 | t | 29.91 |
| 5 | 挂线金具 | t | 9.20 |
| 6 | 接地钢材 | t | 0.33 |
| 7 | 间隔棒 | 组 | 36.80 |

续表

| 序号 | 材料名称 | 单位 | 指标 |
|---|---|---|---|
| 8 | 瓷绝缘子 | 片 | 773.49 |
| 9 | 复合绝缘子 | 支 | 13.70 |
| 10 | 基础混凝土 | $m^3$ | 332.47 |

3. 工程造价

| 序号 | 项目名称 | 安装工程费（万元） | 各项占总计（%） | 单位造价（万元/km） |
|---|---|---|---|---|
| 1 | 本体工程 | 1 830 588 | 78.85 | 552.00 |
| 2 | 辅助设施工程 | 20 320 | 0.87 | 6.12 |
| 小　计 | | 1 850 908 | 79.72 | 558.12 |
| 3 | 编制年价差 | 17 310 | 0.75 | 5.22 |
| 4 | 其他费用 | 45 3504 | 19.53 | 136.75 |
| | 其中：（1）场地征用及清理 | 21 9237 | 9.44 | 66.11 |
| | （2）基本预备费（1%） | 22 733 | 0.98 | 6.85 |
| 静态投资 | | 2 321 722 | 100.00 | 700.09 |

## （二）宁东—山东±660kV 直流输电线路工程案例

### 1. 基本技术组合方案

<table>
<tr><td>电压等级</td><td colspan="30">±660kV</td></tr>
<tr><td>导线截面（$mm^2$）</td><td colspan="30">4×1000</td></tr>
<tr><td>工程名称</td><td colspan="30">±660kV 西北（宁东）—华北（山东）联网工程送端线路（包 3 段）</td></tr>
<tr><td>设计单位</td><td colspan="30">西北电力设计院</td></tr>
<tr><td>建设单位</td><td colspan="30">国家电网有限公司</td></tr>
<tr><td>线路长度（km）</td><td colspan="30">199.0</td></tr>
<tr><td>回路数</td><td colspan="30">单回路</td></tr>
<tr><td rowspan="2">气象条件</td><td colspan="15">最大风速（m/s）</td><td colspan="15">27（10m 高）</td></tr>
<tr><td colspan="15">最大覆冰（mm）</td><td colspan="15">10</td></tr>
<tr><td rowspan="2">工程地形（%）</td><td colspan="6">平地</td><td colspan="6">丘陵</td><td colspan="6">河网泥沼</td><td colspan="6">山地</td><td colspan="6">高山</td></tr>
<tr><td colspan="6">2.4</td><td colspan="6">6.3</td><td colspan="6"></td><td colspan="6">91.3</td><td colspan="6"></td></tr>
<tr><td rowspan="2">工程地质（%）</td><td colspan="5">普通土</td><td colspan="5">干沙</td><td colspan="5">松砂石</td><td colspan="5">流沙</td><td colspan="5">岩石</td><td colspan="5">泥水</td></tr>
<tr><td colspan="5">60</td><td colspan="5"></td><td colspan="5">30</td><td colspan="5"></td><td colspan="5">10</td><td colspan="5"></td></tr>
<tr><td>导线型号</td><td colspan="30">4×JL/G1A-1000/45</td></tr>
<tr><td>地线型号</td><td colspan="30">一根为 LBGJ-150-20AC，<br>另一根为 OPGW-150</td></tr>
</table>

续表

<table>
<tr><td rowspan="2">工地运输平均运距</td><td colspan="2">人力运距（km）</td><td>0.78</td></tr>
<tr><td colspan="2">汽车运距（km）</td><td>25</td></tr>
<tr><td rowspan="2">全线杆塔（基）</td><td rowspan="2">429</td><td>直线杆塔（基）</td><td>372</td></tr>
<tr><td>耐张杆塔（基）</td><td>57</td></tr>
<tr><td>工程设计和投资编制年</td><td colspan="3">2008～2009 年</td></tr>
</table>

2. 主要材料单位千米指标

| 序号 | 材料名称 | 单位 | 指标 |
|---|---|---|---|
| 1 | 导线 | t | 24.80 |
| 2 | 地线 | t | 0.99 |
| 3 | 杆塔钢材 | t | 74.3 |
| 4 | 基础钢材 | t | 8.52 |
| 5 | 挂线金具 | t | 3.20 |
| 6 | 接地钢材 | t | 0.46 |
| 7 | 间隔棒 | 组 | 47.23 |
| 8 | 防振锤 | 只 | 35.17 |
| 9 | 复合绝缘子 | 支 | 12.32 |
| 10 | 绝缘子 | 片 | 164.82 |
| 11 | 灌注桩混凝土 | $m^3$ | 0.75 |
| 12 | 现浇混凝土 | $m^3$ | 109.65 |
| 13 | 基坑土方量 | $m^3$ | 727.20 |
| 14 | 接地土方量 | $m^3$ | 117.91 |
| 15 | 基面土方量 | $m^3$ | 59.51 |

3. 工程造价

| 序号 | 项目名称 | 安装工程费（万元） | 各项占总计（%） | 单位造价（万元/km） |
| --- | --- | --- | --- | --- |
| 1 | 本体工程 | 39 350 | 68.46 | 197.74 |
| | 其中：材料 | 27 382 | 47.64 | 137.60 |
| 2 | 辅助设施工程 | 456 | 0.79 | 2.29 |
| 小　　计 | | 39 807 | 69.25 | 200.03 |
| 3 | 其他费用 | 13 238 | 23.03 | 66.52 |
| 4 | 编制年价差 | 4436 | 7.72 | 22.29 |
| 5 | 基本预备费（2%） | 1127 | 1.96 | 5.66 |
| 静态投资 | | 57 480 | 100.00 | 288.84 |

## （三）张北—康保—丰宁—北京—张北±500kV 柔性直流输电线路工程案例

1. 基本技术组合方案

| 电压等级 | ±500kV |
| --- | --- |
| 导线截面（$mm^2$） | 4×720 |
| 工程名称 | ±500kV 张北—康保—丰宁—北京—张北±500kV 柔性直流线路（康保—丰宁段） |
| 设计单位 | 湖南省电力设计院、河南省电力勘测设计院、河北省电力勘测设计研究院 |

续表

<table>
<tr><td>建设单位</td><td colspan="7">国家电网有限公司</td></tr>
<tr><td>线路长度（km）</td><td colspan="7">206.2</td></tr>
<tr><td>回路数</td><td colspan="7">单回路</td></tr>
<tr><td rowspan="2">气象条件</td><td colspan="3">最大风速（m/s）</td><td colspan="4">29（10m 高）</td></tr>
<tr><td colspan="3">最大覆冰（mm）</td><td colspan="4">10</td></tr>
<tr><td rowspan="2">工程地形（%）</td><td colspan="2">平地</td><td>丘陵</td><td>河网泥沼</td><td colspan="2">山地</td><td>高山</td></tr>
<tr><td colspan="2">45.82</td><td>17.67</td><td></td><td colspan="2">36.51</td><td></td></tr>
<tr><td rowspan="2">工程地质（%）</td><td>普通土</td><td>坚土</td><td>松砂石</td><td>干/流砂</td><td colspan="2">岩石</td><td>泥水</td></tr>
<tr><td>7</td><td>6</td><td>29</td><td>23</td><td colspan="2">19</td><td>16</td></tr>
<tr><td>导线型号</td><td colspan="7">4×JL/G2A-720/50</td></tr>
<tr><td>地线型号</td><td colspan="7">两根均为 OPGW-130</td></tr>
<tr><td rowspan="2">工地运输平均运距</td><td colspan="4">人力运距（km）</td><td colspan="3">0.55</td></tr>
<tr><td colspan="4">汽车运距（km）</td><td colspan="3">25</td></tr>
<tr><td rowspan="2">全线杆塔（基）</td><td rowspan="2" colspan="2">422</td><td colspan="3">直线杆塔（基）</td><td colspan="2">348</td></tr>
<tr><td colspan="3">耐张杆塔（基）</td><td colspan="2">74</td></tr>
<tr><td>工程设计和投资编制年</td><td colspan="7">2017～2018 年</td></tr>
</table>

2. 主要材料单位千米指标

| 序号 | 材料名称 | 单位 | 指标 |
| --- | --- | --- | --- |
| 1 | 导线 | t | 21.67 |
| 2 | 地线 | t | / |
| 3 | 杆塔钢材 | t | 81.03 |
| 4 | 基础钢材 | t | 9.25 |
| 5 | 挂线金具 | t | 2.02 |
| 6 | 接地钢材 | t | 0.21 |
| 7 | 间隔棒 | 组 | 82.55 |
| 8 | 防振锤 | 只 | 42.71 |
| 9 | 复合绝缘子 | 支 | 7.05 |
| 10 | 绝缘子 | 片 | 231.07 |
| 11 | 灌注桩混凝土 | $m^3$ | 23.06 |
| 12 | 现浇混凝土 | $m^3$ | 80.77 |
| 13 | 基坑土方量 | $m^3$ | 402.69 |
| 14 | 接地土方量 | $m^3$ | 75.44 |
| 15 | 基面土方量 | $m^3$ | 11.19 |

3. 工程造价

| 序号 | 项目名称 | 安装工程费（万元） | 各项占总计（%） | 单位造价（万元/km） |
| --- | --- | --- | --- | --- |
| 1 | 本体工程 | 40 292 | 73.02 | 195.40 |
| 2 | 辅助设施工程 | 664 | 1.20 | 3.22 |
| 小　　计 | | 40 956 | 74.22 | 198.62 |

续表

| 序号 | 项目名称 | 安装工程费（万元） | 各项占总计（%） | 单位造价（万元/km） |
| --- | --- | --- | --- | --- |
| 3 | 编制年价差 | 4068 | 7.37 | 19.73 |
| 4 | 其他费用 | 9798 | 17.76 | 47.52 |
|  | 其中：建设场地征用及清理费 | 3731 | 6.76 | 18.09 |
| 5 | 基本预备费（0.5%） | 253 | 0.46 | 1.23 |
| 6 | 特殊项目 | 105 | 0.19 | 0.50 |
| 静态投资 |  | 55 180 | 100.00 | 267.60 |

## （四）利港电厂三期—锡东南变电站 500kV 同塔四回路线路工程案例

### 1. 基本技术组合方案

| 电压等级 | 500kV |
| --- | --- |
| 导线截面（$mm^2$） | 4×400、4×630 |
| 工程名称 | 利港电厂三期—锡东南变电站 500kV 线路工程 |
| 设计单位 | 华东电力设计院 |
| 建设单位 | 国电华东公司 |
| 线路长度（km） | 81 |

续表

<table>
<tr><td>回路数</td><td colspan="5">四回路</td></tr>
<tr><td rowspan="2">气象条件</td><td colspan="2">最大风速（m/s）</td><td colspan="3">30（20m 高）</td></tr>
<tr><td colspan="2">最大覆冰（mm）</td><td colspan="3">5</td></tr>
<tr><td rowspan="2">工程地形（%）</td><td>平地</td><td>丘陵</td><td>河网泥沼</td><td>山地</td><td>高山</td></tr>
<tr><td>45</td><td>0</td><td>55</td><td>0</td><td>0</td></tr>
<tr><td rowspan="2">工程地质（%）</td><td>土坑</td><td>泥水坑</td><td>水坑</td><td>流沙坑</td><td></td></tr>
<tr><td>40</td><td>35</td><td>10</td><td>15</td><td></td></tr>
<tr><td>导线型号</td><td colspan="5">4×JL/LB1A-400/35、4×JL/LB1A-630/45</td></tr>
<tr><td>地线型号</td><td colspan="5">二根均为 OPGW-150</td></tr>
<tr><td rowspan="2">工地运输平均运距</td><td colspan="2">人力运距（km）</td><td colspan="3">0.3</td></tr>
<tr><td colspan="2">汽车运距（km）</td><td colspan="3">20</td></tr>
<tr><td rowspan="2">全线杆塔（基）</td><td rowspan="2">211</td><td colspan="2">直线杆塔（基）</td><td colspan="2">152</td></tr>
<tr><td colspan="2">耐张杆塔（基）</td><td colspan="2">59</td></tr>
<tr><td>工程设计和投资编制年</td><td colspan="5">2004～2006 年</td></tr>
</table>

2. 主要材料单位千米指标

| 序号 | 材料名称 | 单位 | 指标 |
|---|---|---|---|
| 1 | 导线 | t | 82.29 |
| 2 | 地线 | t | |
| 3 | 杆塔钢材 | t | 257.37 |

续表

| 序号 | 材料名称 | 单位 | 指标 |
|---|---|---|---|
| 4 | 基础钢材 | t | 97.78 |
| 5 | 挂线金具 | t | 6.64 |
| 6 | 接地钢材 | t | 0.31 |
| 7 | 间隔棒 | 组 | 210.08 |
| 8 | 防振锤 | 只 | 35.56 |
| 9 | 绝缘子 | 片 | 1937.19 |
| 10 | 瓷棒绝缘子 | 支 | 67.56 |
| 11 | 现浇混凝土 | $m^3$ | 562.81 |
| 12 | 灌注桩混凝土 | $m^3$ | 495.65 |
| 13 | 水泥 | t | 515.64 |
| 14 | 中砂 | $m^3$ | 576.54 |
| 15 | 碎石 | $m^3$ | 979.65 |

3. 工程造价

| 序号 | 项目名称 | 安装工程费（万元） | 各项占总计（%） | 单位造价（万元/km） |
|---|---|---|---|---|
| 1 | 本体工程 | 58 729 | 48.67 | 725.05 |
| | 其中：材料 | 36 488 | 30.24 | 450.47 |
| 2 | 辅助设施工程 | 75 | 0.06 | 0.93 |
| 小　　计 | | 58 804 | 48.73 | 725.98 |

续表

| 序号 | 项目名称 | 安装工程费（万元） | 各项占总计（%） | 单位造价（万元/km） |
|---|---|---|---|---|
| 3 | 其他费用 | 55 806 | 46.25 | 688.96 |
| 4 | 编制年价差 | 4910 | 4.07 | 60.62 |
| 5 | 基本预备费（1%） | 1146 | 0.95 | 14.15 |
| 静态投资 | | 120 666 | 100.00 | 1489.71 |

## （五）新都桥—甘谷地 500kV 同塔双回线路工程（高山及峻岭地形）案例

1. 基本技术组合方案

| 电压等级 | 500kV | |
|---|---|---|
| 导线截面（$mm^2$） | 4×630 | |
| 工程名称 | 新都桥—甘谷地 500kV 线路工程 | |
| 设计单位 | 西南电力设计院 | |
| 建设单位 | 四川省电力公司 | |
| 线路长度（km） | 25km | |
| 回路数 | 同塔双回路（海拔 2000m 及以下段） | |
| 气象条件 | 最大风速（m/s） | 27（m/s） |
| | 最大覆冰（mm） | 10 |

续表

<table>
<tr><td rowspan="2">工程地形（%）</td><td>平地</td><td>丘陵</td><td>山地</td><td>高山</td><td>峻岭</td></tr>
<tr><td>0</td><td>0</td><td>0</td><td>52</td><td>48</td></tr>
<tr><td rowspan="2">工程地质（%）</td><td>土坑</td><td>泥水坑</td><td>水坑</td><td>松砂石</td><td>岩石</td></tr>
<tr><td>20</td><td>0</td><td>0</td><td>40</td><td>40</td></tr>
<tr><td>导线型号</td><td colspan="5">4×JL/G1A-630/45</td></tr>
<tr><td>地线型号</td><td colspan="5">一根为 LBGJ-150-40AC（LBGJ-100-20AC），<br>另一根为 OPGW</td></tr>
<tr><td rowspan="2">工地运输平均运距</td><td colspan="3">人力运距（km）</td><td colspan="2">1.65</td></tr>
<tr><td colspan="3">汽车运距（km）</td><td colspan="2">30</td></tr>
<tr><td rowspan="2">全线杆塔（基）</td><td rowspan="2">40</td><td colspan="2">直线杆塔（基）</td><td colspan="2">20</td></tr>
<tr><td colspan="2">耐张杆塔（基）</td><td colspan="2">20</td></tr>
<tr><td>工程设计和投资编制年</td><td colspan="5">2007～2012 年</td></tr>
</table>

## 2. 主要材料单位千米指标

| 序号 | 材料名称 | 单位 | 指标 |
|---|---|---|---|
| 1 | 导线 | t | 51.10 |
| 2 | 地线 | t | 0.68 |
| 3 | 杆塔钢材 | t | 157.15 |
| 4 | 基础钢材 | t | 16.13 |
| 5 | 挂线金具 | t | 5.74 |

续表

| 序号 | 材料名称 | 单位 | 指标 |
|---|---|---|---|
| 6 | 接地钢材 | t | 0.53 |
| 7 | 间隔棒 | 组 | 157.52 |
| 8 | 防振锤 | 只 | 115.20 |
| 9 | 瓷绝缘子 | 片 | 832.72 |
| 10 | 复合绝缘子 | | 9.76 |
| 11 | 现浇混凝土 | $m^3$ | 224.65 |
| 12 | 水泥 | t | 117.84 |
| 13 | 中砂 | $m^3$ | 136.66 |
| 14 | 碎石 | $m^3$ | 237.05 |

3. 工程造价

| 序号 | 项目名称 | 安装工程费（万元） | 各项占总计（%） | 单位造价（万元/km） |
|---|---|---|---|---|
| 1 | 本体工程 | 11 777 | 68.86 | 471.08 |
| | 其中：材料 | 6625 | 0.39 | 265.01 |
| 2 | 辅助设施工程 | 52 | 0.30 | 2.08 |
| 小计 | | 11 829 | 69.17 | 473.16 |
| 3 | 编制期价差 | 1968 | 11.51 | 78.72 |

续表

| 序号 | 项目名称 | 安装工程费（万元） | 各项占总计（%） | 单位造价（万元/km） |
|---|---|---|---|---|
| 4 | 其他费用 | 3305 | 19.33 | 132.2 |
|  | 其中:（1）建设场地征用及清理费 | 902 | 5.27 | 36.08 |
|  | （2）基本预备费 | 327 | 1.91 | 13.08 |
| 静态投资 |  | 17 102 | 100.00 | 684.08 |

## （六）徐家庄—侯桥变电站 330kV 同塔双回路 2×630 导线线路工程案例

1. 基本技术组合方案

| 电压等级 | 330kV |
|---|---|
| 导线截面（$mm^2$） | 2×630 |
| 工程名称 | 徐家庄—侯桥变电站 330kV 同塔双回路线路工程 |
| 设计单位 | 宁夏电力设计院 |
| 建设单位 | 宁夏电力公司 |
| 线路长度（km） | 77.5 |

续表

<table>
<tr><td>回路数</td><td colspan="6">同塔双回路</td></tr>
<tr><td rowspan="2">气象条件</td><td colspan="3">最大风速（m/s）</td><td colspan="3">30（15m 高）</td></tr>
<tr><td colspan="3">最大覆冰（mm）</td><td colspan="3">10</td></tr>
<tr><td rowspan="2">工程地形（%）</td><td>平地</td><td colspan="2">丘陵</td><td>沙漠</td><td>山地</td><td>高山</td></tr>
<tr><td>10.97</td><td colspan="2">24.52</td><td>42.58</td><td>21.93</td><td>0</td></tr>
<tr><td rowspan="2">工程地质（%）</td><td>普通土</td><td>干沙</td><td>松砂石</td><td>流沙</td><td>岩石</td><td>泥水</td></tr>
<tr><td>12.26</td><td>41.29</td><td>36.13</td><td>2.58</td><td>5.16</td><td>2.58</td></tr>
<tr><td>导线型号</td><td colspan="6">2×JL/G1A-630/45</td></tr>
<tr><td>地线型号</td><td colspan="6">一根为 JL/LB1A-95/55 或 GJ-70，<br>另一根为 OPGW-130</td></tr>
<tr><td rowspan="2">工地运输平均运距</td><td colspan="3">人力运距（km）</td><td colspan="3">0.7</td></tr>
<tr><td colspan="3">汽车运距（km）</td><td colspan="3">30</td></tr>
<tr><td rowspan="2">全线杆塔（基）</td><td rowspan="2">207</td><td colspan="2">直线杆塔（基）</td><td colspan="3">180</td></tr>
<tr><td colspan="2">耐张杆塔（基）</td><td colspan="3">27</td></tr>
<tr><td>工程设计和投资编制年</td><td colspan="6">2003～2006 年</td></tr>
</table>

2. 主要材料单位千米指标

| 序号 | 材料名称 | 单位 | 指标 |
|---|---|---|---|
| 1 | 导线 | t | 24.72 |
| 2 | 地线 | t | 0.57 |
| 3 | 杆塔钢材 | t | 50.54 |
| 4 | 灌注桩钢材 | t | 0.00 |
| 5 | 基础钢材（含地脚螺栓） | t | 4.20 |
| 6 | 挂线金具 | t | 1.16 |
| 7 | 接地钢材 | t | 0.22 |
| 8 | 间隔棒 | 组 | 98.63 |
| 9 | 防振锤 | 只 | 73.47 |
| 10 | 复合绝缘子 | 支 | 0.00 |
| 11 | 绝缘子 | 片 | 477.45 |
| 12 | 灌注桩混凝土 | $m^3$ | 0.00 |
| 13 | 现浇混凝土 | $m^3$ | 111.58 |
| 14 | 基坑土方量 | $m^3$ | 626.36 |
| 15 | 接地土方量 | $m^3$ | 94.56 |
| 16 | 基面土方量 | $m^3$ | 885.16 |

3. 工程造价

| 序号 | 项目名称 | 安装工程费（万元） | 各项占总计（%） | 单位造价（万元/km） |
| --- | --- | --- | --- | --- |
| 1 | 本体工程 | 10 892 | 78.57 | 140.54 |
|  | 其中：材料 | 6912 | 49.86 | 89.19 |
| 2 | 辅助设施工程 | 80 | 0.58 | 1.03 |
| 小　　计 |  | 10 972 | 79.15 | 141.57 |
| 3 | 其他费用 | 2308 | 16.65 | 29.78 |
| 4 | 编制年价差 | 449 | 3.24 | 5.79 |
| 5 | 基本预备费（1%） | 133 | 0.96 | 1.72 |
| 静态投资 |  | 13 862 | 100.00 | 178.86 |

# 光纤通信工程

# 一、光纤通信工程限额设计控制指标

（2021 年水平）

## （一）编制说明

1. 主要编制依据

（1）OPGW 接续、测量安装工程采用国家能源局 2019 年 11 月发布的《电力建设工程预算定额》（2018 年版）第七册　通信工程。中继站建筑工程、安装工程采用国家能源局 2019 年 11 月发布的《电力建设工程概算定额（2018 年版）第一册　建筑工程》《电力建设工程概算定额（2018 年版）第三册　电气设备安装工程》及《电力建设工程预算定额（2018 年版）第七册　通信工程》。

（2）项目划分及费用标准按照国家能源局 2019 年 11 月发布的《电网工程建设预算编制与计算规定》（2018 年版），2021 年 4 月发布的中华人民共和国电力行业标准 DL/T 5467～5469—2021，DL/T 5479—2013《通信工程建设预算项目划分导则》，其他政策文件依照惯例使用截至 2021 年底。

（3）定额人工费调整、电网安装工程定额材机调整及建筑工程定额材料价差、施工机械价差调整执行《电力工程造价与定额管理总站关于发布 2018 版电力建设工程概预算定额 2021 年度价格水平调整的通知》（定额〔2022〕1 号）中北京市的系数。

（4）社会保险费：缴费费率为养老保险、失业保险、医疗保险、生育保险、工伤保险费率之和，光通信工程按北京市为（16＋0.5＋9＋0.8＋1）%。

（5）住房公积金：光通信工程住房公积金缴费费率执行《关于 2021 住房公积金年度住房公积金缴存有关问题的通知》（京房公积金管委会发〔2021〕12 号），北京市取 12%。

（6）增值税税率执行《电力工程造价与定额管理总站关于调整电力工程计价依据增值税税率的通知》（定额〔2019〕13 号）。

（7）光缆进本体取费价为 17 000 元/km（含税）。

（8）本指标 OPGW 预算价（含税）：24 芯 1.6 万元/km，36 芯 1.7 万元/km，48 芯 1.9 万元/km，72 芯 2.0 万元/km（包含金具）；ADSS 预算价（含税）：24 芯 1.1 万元/km，36 芯 1.3 万元/km，48 芯 1.4 万元/km，72 芯 1.6 万元/km（包含金具）。

（9）本指标不考虑新型冠状病毒肺炎疫情对工程造价的影响。

（10）本指标价格只计算到静态投资，基本预备费费率为 1.5%。

2. 编制范围

（1）随送电线路同时建设的 OPGW 缆路工程。

（2）ADSS 缆路工程按挂在已建线路上考虑（若需单独立杆架设，费用另计）。

（3）光通信中继站工程。

（4）光通信设备参考价格。

（5）本指标不包括：

1）OPGW 工程张力放、紧线、附件安装；

2）地区间价差调整；

3）建设期贷款利息及价差预备费。

3. 指标内容构成

光缆指标按各类地形（平地、丘陵、河网泥沼、山地、高山）编制，分为光缆线路本体和其他（含其他费用、价差及基本预备费）两部分。

中继站指标按技术方案编制，分为建筑工程费、设备购置费、安装工程费、其他费用四部分。

4. 其他有关问题

（1）本指标是2021年水平静态价。

（2）单一地形可直接套用本指标；多种地形时应按地形比例加权平均。

## （二）OPGW缆路工程限额设计控制指标

24芯　　金额单位：万元/km

| 序号 | 项目名称 | 平地 | 丘陵 | 河网泥沼 | 山地 | 高山 |
|---|---|---|---|---|---|---|
| 1 | 本体工程 | 2.11 | 2.11 | 2.13 | 2.15 | 2.18 |
|  | 其中：材料 | 1.84 | 1.84 | 1.84 | 1.84 | 1.84 |
| 2 | 其他 | 0.14 | 0.14 | 0.14 | 0.14 | 0.15 |
|  | 其中：编制期价差 | –0.10 | –0.10 | –0.10 | –0.10 | –0.09 |
| 合计 |  | 2.25 | 2.25 | 2.27 | 2.29 | 2.33 |

36芯　　金额单位：万元/km

| 序号 | 项目名称 | 平地 | 丘陵 | 河网泥沼 | 山地 | 高山 |
|---|---|---|---|---|---|---|
| 1 | 本体工程 | 2.13 | 2.14 | 2.16 | 2.19 | 2.23 |
|  | 其中：材料 | 1.84 | 1.84 | 1.84 | 1.84 | 1.84 |
| 2 | 其他 | 0.26 | 0.26 | 0.26 | 0.26 | 0.27 |
|  | 其中：编制期价差 | 0.01 | 0.01 | 0.01 | 0.01 | 0.01 |
| 合　计 |  | 2.39 | 2.40 | 2.42 | 2.45 | 2.50 |

48芯　　金额单位：万元/km

| 序号 | 项目名称 | 平地 | 丘陵 | 河网泥沼 | 山地 | 高山 |
|---|---|---|---|---|---|---|
| 1 | 本体工程 | 2.16 | 2.17 | 2.19 | 2.22 | 2.27 |
|  | 其中：材料 | 1.84 | 1.84 | 1.84 | 1.84 | 1.84 |
| 2 | 其他 | 0.47 | 0.47 | 0.47 | 0.48 | 0.49 |
|  | 其中：编制期价差 | 0.22 | 0.22 | 0.22 | 0.22 | 0.23 |
| 合　计 |  | 2.63 | 2.64 | 2.66 | 2.70 | 2.76 |

72 芯　　　金额单位：万元/km

| 序号 | 项目名称 | 平地 | 丘陵 | 河网泥沼 | 山地 | 高山 |
| --- | --- | --- | --- | --- | --- | --- |
| 1 | 本体工程 | 2.22 | 2.23 | 2.27 | 2.30 | 2.37 |
|  | 其中：材料 | 1.84 | 1.84 | 1.84 | 1.84 | 1.84 |
| 2 | 其他 | 0.59 | 0.59 | 0.59 | 0.60 | 0.61 |
|  | 其中：编制期价差 | 0.33 | 0.33 | 0.33 | 0.33 | 0.34 |
| 合　计 |  | 2.81 | 2.82 | 2.86 | 2.90 | 2.98 |

## （三）ADSS 缆路工程限额设计控制指标

24 芯　　　金额单位：万元/km

| 序号 | 项目名称 | 自承 |
| --- | --- | --- |
| 1 | 本体工程 | 1.41 |
|  | 其中：材料 | 1.19 |
| 2 | 其他 | 0.17 |
|  | 其中：编制期价差 | 0.01 |
| 合　计 |  | 1.58 |

36 芯　　　金额单位：万元/km

| 序号 | 项目名称 | 自承 |
| --- | --- | --- |
| 1 | 本体工程 | 1.67 |
|  | 其中：材料 | 1.40 |

续表

| 序号 | 项目名称 | 自承 |
| --- | --- | --- |
| 2 | 其他 | 0.20 |
| | 其中：编制期价差 | 0.01 |
| 合计 | | 1.87 |

48 芯　　金额单位：万元/km

| 序号 | 项目名称 | 自承 |
| --- | --- | --- |
| 1 | 本体工程 | 1.81 |
| | 其中：材料 | 1.51 |
| 2 | 其他 | 0.22 |
| | 其中：编制期价差 | 0.01 |
| 合计 | | 2.03 |

72 芯　　金额单位：万元/km

| 序号 | 项目名称 | 自承 |
| --- | --- | --- |
| 1 | 本体工程 | 2.11 |
| | 其中：材料 | 1.73 |
| 2 | 其他 | 0.25 |
| | 其中：编制期价差 | 0.01 |
| 合计 | | 2.36 |

## （四）光通信中继站工程限额设计控制指标及基本技术组合方案

### 1. 光通信中继站工程限额设计控制指标

金额单位：万元

| 项目名称 | | 建筑工程费 | 设备购置费 | 安装工程费 | 其他费用 | 合计 |
|---|---|---|---|---|---|---|
| 光通信中继站 | 金额 | 158 | 193 | 18 | 86 | 455 |
| | 比重（%） | 34.73 | 42.42 | 3.96 | 18.90 | 100.00 |

### 2. 光通信中继站工程限额设计基本技术组合方案

| 序号 | 项目名称 | 光通信中继站工程技术条件 |
|---|---|---|
| 1 | 建筑工程 | 按无人值守设计；<br>塔下建房，单层建筑物，建筑面积 90m²；<br>简易站外道路 20m，路面宽 3.5m；<br>征地面积 1300m²；<br>站外电源 10kV 按新架设 10kV 架空线路 5km |
| 2 | 设备购置 | 5000 峰瓦太阳能电池系统、站内交流供电系统、高频开关电源、蓄电池组等；2.5Gbit/s 光端机 1 台及光放大器。<br>机房动力环境监测系统子站 |
| 3 | 安装工程 | 引入光缆，按新架设 600m 全介质自承式光缆（ADSS）考虑 |

## （五）光纤通信设备参考价格表

| 序号 | 项目名称 | 单位 | 单价（万元） | 备注 |
|---|---|---|---|---|
| 1 | STM-64/10Gbit/s 光端机 | 套 | 60 | 双方向4个光口，2M板2块 |
| 2 | STM-16/2.5Gbit/s 光端机 | 套 | 37 | 双方向4个光口，2M板2块 |
| 3 | STM-4/622Mbit/s 光端机 | 套 | 23 | 双方向4个光口，2M板2块 |
| 4 | STM-1/155Mbit/s 光端机 | 套 | 10 | 双方向4个光口，2M板2块 |
| 5 | 拉曼放大器 | 台 | 10 | |
| 6 | 17dB光功率放大器 | 台 | 6 | |
| 7 | 10dB光功率放大器 | 台 | 4 | |
| 8 | –34dB光预放大器 | 台 | 9 | |
| 9 | PCM设备 | 套 | 5.5 | |
| 10 | 5000峰瓦太阳能电池系统 | 套 | 35 | |
| 11 | OTN电交叉子框3.2T | 套 | 70 | |
| 12 | 色散补偿模块 | 套 | 2.7 | |

# 二、光纤通信工程综合结算性造价指数

（2020～2021 年水平）

## （一）编制说明

1. 编制目的

光纤通信工程综合结算性造价指数是为工程概算的静态控制、动态管理使用的，用以计算年各项费用及综合造价因物价变化引起各项费用变化的动态指数。

2. 主要编制依据

（1）OPGW 接续、测量安装工程采用国家能源局 2019 年 11 月发布的《电力建设工程预算定额（2018 年版）第七册　通信工程》。中继站建筑工程、安装工程采用国家能源局 2019 年 11 月发布的《电力建设工程概算定额（2018 年版）第一册　建筑工程》《电力建设工程概算定额（2018 年版）第三册　电气设备安装工程》及《电力建设工程预算定额（2018 年版）第七册　通信工程》。

（2）项目划分及费用标准按照国家能源局 2019 年 11 月发布的《电网工程建设预算编制与计算规定》（2018 年版），2021 年 4 月发布的中华人民共和国电力行业标准 DL/T 5467～5469—2021，DL/T 5479—2013，其他政策文件依照惯例使用截至 2021 年底。

（3）定额人工费调整、电网安装工程定额材机调整及建筑工程定额材料价差、施工机械价差调整执行《电力工程造价与定额管理总站关于发布 2018 版电力建设工程概预算定额 2021 年度价格水平调整的通知》（定额〔2022〕1 号）中北京市的系数。

（4）社会保险费：缴费费率为养老保险、失业保险、医疗保险、生育保险、工伤保险费率之和，光通信工程按北京市为（16＋0.5＋9＋0.8＋1）%。

（5）住房公积金：光通信工程缴费费率执行《关于 2021 住房公积金年度住房公积金缴存有关问题的通知》（京房公积金管委会发〔2021〕12 号），北京市为 12%。

（6）增值税税率执行《电力工程造价与定额管理总站关于调整电力工程计价依据增值税税率的通知》（定额〔2019〕13 号）。

（7）光缆进本体取费价为 17 000 元/km（含税）。

（8）本指标 OPGW 预算价（含税）：24 芯 1.6 万元/km，36 芯 1.7 万元/km，48 芯 1.9 万元/km，72 芯 2.0 万元/km（包含金具）；ADSS 预算价（含税）：24 芯 1.1 万元/km，36 芯 1.3 万元/km，48 芯 1.4 万元/km，72 芯 1.6 万元/km（包含金具）。

（9）本指标不考虑新型冠状病毒肺炎疫情对工程造价的影响。

（10）本指标价格只计算到静态投资，基本预备费费率为 1.5%。

3. 编制范围

（1）随送电线路同时建设的 OPGW 线路工程。

（2）ADSS 缆路工程按挂在已建线路上考虑（若需单独立杆架设，费用另计）。

（3）光通信中继站工程。

（4）光通信设备参考价格。

（5）本指标不包括：

1）OPGW 工程张力放、紧线、附件安装；

2）地区间价差调整；

3）建设期贷款利息及价差预备费。

## （二）OPGW 缆路工程综合结算性造价指数

| 序号 | 光缆规格 | 造价指数（%） |
|---|---|---|
| 1 | OPGW（24 芯） | –1.81 |
| 2 | OPGW（36 芯） | –6.53 |
| 3 | OPGW（48 芯） | –6.36 |
| 4 | OPGW（72 芯） | –7.47 |

## （三）ADSS 缆路工程综合结算性造价指数

| 序号 | 光缆规格 | 造价指数（%） |
|---|---|---|
| 1 | ADSS（24 芯） | –10.23 |
| 2 | ADSS（36 芯） | –8.33 |
| 3 | ADSS（48 芯） | –8.14 |
| 4 | ADSS（72 芯） | –4.45 |

第三部分

# 变电工程

# 一、变电工程限额设计控制指标

（2021 年水平）

## （一）编制说明

1. 主要编制依据

（1）定额执行国家能源局 2019 年 11 月发布的《电力建设工程概算定额（2018 年版）第一册　建筑工程》《电力建设工程概算定额（2018 年版）第三册　电气设备安装工程》及《电力建设工程预算定额（2018 年版）第六册　调试工程》《电力建设工程预算定额（2018 年版）第七册　通信工程》。

（2）项目划分及取费标准执行国家能源局 2019 年 11 月发布的《电网工程建设预算编制与计算规定》（2018 年版）及 2021 年 4 月发布的中华人民共和国电力行业标准 DL/T 5467～5469—2021、DL/T 5471—2021，其他政策文件依照惯例使用截至 2021 年底。

（3）定额人工费调整、电网安装工程定额材机调整及建筑工程定额材料价差、施工机械价差调整执行《电力工程造价与定额管理总站关于发布 2018 版电力建设工程概预算定额 2021 年度价格水平调整的通知》（定额〔2022〕1 号），1000、500、220、±800kV 及±500kV 及定额材料机械费调整执行北京市的系数，750kV 及 330kV 工程执行甘肃省的系数。

（4）社会保险费：缴费费率为养老保险、失业保险、医疗保险、生育保险、工伤保险费率之和。1000、500、220、

±800kV 及±500kV 及工程按北京市为（16+0.5+9+0.8+1）%，750kV 及 330kV 工程按甘肃省为（16+0.7+6+0.7+0.6）%。

（5）住房公积金：1000、500、220、±800kV 及±500kV 工程缴费费率执行《关于 2021 住房公积金年度住房公积金缴存有关问题的通知》（京房公积金管委会发〔2021〕12 号）北京市为 12%，750kV 及 330kV 工程按甘肃省为 12%。

（6）增值税税率执行《电力工程造价与定额管理总站关于调整电力工程计价依据增值税税率的通知》（定额〔2019〕13 号）。

（7）主要设备价格以国家电网有限公司、中国南方电网有限公司、内蒙古电力（集团）有限责任公司提供的 2021 年度设备招标价为基础，按照实际工程进行修正。除 1000、±800kV 及±500kV 外，其他电压等级的主要设备价格均为到变电站现场上台价格。

（8）建筑、安装工程主要材料价格 1000、500、220、±800kV 及±500kV 工程按照北京市 2021 年信息价计列，750kV 及 330kV 工程按照甘肃兰州市 2021 年信息价计列。其中安装工程材料的实际价格以《电力建设工程装置性材料综合预算价格》（2018 年版）为基础，并结合 2021 年其他地区工程到货价情况作了综合测算，部分北京市材料价格为：

| 材料名称 | 单位 | 2021 年价格（含税） | 2021 年价格（不含税） |
| --- | --- | --- | --- |
| 圆钢 | 元/t | 5800 | 5133 |
| 木材 | 元/$m^3$ | 1800 | 1593 |
| 水泥 | 元/t | 555 | 491 |

续表

| 材料名称 | 单位 | 2021 年价格（含税） | 2021 年价格（不含税） |
|---|---|---|---|
| 砂 | 元/$m^3$ | 150 | 146 |
| 碎石 | 元/$m^3$ | 130 | 126 |
| 镀锌钢管 | 元/t | 11 200 | 9912 |
| 镀锌型钢 | 元/t | 9400 | 8319 |

本指标甲供材料范围如下：

1）建筑材料：构支架、钢结构、压型钢板。

2）安装材料：10kV 及以上支柱绝缘子、管型母线、电缆（交、直流特高压工程安装材料暂按全部为乙供材料考虑）。

（9）本指标变电站、换流站新建工程中环境监测及环境保护验收费、水土保持监测及验收费计列金额如下表，实际工程按各地有关部门规定的标准计算。扩建工程未计列环境监测及环境保护验收费、水土保持监测及验收费。

金额单位：万元/站

| 电压等级（kV） | 环境监测及环境保护验收费 | 水土保持监测及验收费 |
|---|---|---|
| 1000 | 100 | 120 |
| ±800 | 150 | 150 |
| 750 | 50 | 80 |
| ±500 | 100 | 120 |
| 500 | 25 | 30 |
| 330 | 20 | 25 |
| 220 | 15 | 20 |

（10）站外道路综合价控制在120万元/km（不含征地及高边坡挡墙护坡等特殊费用），站外35kV电源线路综合单价控制在18万元/km（此单价为按照杆塔混合设计，如采用全部铁塔设计单价控制在30万元/km，采用电缆设计单价控制在80万元～100万元/km，采用10kV电源线路单价控制在10万元/km），站区征地综合单价16.8万元/亩，其中水土保持补偿费按1.4元/$m^2$计列。

（11）本指标220、330、500、750kV工程方案及模块均按智能变电站设计。

（12）本指标1000、750、±800kV及±500kV新建方案中计列地基处理费用，其他方案及模块未计列。

（13）本指标220、330、500、750kV工程方案及模块均未计列大件运输措施费用。

（14）本指标不含专业爆破服务费。

（15）本指标不考虑新型冠状病毒肺炎疫情对工程造价的影响。

（16）本指标价格只计算到静态投资，基本预备费率：1000、±800kV为1%，其他为1.5%。

2. 编制范围

（1）本指标工程量较2020年指标在部分方案下有所变化。

（2）本指标包括变电站围墙内所有的建筑物、构筑物及设备安装工程以及进站道路、站外电源，不包括系统（微波、光纤）通信工程及安全稳定控制系统。

3. 工程技术条件

工程技术条件见各技术组合方案。

4. 指标内容构成

本指标包括限额设计控制指标及造价案例，按技术方案编制，分为建筑工程费、设备购置费、安装工程费、其他费用四部分。

5. 使用说明

（1）限额设计控制指标是按照给定的技术条件、国内生产设备编制，编制的自然条件是：最低温度－20℃，地耐力150kPa，地震烈度7度。当工程所在地地区类别、自然条件、建设规模及技术方案与本指标不同时，应注意对限额设计控制指标进行调整。

（2）本指标所列造价案例只反映特定工程基本情况，仅作为本指标的资料介绍。

6. 2021年水平变电工程限额设计控制指标汇总表

金额单位：万元

| 序号 | 项目名称 | 建筑工程费 | 设备购置费 | 安装工程费 | 其他费用 | 合计 | 单位投资（元/kVA、元/kvar、元/kW） |
|---|---|---|---|---|---|---|---|
| 交流工程 | | | | | | | |
| 一、1000kV变电站工程限额设计控制指标 | | | | | | | |
| 1 | 1000kV新建变电站（2×3000MVA、GIS组合电器） | 21 788 | 129 115 | 9475 | 16 081 | 176 459 | 294.10 |
| 2 | 1000kV扩建主变压器（1×3000MVA、GIS组合电器） | 1138 | 23 148 | 1418 | 2168 | 27 872 | 92.91 |

续表

| 序号 | 项目名称 | 建筑工程费 | 设备购置费 | 安装工程费 | 其他费用 | 合计 | 单位投资（元/kVA、元/kvar、元/kW） |
|---|---|---|---|---|---|---|---|
| 3 | 1000kV 扩建 1 回出线（2 台 GIS 组合电器） | 61 | 15 877 | 512 | 977 | 17 427 | |
| 4 | 1000kV 扩建 1 回出线（1 台 GIS 组合电器） | 56 | 8318 | 358 | 550 | 9282 | |
| 5 | 1000kV 扩建线路高压电抗器（1×720Mvar） | 358 | 5475 | 248 | 570 | 6651 | 92.38 |
| 6 | 扩建 110kV 电抗器（1×240Mvar） | 35 | 926 | 79 | 66 | 1106 | 46.08 |
| 7 | 扩建 110kV 电容器（1×210Mvar） | 46 | 795 | 96 | 64 | 1001 | 47.67 |
| 二、750kV 变电站工程限额设计控制指标 | | | | | | | |
| 1 | 750kV 新建变电站（1×1500MVA、750kV 罐式断路器、220kV 柱式断路器） | 14 474 | 21 645 | 7238 | 9488 | 52 845 | 352.30 |

续表

| 序号 | 项目名称 | 建筑工程费 | 设备购置费 | 安装工程费 | 其他费用 | 合计 | 单位投资（元/kVA、元/kvar、元/kW） |
|---|---|---|---|---|---|---|---|
| 2 | 750kV 扩建主变压器（1×1500MVA、750kV 罐式断路器、220kV 柱式断路器） | 1143 | 7171 | 1632 | 1056 | 11 002 | 73.35 |
| 3 | 750kV 扩建 1 回出线（2 台罐式断路器） | 215 | 1869 | 469 | 303 | 2856 | |
| 4 | 750kV 扩建 1 回出线（1 台罐式断路器） | 144 | 1026 | 281 | 194 | 1645 | |
| 5 | 750kV 新建变电站（1×2100MVA、750kV GIS、330kV GIS 组合电器） | 13 559 | 41 858 | 5427 | 8437 | 69 281 | 329.91 |
| 6 | 750kV 扩建主变压器（1×2100MVA、750kV GIS、330kV GIS 组合电器） | 893 | 11 056 | 1510 | 1106 | 14 565 | 69.36 |

续表

| 序号 | 项目名称 | 建筑工程费 | 设备购置费 | 安装工程费 | 其他费用 | 合计 | 单位投资（元/kVA、元/kvar、元/kW） |
|---|---|---|---|---|---|---|---|
| 7 | 750kV 扩建 1 回出线（2 台 GIS 组合电器） | 187 | 5428 | 307 | 478 | 6400 | |
| 8 | 750kV 扩建 1 回出线（1 台 GIS 组合电器） | 144 | 2823 | 195 | 294 | 3456 | |
| 9 | 750kV 新建变电站（1×2100MVA、750kV HGIS、330kV HGIS 组合电器） | 13 862 | 29 618 | 6367 | 8248 | 58 095 | 276.64 |
| 10 | 750kV 扩建主变压器（1×2100MVA、750kV HGIS、330kV HGIS 组合电器） | 1027 | 9384 | 1700 | 1084 | 13 195 | 62.83 |
| 11 | 750kV 扩建 1 回出线(2 台 HGIS 组合电器） | 188 | 3187 | 283 | 351 | 4009 | |
| 12 | 750kV 扩建 1 回出线(1 台 HGIS 组合电器） | 56 | 1652 | 195 | 197 | 2100 | |

续表

| 序号 | 项目名称 | 建筑工程费 | 设备购置费 | 安装工程费 | 其他费用 | 合计 | 单位投资（元/kVA、元/kvar、元/kW） |
|---|---|---|---|---|---|---|---|
| 13 | 750kV 扩建线路高压电抗器（1×300Mvar） | 347 | 1876 | 338 | 326 | 2887 | 96.23 |
| 14 | 750kV 扩建主变压器（1×2100MVA、750kV 罐式断路器、330kV 柱式断路器） | 1006 | 8256 | 1722 | 1041 | 12 025 | 57.26 |
| 15 | 750kV 扩建主变压器（1×2100MVA、750kV GIS 组合电器、330kV 柱式断路器） | 895 | 10 212 | 1687 | 1094 | 13 888 | 66.13 |
| 三、500kV 变电站工程限额设计控制指标 | | | | | | | |
| 1 | 500kV 新建变电站（1×750MVA、柱式断路器） | 5335 | 6429 | 2784 | 4238 | 18 786 | 250.48 |

续表

| 序号 | 项目名称 | 建筑工程费 | 设备购置费 | 安装工程费 | 其他费用 | 合计 | 单位投资（元/kVA、元/kvar、元/kW） |
|---|---|---|---|---|---|---|---|
| 2 | 500kV 扩建主变压器（1×750MVA、柱式断路器） | 652 | 3546 | 824 | 538 | 5560 | 74.13 |
| 3 | 500kV 扩建 1 回出线（2 台柱式断路器） | 101 | 534 | 311 | 130 | 1076 | |
| 4 | 500kV 扩建 1 回出线（1 台柱式断路器） | 42 | 314 | 182 | 78 | 616 | |
| 5 | 500kV 新建变电站（2×1000MVA、罐式断路器） | 5697 | 13 311 | 3566 | 4988 | 27 562 | 137.81 |
| 6 | 500kV 扩建主变压器（1×1000MV、罐式断路器） | 485 | 3863 | 628 | 491 | 5467 | 54.67 |
| 7 | 500kV 扩建 1 回出线（2 台罐式断路器） | 95 | 673 | 209 | 119 | 1096 | |

续表

| 序号 | 项目名称 | 建筑工程费 | 设备购置费 | 安装工程费 | 其他费用 | 合计 | 单位投资（元/kVA、元/kvar、元/kW） |
|---|---|---|---|---|---|---|---|
| 8 | 500kV 扩建 1 回出线（1 台罐式断路器） | 53 | 376 | 112 | 71 | 612 | |
| 9 | 500kV 新建变电站（2×1000MVA、GIS 组合电器） | 4759 | 16 478 | 2783 | 3970 | 27 990 | 139.95 |
| 10 | 500kV 扩建主变压器（1×1000MVA、GIS 组合电器） | 320 | 3937 | 496 | 440 | 5193 | 51.93 |
| 11 | 500kV 扩建 1 回出线（2 台 GIS 组合电器） | 12 | 1061 | 173 | 121 | 1367 | |
| 12 | 500kV 扩建 1 回出线（1 台 GIS 组合电器） | 9 | 582 | 111 | 77 | 779 | |
| 13 | 500kV 新建变电站（2×1000MVA、500kV HGIS、220kV GIS 组合电器） | 5942 | 15 091 | 3525 | 4319 | 28 877 | 144.39 |

续表

| 序号 | 项目名称 | 建筑工程费 | 设备购置费 | 安装工程费 | 其他费用 | 合计 | 单位投资（元/kVA、元/kvar、元/kW） |
|---|---|---|---|---|---|---|---|
| 14 | 500kV 扩建主变压器（1×1000MVA、500kV HGIS、220kV GIS 组合电器） | 387 | 3782 | 580 | 459 | 5208 | 52.08 |
| 15 | 500kV 扩建 1 回出线(2 台 HGIS 组合电器） | 84 | 896 | 194 | 128 | 1302 | |
| 16 | 500kV 扩建 1 回出线(1 台 HGIS 组合电器） | 40 | 489 | 148 | 83 | 760 | |
| 17 | 500kV 扩建线路高压电抗器（1×150Mvar） | 110 | 1221 | 158 | 170 | 1659 | 110.60 |
| 18 | 扩建 66kV 电抗器(1×60Mvar） | 57 | 191 | 46 | 34 | 328 | 54.67 |
| 19 | 扩建 66kV 电容器(1×60Mvar） | 48 | 151 | 52 | 30 | 281 | 46.83 |
| 20 | 扩建 35kV 电抗器(1×60Mvar） | 17 | 147 | 56 | 27 | 247 | 41.17 |

续表

| 序号 | 项目名称 | 建筑工程费 | 设备购置费 | 安装工程费 | 其他费用 | 合计 | 单位投资（元/kVA、元/kvar、元/kW） |
|---|---|---|---|---|---|---|---|
| 21 | 扩建35kV电容器（1×60Mvar） | 30 | 128 | 60 | 29 | 247 | 41.17 |
| 四、330kV变电站工程限额设计控制指标 | | | | | | | |
| 1 | 330kV新建变电站（2×360MVA、GIS组合电器） | 3857 | 10 023 | 2108 | 2642 | 18 630 | 258.75 |
| 2 | 330kV扩建主变压器（1×360MVA、GIS组合电器） | 489 | 2454 | 426 | 356 | 3725 | 103.47 |
| 3 | 330kV扩建1回出线（1台GIS组合电器） | 39 | 404 | 108 | 67 | 618 | |
| 4 | 330kV新建变电站（2×240MVA、HGIS组合电器） | 4698 | 9863 | 2940 | 3177 | 20 678 | 430.79 |

续表

| 序号 | 项目名称 | 建筑工程费 | 设备购置费 | 安装工程费 | 其他费用 | 合计 | 单位投资（元/kVA、元/kvar、元/kW） |
|---|---|---|---|---|---|---|---|
| 5 | 330kV 扩建主变压器（1×240MVA、HGIS 组合电器） | 311 | 2306 | 568 | 336 | 3521 | 146.71 |
| 6 | 330kV 扩建 1 回出线(2 台 HGIS 组合电器） | 72 | 774 | 252 | 125 | 1223 | |
| 7 | 330kV 扩建 1 回出线(1 台 HGIS 组合电器） | 18 | 439 | 135 | 70 | 662 | |
| 8 | 330kV 扩建线路高压电抗器（1×90Mvar） | 128 | 745 | 126 | 126 | 1125 | 125.00 |
| 9 | 330kV 扩建主变压器（1×240MVA、柱式断路器） | 364 | 1733 | 417 | 290 | 2804 | 116.83 |
| 10 | 330kV 扩建 1 回出线（2 台柱式断路器） | 43 | 413 | 182 | 84 | 722 | |

续表

| 序号 | 项目名称 | 建筑工程费 | 设备购置费 | 安装工程费 | 其他费用 | 合计 | 单位投资（元/kVA、元/kvar、元/kW） |
| --- | --- | --- | --- | --- | --- | --- | --- |
| 11 | 330kV 扩建 1 回出线（1 台柱式断路器） | 19 | 217 | 106 | 54 | 396 | |
| 12 | 330kV 扩建主变压器（1×240MVA、330kV 罐式断路器、110kV 柱式断路器） | 345 | 1888 | 473 | 304 | 3010 | 125.42 |
| 13 | 330kV 扩建 1 回出线（2 台罐式断路器） | 66 | 670 | 186 | 105 | 1027 | |
| 14 | 330kV 扩建 1 回出线（1 台罐式断路器） | 33 | 326 | 108 | 60 | 527 | |
| 五、220kV 变电站工程限额设计控制指标 | | | | | | | |
| 1 | 220kV 新建变电站（2×180MVA、柱式断路器） | 2299 | 4279 | 1734 | 1987 | 10 299 | 286.08 |

续表

| 序号 | 项目名称 | 建筑工程费 | 设备购置费 | 安装工程费 | 其他费用 | 合计 | 单位投资（元/kVA、元/kvar、元/kW） |
|---|---|---|---|---|---|---|---|
| 2 | 220kV 扩建主变压器（1×180MVA、柱式断路器） | 156 | 1110 | 244 | 158 | 1668 | 92.67 |
| 3 | 220kV 扩建 1 回出线（1 台柱式断路器） | 23 | 131 | 60 | 29 | 243 | |
| 4 | 220kV 新建变电站（2×240MVA、GIS 组合电器） | 2307 | 5640 | 1167 | 1564 | 10 678 | 222.46 |
| 5 | 220kV 扩建主变压器（1×240MVA、GIS 组合电器） | 139 | 1459 | 214 | 171 | 1983 | 82.63 |
| 6 | 220kV 扩建 1 回出线（1 台 GIS 组合电器） | 11 | 229 | 38 | 30 | 308 | |
| 7 | 220kV 新建变电站（2×240MVA、HGIS 组合电器） | 2699 | 5477 | 1513 | 1926 | 11 615 | 241.98 |

续表

| 序号 | 项目名称 | 建筑工程费 | 设备购置费 | 安装工程费 | 其他费用 | 合计 | 单位投资（元/kVA、元/kvar、元/kW） |
|---|---|---|---|---|---|---|---|
| 8 | 220kV 扩建主变压器（1×240MVA、HGIS 组合电器） | 324 | 1477 | 279 | 233 | 2313 | 96.38 |
| 9 | 220kV 扩建 1 回出线(1 台 HGIS 组合电器） | 53 | 206 | 55 | 42 | 356 | |
| 直流工程 | | | | | | | |
| 一、±800kV 换流站工程限额设计控制指标 | | | | | | | |
| 1 | ±800kV 新建换流站（8000MW、户外 GIS 组合电器） | 53 698 | 342 583 | 28 528 | 38 056 | 462 865 | 578.58 |
| 2 | 接地极 | 491 | | 2945 | 1232 | 4668 | |
| 二、±500kV 换流站方案限额控制指标 | | | | | | | |
| 1 | ±500kV 新建换流站（3000MW、户内 GIS 组合电器） | 23 087 | 105 963 | 8874 | 17 912 | 155 836 | 519.45 |

续表

| 序号 | 项目名称 | 建筑工程费 | 设备购置费 | 安装工程费 | 其他费用 | 合计 | 单位投资（元/kVA、元/kvar、元/kW） |
|---|---|---|---|---|---|---|---|
| 2 | ±500kV 新建换流站（3000MW、户外柱式断路器） | 23 369 | 102 723 | 9422 | 17 905 | 153 419 | 511.40 |
| 3 | 接地极 | 390 | | 1498 | 810 | 2698 | |

## （二）1000kV 变电站工程组合电器方案限额设计控制指标

金额单位：万元

| 序号 | 项目名称 | | 建筑工程费 | 设备购置费 | 安装工程费 | 其他费用 | 合计 | 单位投资（元/kVA、元/kvar） |
|---|---|---|---|---|---|---|---|---|
| 1 | 1000kV 新建变电站（2×3000MVA、GIS 组合电器） | 金额 | 21 788 | 129 115 | 9475 | 16 081 | 176 459 | 294.10 |
| | | 占比（%） | 12.35 | 73.17 | 5.37 | 9.11 | 100.00 | |

续表

| 序号 | 项目名称 | | 建筑工程费 | 设备购置费 | 安装工程费 | 其他费用 | 合计 | 单位投资（元/kVA、元/kvar） |
|---|---|---|---|---|---|---|---|---|
| 2 | 1000kV扩建主变压器（1×3000MVA、GIS组合电器） | 金额 | 1138 | 23 148 | 1418 | 2168 | 27 872 | 92.91 |
| | | 占比（%） | 4.08 | 83.05 | 5.09 | 7.78 | 100.00 | |
| 3 | 1000kV扩建1回出线（2台GIS组合电器） | 金额 | 61 | 15 877 | 512 | 977 | 17 427 | |
| | | 占比（%） | 0.35 | 91.11 | 2.94 | 5.60 | 100.00 | |
| 4 | 1000kV扩建1回出线（1台GIS组合电器） | 金额 | 56 | 8318 | 358 | 550 | 9282 | |
| | | 占比（%） | 0.60 | 89.61 | 3.86 | 5.93 | 100.00 | |
| 5 | 1000kV扩建线路高压电抗器（1×720Mvar） | 金额 | 358 | 5475 | 248 | 570 | 6651 | 92.38 |
| | | 占比（%） | 5.38 | 82.32 | 3.73 | 8.57 | 100.00 | |
| 6 | 扩建110kV电抗器（1×240Mvar） | 金额 | 35 | 926 | 79 | 66 | 1106 | 46.08 |
| | | 占比（%） | 3.16 | 83.73 | 7.14 | 5.97 | 100.00 | |
| 7 | 扩建110kV电容器（1×210Mvar） | 金额 | 46 | 795 | 96 | 64 | 1001 | 47.67 |
| | | 占比（%） | 4.60 | 79.42 | 9.59 | 6.39 | 100.00 | |

## （三）750kV变电站工程罐式断路器方案限额设计控制指标

金额单位：万元

| 序号 | 项目名称 | | 建筑工程费 | 设备购置费 | 安装工程费 | 其他费用 | 合计 | 单位投资（元/kVA） |
|---|---|---|---|---|---|---|---|---|
| 1 | 750kV新建变电站（1×1500MVA、750kV 罐式断路器、220kV柱式断路器） | 金额 | 14 474 | 21 645 | 7238 | 9488 | 52 845 | 352.30 |
| | | 占比（%） | 27.39 | 40.96 | 13.70 | 17.95 | 100.00 | |
| 2 | 750kV扩建主变压器（1×1500MVA、750kV 罐式断路器、220kV柱式断路器） | 金额 | 1143 | 7171 | 1632 | 1056 | 11 002 | 73.35 |
| | | 占比（%） | 10.39 | 65.18 | 14.83 | 9.60 | 100.00 | |
| 3 | 750kV扩建1回出线(2台罐式断路器） | 金额 | 215 | 1869 | 469 | 303 | 2856 | |
| | | 占比（%） | 7.53 | 65.44 | 16.42 | 10.61 | 100.00 | |
| 4 | 750kV扩建1回出线(1台罐式断路器） | 金额 | 144 | 1026 | 281 | 194 | 1645 | |
| | | 占比（%） | 8.75 | 62.37 | 17.08 | 11.80 | 100.00 | |

## （四）750kV 变电站工程 GIS 组合电器方案限额设计控制指标

金额单位：万元

| 序号 | 项目名称 | | 建筑工程费 | 设备购置费 | 安装工程费 | 其他费用 | 合计 | 单位投资（元/kVA） |
|---|---|---|---|---|---|---|---|---|
| 1 | 750kV 新建变电站（1×2100MVA、750kV GIS、330kV GIS 组合电器） | 金额 | 13 559 | 41 858 | 5427 | 8437 | 69 281 | 329.91 |
| | | 占比（%） | 19.57 | 60.42 | 7.83 | 12.18 | 100.00 | |
| 2 | 750kV 扩建主变压器（1×2100MVA、750kV GIS、330kV GIS 组合电器） | 金额 | 893 | 11 056 | 1510 | 1106 | 14 565 | 69.36 |
| | | 占比（%） | 6.13 | 75.91 | 10.37 | 7.59 | 100.00 | |
| 3 | 750kV 扩建 1 回出线（2 台 GIS 组合电器） | 金额 | 187 | 5428 | 307 | 478 | 6400 | |
| | | 占比（%） | 2.92 | 84.81 | 4.80 | 7.47 | 100.00 | |
| 4 | 750kV 扩建 1 回出线（1 台 GIS 组合电器） | 金额 | 144 | 2823 | 195 | 294 | 3456 | |
| | | 占比（%） | 4.17 | 81.68 | 5.64 | 8.51 | 100.00 | |

## （五）750kV 变电站工程 HGIS 组合电器方案限额设计控制指标

金额单位：万元

| 序号 | 项目名称 | | 建筑工程费 | 设备购置费 | 安装工程费 | 其他费用 | 合计 | 单位投资（元/kVA） |
|---|---|---|---|---|---|---|---|---|
| 1 | 750kV 新建变电站（1×2100MVA、750kV HGIS、330kV HGIS 组合电器） | 金额 | 13 862 | 29 618 | 6367 | 8248 | 58 095 | 276.64 |
| | | 占比（%） | 23.86 | 50.98 | 10.96 | 14.20 | 100.00 | |
| 2 | 750kV 扩建主变压器（1×2100MVA、750kV HGIS、330kV HGIS 组合电器） | 金额 | 1027 | 9384 | 1700 | 1084 | 13 195 | 62.83 |
| | | 占比（%） | 7.78 | 71.12 | 12.88 | 8.22 | 100.00 | |
| 3 | 750kV 扩建 1 回出线（2 台 HGIS 组合电器） | 金额 | 188 | 3187 | 283 | 351 | 4009 | |
| | | 占比（%） | 4.69 | 79.50 | 7.06 | 8.75 | 100.00 | |
| 4 | 750kV 扩建 1 回出线（1 台 HGIS 组合电器） | 金额 | 56 | 1652 | 195 | 197 | 2100 | |
| | | 占比（%） | 2.67 | 78.67 | 9.29 | 9.37 | 100.00 | |

## （六）750kV变电站工程其他方案限额设计控制指标

金额单位：万元

| 序号 | 项目名称 | | 建筑工程费 | 设备购置费 | 安装工程费 | 其他费用 | 合计 | 单位投资（元/kVA、元/kvar） |
|---|---|---|---|---|---|---|---|---|
| 1 | 750kV扩建线路高压电抗器（1×300Mvar） | 金额 | 347 | 1876 | 338 | 326 | 2887 | 96.23 |
| | | 占比（%） | 12.02 | 64.98 | 11.71 | 11.29 | 100.00 | |
| 2 | 750kV扩建主变压器（1×2100MVA、750kV罐式断路器、330kV柱式断路器） | 金额 | 1006 | 8256 | 1722 | 1041 | 12 025 | 57.26 |
| | | 占比（%） | 8.37 | 68.66 | 14.32 | 8.65 | 100.00 | |
| 3 | 750kV扩建主变压器（1×2100MVA、750kV GIS组合电器、330kV柱式断路器） | 金额 | 895 | 10 212 | 1687 | 1094 | 13 888 | 66.13 |
| | | 占比（%） | 6.44 | 73.53 | 12.15 | 7.88 | 100.00 | |

## （七）500kV 变电站工程柱式断路器方案限额设计控制指标

金额单位：万元

| 序号 | 项目名称 | | 建筑工程费 | 设备购置费 | 安装工程费 | 其他费用 | 合计 | 单位投资（元/kVA） |
|---|---|---|---|---|---|---|---|---|
| 1 | 500kV 新建变电站（1×750MVA、柱式断路器） | 金额 | 5335 | 6429 | 2784 | 4238 | 18 786 | 250.48 |
| | | 占比（%） | 28.40 | 34.22 | 14.82 | 22.56 | 100.00 | |
| 2 | 500kV 扩建主变压器（1×750MVA、柱式断路器） | 金额 | 652 | 3546 | 824 | 538 | 5560 | 74.13 |
| | | 占比（%） | 11.73 | 63.78 | 14.82 | 9.67 | 100.00 | |
| 3 | 500kV 扩建 1 回出线（2 台柱式断路器） | 金额 | 101 | 534 | 311 | 130 | 1076 | |
| | | 占比（%） | 9.39 | 49.63 | 28.90 | 12.08 | 100.00 | |
| 4 | 500kV 扩建 1 回出（1 台柱式断路器） | 金额 | 42 | 314 | 182 | 78 | 616 | |
| | | 占比（%） | 6.82 | 50.97 | 29.55 | 12.66 | 100.00 | |

## （八）500kV 变电站工程罐式断路器方案限额设计控制指标

金额单位：万元

| 序号 | 项目名称 | | 建筑工程费 | 设备购置费 | 安装工程费 | 其他费用 | 合计 | 单位投资（元/kVA） |
|---|---|---|---|---|---|---|---|---|
| 1 | 500kV 新建变电站（2×1000MVA、罐式断路器） | 金额 | 5697 | 13 311 | 3566 | 4988 | 27 562 | 137.81 |
| | | 占比（%） | 20.67 | 48.29 | 12.94 | 18.10 | 100.00 | |
| 2 | 500kV 扩建主变压器（1×1000MV、罐式断路器） | 金额 | 485 | 3863 | 628 | 491 | 5467 | 54.67 |
| | | 占比（%） | 8.87 | 70.66 | 11.49 | 8.98 | 100.00 | |
| 3 | 500kV 扩建 1 回出线（2 台罐式断路器） | 金额 | 95 | 673 | 209 | 119 | 1096 | |
| | | 占比（%） | 8.67 | 61.41 | 19.07 | 10.85 | 100.00 | |
| 4 | 500kV 扩建 1 回出线（1 台罐式断路器） | 金额 | 53 | 376 | 112 | 71 | 612 | |
| | | 占比（%） | 8.66 | 61.44 | 18.30 | 11.60 | 100.00 | |

## （九）500kV 变电站工程 GIS 组合电器方案限额设计控制指标

金额单位：万元

| 序号 | 项目名称 | | 建筑工程费 | 设备购置费 | 安装工程费 | 其他费用 | 合计 | 单位投资（元/kVA） |
|---|---|---|---|---|---|---|---|---|
| 1 | 500kV 新建变电站（2×1000MVA、GIS 组合电器） | 金额 | 4759 | 16 478 | 2783 | 3970 | 27 990 | 139.95 |
| | | 占比（%） | 17.00 | 58.87 | 9.94 | 14.19 | 100.00 | |
| 2 | 500kV 扩建主变压器（1×1000MVA、GIS 组合电器） | 金额 | 320 | 3937 | 496 | 440 | 5193 | 51.93 |
| | | 占比（%） | 6.16 | 75.81 | 9.55 | 8.48 | 100.00 | |
| 3 | 500kV 扩建 1 回出线（2 台 GIS 组合电器） | 金额 | 12 | 1061 | 173 | 121 | 1367 | |
| | | 占比（%） | 0.88 | 77.62 | 12.66 | 8.84 | 100.00 | |
| 4 | 500kV 扩建 1 回出线（1 台 GIS 组合电器） | 金额 | 9 | 582 | 111 | 77 | 779 | |
| | | 占比（%） | 1.16 | 74.71 | 14.25 | 9.88 | 100.00 | |

## （十）500kV 变电站工程 HGIS 组合电器方案限额设计控制指标

金额单位：万元

| 序号 | 项目名称 | | 建筑工程费 | 设备购置费 | 安装工程费 | 其他费用 | 合计 | 单位投资（元/kVA） |
|---|---|---|---|---|---|---|---|---|
| 1 | 500kV 新建变电站（2×1000MVA、500kV HGIS、220kV GIS 组合电器） | 金额 | 5942 | 15 091 | 3525 | 4319 | 28 877 | 144.39 |
| | | 占比（%） | 20.58 | 52.26 | 12.21 | 14.95 | 100.00 | |
| 2 | 500kV 扩建主变压器（1×1000MVA、500kV HGIS、220kV GIS 组合电器） | 金额 | 387 | 3782 | 580 | 459 | 5208 | 52.08 |
| | | 占比（%） | 7.43 | 72.62 | 11.14 | 8.81 | 100.00 | |
| 3 | 500kV 扩建 1 回出线（2 台 HGIS 组合电器） | 金额 | 84 | 896 | 194 | 128 | 1302 | |
| | | 占比（%） | 6.45 | 68.82 | 14.90 | 9.83 | 100.00 | |
| 4 | 500kV 扩建 1 回出线（1 台 HGIS 组合电器） | 金额 | 40 | 489 | 148 | 83 | 760 | |
| | | 占比（%） | 5.26 | 64.34 | 19.47 | 10.93 | 100.00 | |

## （十一）500kV 变电站工程其他方案限额设计控制指标

金额单位：万元

| 序号 | 项目名称 | | 建筑工程费 | 设备购置费 | 安装工程费 | 其他费用 | 合计 | 单位投资（元/kva） |
|---|---|---|---|---|---|---|---|---|
| 1 | 500kV 扩建线路高压电抗器（1×150Mvar） | 金额 | 110 | 1221 | 158 | 170 | 1659 | 110.60 |
| | | 占比（%） | 6.63 | 73.60 | 9.52 | 10.25 | 100.00 | |
| 2 | 扩建 66kV 电抗器（1×60Mvar） | 金额 | 57 | 191 | 46 | 34 | 328 | 54.67 |
| | | 占比（%） | 17.38 | 58.23 | 14.02 | 10.37 | 100.00 | |
| 3 | 扩建 66kV 电容器（1×60Mvar） | 金额 | 48 | 151 | 52 | 30 | 281 | 46.83 |
| | | 占比（%） | 17.08 | 53.74 | 18.51 | 10.67 | 100.00 | |
| 4 | 扩建 35kV 电抗器（1×60Mvar） | 金额 | 17 | 147 | 56 | 27 | 247 | 41.17 |
| | | 占比（%） | 6.88 | 59.51 | 22.67 | 10.94 | 100.00 | |
| 5 | 扩建 35kV 电容器（1×60Mvar） | 金额 | 30 | 128 | 60 | 29 | 247 | 41.17 |
| | | 占比（%） | 12.15 | 51.82 | 24.29 | 11.74 | 100.00 | |

## （十二）330kV 变电站工程 GIS 组合电器方案限额设计控制指标

金额单位：万元

| 序号 | 项目名称 | | 建筑工程费 | 设备购置费 | 安装工程费 | 其他费用 | 合计 | 单位投资（元/kVA） |
|---|---|---|---|---|---|---|---|---|
| 1 | 330kV 新建变电站（2×360MVA、GIS 组合电器） | 金额 | 3857 | 10 023 | 2108 | 2642 | 18 630 | 258.75 |
| | | 占比（%） | 20.70 | 53.80 | 11.32 | 14.18 | 100.00 | |
| 2 | 330kV 扩建主变压器（1×360MVA、GIS 组合电器） | 金额 | 489 | 2454 | 426 | 356 | 3725 | 103.47 |
| | | 占比（%） | 13.13 | 65.88 | 11.44 | 9.55 | 100.00 | |
| 3 | 330kV 扩建 1 回出线（1 台 GIS 组合电器） | 金额 | 39 | 404 | 108 | 67 | 618 | |
| | | 占比（%） | 6.31 | 65.37 | 17.48 | 10.84 | 100.00 | |

## （十三）330kV 变电站工程 HGIS 组合电器方案限额设计控制指标

金额单位：万元

| 序号 | 项目名称 | | 建筑工程费 | 设备购置费 | 安装工程费 | 其他费用 | 合计 | 单位投资（元/kVA） |
|---|---|---|---|---|---|---|---|---|
| 1 | 330kV 新建变电站（2×240MVA、HGIS 组合电器） | 金额 | 4698 | 9863 | 2940 | 3177 | 20 678 | 430.79 |
| | | 占比（%） | 22.72 | 47.70 | 14.22 | 15.36 | 100.00 | |
| 2 | 330kV 扩建主变压器（1×240MVA、HGIS 组合电器） | 金额 | 311 | 2306 | 568 | 336 | 3521 | 146.71 |
| | | 占比（%） | 8.83 | 65.49 | 16.13 | 9.55 | 100.00 | |
| 3 | 330kV 扩建 1 回出线（2 台 HGIS 组合电器） | 金额 | 72 | 774 | 252 | 125 | 1223 | |
| | | 占比（%） | 5.89 | 63.29 | 20.61 | 10.21 | 100.00 | |
| 4 | 330kV 扩建 1 回出线（1 台 HGIS 组合电器） | 金额 | 18 | 439 | 135 | 70 | 662 | |
| | | 占比（%） | 2.72 | 66.31 | 20.39 | 10.58 | 100.00 | |
| 5 | 330kV 扩建线路高压电抗器（1×90Mvar） | 金额 | 128 | 745 | 126 | 126 | 1125 | |
| | | 占比（%） | 11.38 | 66.22 | 11.20 | 11.20 | 100.00 | |

## （十四）330kV 变电站工程柱式断路器方案限额设计控制指标

金额单位：万元

| 序号 | 项目名称 | | 建筑工程费 | 设备购置费 | 安装工程费 | 其他费用 | 合计 | 单位投资（元/kVA） |
|---|---|---|---|---|---|---|---|---|
| 1 | 330kV 扩建主变压器（1×240MVA、柱式断路器） | 金额 | 364 | 1733 | 417 | 290 | 2804 | 116.83 |
| | | 占比（%） | 12.98 | 61.80 | 14.87 | 10.35 | 100.00 | |
| 2 | 330kV 扩建 1 回出线（2 台柱式断路器） | 金额 | 43 | 413 | 182 | 84 | 722 | |
| | | 占比（%） | 5.96 | 57.20 | 25.21 | 11.63 | 100.00 | |
| 3 | 330kV 扩建 1 回出线（1 台柱式断路器） | 金额 | 19 | 217 | 106 | 54 | 396 | |
| | | 占比（%） | 4.80 | 54.80 | 26.77 | 13.63 | 100.00 | |

## （十五）330kV变电站工程罐式断路器方案限额设计控制指标

金额单位：万元

| 序号 | 项目名称 | | 建筑工程费 | 设备购置费 | 安装工程费 | 其他费用 | 合计 | 单位投资（元/kVA） |
|---|---|---|---|---|---|---|---|---|
| 1 | 330kV扩建主变压器（1×240MVA、罐式断路器） | 金额 | 345 | 1888 | 473 | 304 | 3010 | 125.42 |
| | | 占比（%） | 11.46 | 62.72 | 15.71 | 10.11 | 100.00 | |
| 2 | 330kV扩建1回出线（2台罐式断路器） | 金额 | 66 | 670 | 186 | 105 | 1027 | |
| | | 占比（%） | 6.43 | 65.24 | 18.11 | 10.22 | 100.00 | |
| 3 | 330kV扩建1回出线（1台罐式断路器） | 金额 | 33 | 326 | 108 | 60 | 527 | |
| | | 占比（%） | 6.26 | 61.86 | 20.49 | 11.39 | 100.00 | |

## （十六）220kV 变电站工程柱式断路器方案限额设计控制指标

金额单位：万元

| 序号 | 项目名称 | | 建筑工程费 | 设备购置费 | 安装工程费 | 其他费用 | 合计 | 单位投资（元/kVA） |
|---|---|---|---|---|---|---|---|---|
| 1 | 220kV 新建变电站（2×180MVA、柱式断路器） | 金额 | 2299 | 4279 | 1734 | 1987 | 10 299 | 286.08 |
| | | 占比（%） | 22.32 | 41.55 | 16.84 | 19.29 | 100.00 | |
| 2 | 220kV 扩建主变压器（1×180MVA、柱式断路器） | 金额 | 156 | 1110 | 244 | 158 | 1668 | 92.67 |
| | | 占比（%） | 9.35 | 66.55 | 14.63 | 9.47 | 100.00 | |
| 3 | 220kV 扩建 1 回出线(1 台柱式断路器） | 金额 | 23 | 131 | 60 | 29 | 243 | |
| | | 占比（%） | 9.47 | 53.91 | 24.69 | 11.93 | 100.00 | |

## （十七）220kV 变电站工程 GIS 组合电器方案限额设计控制指标

金额单位：万元

| 序号 | 项目名称 | | 建筑工程费 | 设备购置费 | 安装工程费 | 其他费用 | 合计 | 单位投资（元/kVA） |
|---|---|---|---|---|---|---|---|---|
| 1 | 220kV 新建变电站（2×240MVA、GIS 组合电器） | 金额 | 2307 | 5640 | 1167 | 1564 | 10 678 | 222.46 |
| | | 占比（%） | 21.61 | 52.82 | 10.93 | 14.64 | 100.00 | |
| 2 | 220kV 扩建主变压器（1×240MVA、GIS 组合电器） | 金额 | 139 | 1459 | 214 | 171 | 1983 | 82.63 |
| | | 占比（%） | 7.01 | 73.58 | 10.79 | 8.62 | 100.00 | |
| 3 | 220kV 扩建 1 回出线（1 台 GIS 组合电器） | 金额 | 11 | 229 | 38 | 30 | 308 | |
| | | 占比（%） | 3.57 | 74.35 | 12.34 | 9.74 | 100.00 | |

## （十八）220kV 变电站工程 HGIS 组合电器方案限额设计控制指标

金额单位：万元

| 序号 | 项目名称 | | 建筑工程费 | 设备购置费 | 安装工程费 | 其他费用 | 合计 | 单位投资（元/kVA） |
|---|---|---|---|---|---|---|---|---|
| 1 | 220kV 新建变电站（2×240MVA、HGIS 组合电器） | 金额 | 2699 | 5477 | 1513 | 1926 | 11 615 | 241.98 |
| | | 占比（%） | 23.24 | 47.15 | 13.03 | 16.58 | 100.00 | |
| 2 | 220kV 扩建主变压器（1×240MVA、HGIS 组合电器） | 金额 | 324 | 1477 | 279 | 233 | 2313 | 96.38 |
| | | 占比（%） | 14.01 | 63.86 | 12.06 | 10.07 | 100.00 | |
| 3 | 220kV 扩建 1 回出线（1 台 HGIS 组合电器） | 金额 | 53 | 206 | 55 | 42 | 356 | |
| | | 占比（%） | 14.89 | 57.87 | 15.45 | 11.79 | 100.00 | |

## （十九）±800kV 换流站工程限额设计控制指标

金额单位：万元

| 序号 | 项目名称 | | 建筑工程费 | 设备购置费 | 安装工程费 | 其他费用 | 合计 | 单位投资（元/kW） |
|---|---|---|---|---|---|---|---|---|
| 1 | ±800kV 新建换流站（8000MW 户外 GIS 组合电器） | 金额 | 53 698 | 342 583 | 28 528 | 38 056 | 462 865 | 578.58 |
| | | 占比（%） | 11.60 | 74.01 | 6.16 | 8.23 | 100.00 | |
| 2 | 接地极 | 金额 | 491 | | 2945 | 1232 | 4668 | |

## （二十）±500kV 换流站方案限额设计控制指标

金额单位：万元

| 序号 | 项目名称 | | 建筑工程费 | 设备购置费 | 安装工程费 | 其他费用 | 合计 | 单位投资（元/kW） |
|---|---|---|---|---|---|---|---|---|
| 1 | ±500kV 新建换流站（3000MW、户内 GIS 组合电器） | 金额 | 23 087 | 105 963 | 8874 | 17 912 | 155 836 | 519.45 |
| | | 占比（%） | 14.81 | 68.00 | 5.69 | 11.50 | 100.00 | |

续表

| 序号 | 项目名称 | | 建筑工程费 | 设备购置费 | 安装工程费 | 其他费用 | 合计 | 单位投资（元/kW） |
|---|---|---|---|---|---|---|---|---|
| 2 | ±500kV 新建换流站（3000MW、户外柱式断路器） | 金额 | 23 369 | 102 723 | 9422 | 17 905 | 153 419 | 511.40 |
| | | 占比（%） | 15.23 | 66.96 | 6.14 | 11.67 | 100.00 | |
| 3 | 接地极 | 金额 | 390 | | 1498 | 810 | 2698 | |

## （二十一）变电工程限额水平调整指标

限额设计控制指标编制的自然条件是：最低温度–20℃，地耐力 150kPa，地震烈度 7 度。当条件不同时，按下表调整（原造价+本造价）。

| 序号 | 项目名称 | 最低温度 | | | | 地耐力 | |
|---|---|---|---|---|---|---|---|
| | | –20℃ | 0℃ | –10℃ | –30℃ | 150kPa | 100kPa |
| 1 | 500kV 新建变电站 | 0 | –127 | –66 | 129 | 0 | 30 |
| 2 | 330kV 新建变电站 | 0 | –77 | –38 | 62 | 0 | 38 |
| 3 | 220kV 新建变电站 | 0 | –59 | –47 | 60 | 0 | 63 |

续表

| 序号 | 项目名称 | 地耐力 | | 地震烈度 | |
|---|---|---|---|---|---|
| | | 200kPa | 250kPa | 7 度 | 8 度 |
| 1 | 500kV 新建变电站 | –16 | –44 | 0 | 30 |
| 2 | 330kV 新建变电站 | –22 | –34 | 0 | 57 |
| 3 | 220kV 新建变电站 | –53 | –79 | 0 | 70 |

## （二十二）变电站主要设备参考价格表

| 序号 | 设备名称 | 单位 | 2021 年单价（万元、含税） | 备注 |
|---|---|---|---|---|
| （一）主变压器系统 | | | | |
| 1 | 1000kV 1000MVA<br>单相　自耦　无载 | 台 | 3800 | |
| 2 | 750kV 700MVA<br>单相　自耦　无载 | 台 | 1850 | |
| 3 | 500kV 250MVA<br>单相　自耦　无载 | 台 | 770 | |
| 4 | 500kV 250MVA<br>单相　自耦　有载 | 台 | 860 | |
| 5 | 500kV 750MVA<br>三相共体　自耦　无载 | 台 | 2250 | |

续表

| 序号 | 设备名称 | 单位 | 2021 年单价（万元、含税） | 备注 |
|---|---|---|---|---|
| 6 | 500kV 750MVA<br>三相共体　自耦　有载 | 台 | 2300 | |
| 7 | 500kV 334MVA<br>单相　自耦　无载 | 台 | 860 | |
| 8 | 500kV 334MVA<br>单相　自耦　有载 | 台 | 950 | |
| 9 | 330kV 150MVA<br>三相共体　自耦　无载 | 台 | 590 | |
| 10 | 330kV 150MVA<br>三相共体　自耦　有载 | 台 | 720 | |
| 11 | 330kV 240MVA<br>三相共体　自耦　无载 | 台 | 760 | |
| 12 | 330kV 240MVA<br>三相共体　自耦　有载 | 台 | 880 | |
| 13 | 330kV 360MVA<br>三相共体　自耦　有载 | 台 | 1285 | |
| 14 | 220kV 240MVA<br>三相共体　三绕组　有载 | 台 | 870 | |
| 15 | 220kV 180MVA<br>三相共体　三绕组　有载 | 台 | 720 | |

续表

| 序号 | 设备名称 | 单位 | 2021 年单价（万元、含税） | 备注 |
|---|---|---|---|---|
| （二）1000kV 配电装置 | | | | |
| 1 | GIS 组合电器（1 台断路器，含母线） | 间隔 | 7500 | |
| 2 | GIS 组合电器（母线设备间隔） | 间隔 | 270 | |
| 3 | 氧化锌避雷器 | 台 | 130 | |
| 4 | 电容式电压互感器 | 台 | 95 | |
| 5 | 并联电抗器 120Mvar（含中性点小电抗） | 台 | 1300 | |
| 6 | 并联电抗器 160Mvar（含中性点小电抗） | 台 | 1450 | |
| 7 | 并联电抗器 200Mvar（含中性点小电抗） | 台 | 1650 | |
| 8 | 并联电抗器 240Mvar（含中性点小电抗） | 台 | 1800 | |
| 9 | 并联电抗器 280Mvar（含中性点小电抗） | 台 | 1900 | |
| 10 | 并联电抗器 320Mvar（含中性点小电抗） | 台 | 2000 | |
| 11 | 1000kV 串联补偿装置 | 元/kvar | 150 | |

续表

| 序号 | 设备名称 | 单位 | 2021年单价（万元、含税） | 备注 |
|---|---|---|---|---|
| （三）750kV 配电装置 | | | | |
| 1 | 罐式断路器 5000A 63kA | 台 | 620 | |
| 2 | 罐式断路器 5000A 50kA | 台 | 580 | |
| 3 | 隔离开关　双柱 | 组 | 110 | |
| 4 | 隔离开关　单柱 | 组 | 100 | |
| 5 | 电容式电压互感器 | 台 | 21 | |
| 6 | 氧化锌避雷器 | 台 | 19 | |
| 7 | 并联电抗器 120Mvar | 台 | 620 | |
| 8 | 并联电抗器 100Mvar | 台 | 510 | |
| 9 | 并联电抗器 80Mvar | 台 | 470 | |
| 10 | 中性点小电抗器 | 台 | 60 | |
| 11 | GIS 组合电器 5000A 63kA | 间隔 | 2500 | 含主母线及分支母线综合价格 |
| 12 | GIS 组合电器 5000A 50kA | 间隔 | 2400 | 含主母线及分支母线综合价格 |
| 13 | GIS 组合电器（母线设备间隔） | 间隔 | 80 | |

续表

| 序号 | 设备名称 | 单位 | 2021年单价（万元、含税） | 备注 |
|---|---|---|---|---|
| 14 | GIS组合电器（备用间隔） | 间隔 | 75 | |
| 15 | HGIS组合电器 50kA | 间隔 | 1410 | |
| （四）500kV配电装置 | | | | |
| 1 | 罐式断路器 4000A 63kA | 台 | 220 | |
| 2 | $SF_6$ 柱式断路器 4000A 63kA | 台 | 85 | |
| 3 | $SF_6$ 电流互感器 | 台 | 15 | |
| 4 | 油浸电流互感器 | 台 | 21 | |
| 5 | 隔离开关 双柱 | 组 | 29 | |
| 6 | 隔离开关 单柱 | 组 | 20 | |
| 7 | 隔离开关 组合式 | 组 | 59 | |
| 8 | 电容式电压互感器 | 台 | 8 | |
| 9 | 氧化锌避雷器 | 台 | 6.6 | |
| 10 | 并联电抗器 40Mvar | 台 | 270 | |
| 11 | 并联电抗器 50Mvar | 台 | 340 | |
| 12 | 并联电抗器 60Mvar | 台 | 365 | |
| 13 | 中性点小电抗器 | 台 | 39 | |
| 14 | GIS组合电器 4000A 63kA | 间隔 | 460 | 含主母线及分支母线综合价格 |

续表

| 序号 | 设备名称 | 单位 | 2021年单价（万元、含税） | 备注 |
|---|---|---|---|---|
| 15 | GIS组合电器(母线设备间隔) | 间隔 | 60 | |
| 16 | GIS组合电器(备用间隔) | 间隔 | 58 | |
| 17 | HGIS 组合电器 4000A 63kA | 间隔 | 355 | |
| （五）330kV配电装置 | | | | |
| 1 | $SF_6$ 罐式断路器 3150A 50kA | 台 | 205 | |
| 2 | $SF_6$ 柱式断路器 63kA 5000A | 台 | 73 | |
| 3 | $SF_6$ 柱式断路器 50kA 4000A | 台 | 70 | |
| 4 | $SF_6$电流互感器 | 台 | 10 | |
| 5 | 隔离开关 | 组 | 23 | |
| 6 | 电容式电压互感器 | 台 | 7.5 | |
| 7 | 氧化锌避雷器 | 台 | 4.2 | |
| 8 | 并联电抗器30Mvar | 台 | 200 | |
| 9 | 中性点小电抗器 | 台 | 30 | |

续表

| 序号 | 设备名称 | 单位 | 2021年单价（万元、含税） | 备注 |
| --- | --- | --- | --- | --- |
| 10 | GIS 组合电器 50kA | 间隔 | 320 | 含主母线及分支母线综合价格 |
| 11 | GIS 组合电器（母线设备间隔） | 间隔 | 53 | |
| 12 | GIS 组合电器（备用间隔） | 间隔 | 50 | |
| 13 | HGIS 组合电器 50kA | 间隔 | 310 | |
| （六）220kV 配电装置 | | | | |
| 1 | $SF_6$ 罐式断路器 4000A 50kA | 台 | 60 | |
| 2 | $SF_6$ 柱式断路器 5000A 63kA | 台 | 45 | |
| 3 | $SF_6$ 柱式断路器 4000A 50kA | 台 | 26 | |
| 4 | 油浸电流互感器 | 台 | 4.2 | |
| 5 | $SF_6$ 电流互感器 | 台 | 5.3 | |
| 6 | 电容式电压互感器 | 台 | 3 | |
| 7 | 氧化锌避雷器 | 台 | 0.86 | |
| 8 | 隔离开关 双柱 | 组 | 12 | |
| 9 | 隔离开关 单柱 | 组 | 10 | |

续表

| 序号 | 设备名称 | 单位 | 2021 年单价（万元、含税） | 备注 |
|---|---|---|---|---|
| 10 | GIS 组合电器 50kA | 间隔 | 150 | 含主母线及分支母线综合价格 |
| 11 | GIS 组合电器（母线设备间隔） | 间隔 | 48 | |
| 12 | GIS 组合电器（备用间隔） | 间隔 | 38 | |
| 13 | HGIS 组合电器 50kA | 间隔 | 140 | |
| （七）110kV 配电装置 | | | | |
| 1 | $SF_6$ 柱式断路器 3150A 40kA | 台 | 12 | |
| 2 | $SF_6$ 柱式断路器 2500A 40kA | 台 | 11 | |
| 3 | $SF_6$ 柱式断路器 2000A 40kA | 台 | 11 | |
| 4 | 电容式电压互感器 | 台 | 2.9 | |
| 5 | 油浸电流互感器 | 台 | 2.7 | |
| 6 | 干式电流互感器 | 台 | 2.4 | |
| 7 | 隔离开关 40kA | 组 | 5.9 | |

续表

| 序号 | 设备名称 | 单位 | 2021 年单价（万元、含税） | 备注 |
|---|---|---|---|---|
| 8 | GIS 组合电器 40kA | 间隔 | 62 | |
| 9 | GIS 组合电器（母线设备间隔） | 间隔 | 27 | |
| 10 | GIS 组合电器（备用间隔） | 间隔 | 15 | |
| 11 | HGIS 组合电器 40kA | 间隔 | 60 | |
| 12 | 并联电抗器 240Mvar 干式 | 组 | 870 | |
| 13 | 并联电容器 210Mvar（不含串抗） | 组 | 600 | |
| （八）66kV 屋外配电装置 | | | | |
| 1 | $SF_6$ 罐式断路器 2000A 31.5kA | 台 | 24.5 | |
| 2 | $SF_6$ 柱式断路器 2000A 31.5kA | 台 | 12 | |
| 3 | 并联电抗器 20Mvar 干式空芯 | 台 | 50 | |
| 4 | 并联电抗器 30Mvar 干式空芯 | 台 | 66 | |
| 5 | 并联电抗器 40Mvar 干式空芯 | 台 | 87 | |

续表

| 序号 | 设备名称 | 单位 | 2021 年单价（万元、含税） | 备注 |
|---|---|---|---|---|
| 6 | 电容器 20Mvar（含串抗） | 组 | 60 | 框架式 |
| 7 | 电容器 30Mvar（含串抗） | 组 | 90 | 框架式 |
| 8 | 电容器 60Mvar（含串抗） | 组 | 110 | 框架式 |
| 9 | 电容式电压互感器 | 台 | 3.9 | |
| 10 | 油浸电流互感器 | 台 | 3.8 | |
| 11 | 干式电流互感器 | 台 | 2.2 | |
| 12 | 隔离开关 3150A 双接地 | 组 | 6.7 | |
| 13 | 站用变压器 SZ9-630/66 | 台 | 37 | |
| （九）35kV 屋外配电装置 | | | | |
| 1 | $SF_6$ 柱式断路器 | 台 | 10 | 分支回路 |
| 2 | $SF_6$ 柱式断路器 总回路 | 台 | 13.7 | 总回路 |
| 3 | 干式并联电抗器 20Mvar | 台 | 37 | |
| 4 | 油浸并联电抗器 60Mvar | 组 | 200 | |
| 5 | 电容器 20Mvar（含串抗） | 组 | 53 | 框架式 |
| 6 | 电容器 30Mvar（含串抗） | 组 | 58 | 框架式 |
| 7 | 电容器 60Mvar（含串抗） | 组 | 88 | 框架式 |
| 8 | 电容器 60Mvar（含串抗） | 组 | 200 | 集合式 |

续表

| 序号 | 设备名称 | 单位 | 2021 年单价（万元、含税） | 备注 |
| --- | --- | --- | --- | --- |
| 9 | 电容式电压互感器 | 台 | 1.5 | |
| 10 | 电流互感器　4000A | 台 | 1.4 | |
| 11 | 隔离开关　4000A 双接地 | 组 | 4.5 | |
| 12 | 隔离开关　2000A | 组 | 2.8 | |
| 13 | 站用变压器 SZ9630/35 | 台 | 16 | |
| 14 | 站用变压器 SZ9630/10 | 台 | 11 | |
| 15 | 开关柜 35kV | 台 | 16 | |
| 16 | 开关柜 10kV | 台 | 10 | |
| （十）保护系统 | | | | |
| 1 | 主变压器保护 1000kV | 套 | 19 | 单套保护装置 |
| 2 | 主变压器保护 750kV | 套 | 16 | 单套保护装置 |
| 3 | 主变压器保护 500kV | 套 | 15 | 单套保护装置 |
| 4 | 主变压器保护 330kV | 套 | 14 | 单套保护装置 |
| 5 | 主变压器保护 220kV | 套 | 13 | 单套保护装置 |

续表

| 序号 | 设备名称 | 单位 | 2021 年单价（万元、含税） | 备注 |
| --- | --- | --- | --- | --- |
| 6 | 高压电抗器保护 1000kV | 套 | 19 | 单套保护装置 |
| 7 | 高压电抗器保护 750kV | 套 | 14 | 单套保护装置 |
| 8 | 高压电抗器保护 500kV | 套 | 11 | 单套保护装置 |
| 9 | 高压电抗器保护 330kV | 套 | 8 | 单套保护装置 |
| 10 | 线路保护 1000kV | 套 | 23 | 单套保护装置 |
| 11 | 线路保护 750kV | 套 | 14.6 | 单套保护装置 |
| 12 | 线路保护 500kV | 套 | 13.5 | 单套保护装置 |
| 13 | 线路保护 330kV | 套 | 11 | 单套保护装置 |
| 14 | 线路保护 220kV | 套 | 10.5 | 单套保护装置 |
| 15 | 线路保护 110kV | 套 | 5 | 单套保护装置 |
| 16 | 断路器保护 1000kV | 套 | 17 | |
| 17 | 断路器保护 750kV | 套 | 11 | |

续表

| 序号 | 设备名称 | 单位 | 2021 年单价（万元、含税） | 备注 |
| --- | --- | --- | --- | --- |
| 18 | 断路器保护 500kV | 套 | 10 | |
| 19 | 断路器保护 330kV | 套 | 8 | |
| 20 | 断路器保护 220kV | 套 | 7 | |
| 21 | 母线保护 1000kV | 套 | 25 | |
| 22 | 母线保护 750kV | 套 | 16 | |
| 23 | 母线保护 500kV | 套 | 15 | |
| 24 | 母线保护 330kV | 套 | 14 | |
| 25 | 母线保护 220kV | 套 | 14 | |
| 26 | 母线保护 110kV | 套 | 8.5 | |
| 27 | 低抗保护 微机型<br>1 面屏+1 个保护 | 套 | 2 | |
| 28 | 电容器保护 微机型<br>1 面屏+1 个保护 | 套 | 2.3 | |
| 29 | 站用变保护 微机型<br>1 面屏+1 个保护 | 套 | 3 | |
| 30 | 保护及故障滤波信息管理子站 | 套 | 30 | |
| 31 | 故障滤波器 1000kV | 面 | 11 | |

续表

| 序号 | 设备名称 | 单位 | 2021年单价（万元、含税） | 备注 |
| --- | --- | --- | --- | --- |
| 32 | 故障录波器 | 面 | 10 | |
| 33 | 1000kV故障测距柜 | 面 | 15 | |
| 34 | 行波测距装置 | 套 | 12 | |
| 35 | 功角测量装置 | 套 | 25 | |
| 36 | 直流电源柜 | 面 | 3 | |
| 37 | 直流开关电源 50A 110V | 套 | 8 | |
| 38 | 直流开关电源 100A 110V | 套 | 12.5 | |
| 39 | 直流开关电源 200A 110V | 套 | 17 | |
| 40 | 免维护铅酸蓄电池300Ah 110V | 组 | 8 | |
| 41 | 免维护铅酸蓄电池500Ah 110V | 组 | 10 | |
| 42 | 免维护铅酸蓄电池800Ah 110V | 组 | 15 | |
| 43 | UPS及电源柜 7.5kVA | 套 | 7 | |
| （十一）系统通信 | | | | |
| 1 | 调度程控交换机 96门 | 台 | 30 | |
| 2 | 通信高频开关电源 48V 200A | 套 | 7 | |

续表

| 序号 | 设备名称 | 单位 | 2021年单价（万元、含税） | 备注 |
| --- | --- | --- | --- | --- |
| 3 | 免维护蓄电池48V 300Ah | 组 | 3 | |
| 4 | 免维护蓄电池48V 500Ah | 组 | 4 | |
| 5 | 免维护蓄电池48V 800Ah | 组 | 6 | |
| 6 | 500kV载波机 | 台 | 35 | |
| 7 | 220kV载波机 | 台 | 17 | |
| 8 | 阻波器500kV | 台 | 8 | |
| 9 | 阻波器220kV | 台 | 3 | |
| （十二）控制系统 | | | | |
| 1 | 变电站计算机监控系统1000kV | 套 | 700 | 2组主变压器 |
| 2 | 变电站计算机监控系统750kV | 套 | 275 | 1组主变压器 |
| 3 | 变电站计算机监控系统500kV | 套 | 275 | 2组主变压器 |
| 4 | 变电站计算机监控系统330kV | 套 | 200 | 2组主变压器 |
| 5 | 变电站计算机监控系统220kV | 套 | 150 | 2组主变压器 |
| 6 | 过程层交换机 | 台 | 2.5 | |

续表

| 序号 | 设备名称 | 单位 | 2021 年单价（万元、含税） | 备注 |
|---|---|---|---|---|
| 7 | 合并单元 | 个 | 2 | |
| 8 | 智能终端 | 个 | 2 | |
| 9 | 网络分析仪 | 套 | 15 | |
| 10 | 安全监视系统 | 套 | 40 | |
| 11 | 关口表 0.2s 级 | 块 | 2 | |
| 12 | 关口表 0.5s 级 | 块 | 1 | |
| 13 | GPS | 套 | 20 | |
| 14 | 远方电量采集装置 | 套 | 15 | |
| 15 | 调度数据网接入设备 | 套 | 20 | |
| （十三）消防系统 | | | | |
| 1 | 水喷雾灭火装置（含控制屏、三台雨淋阀和三台变压器喷头，不含管道） | 套 | 35 | |
| 2 | 火灾自动报警装置 | 套 | 20 | |

## （二十三）换流站主要设备参考价格表

| 序号 | 设备名称 | 单位 | 2021 年单价（万元、含税） | 备注 |
|---|---|---|---|---|
| （一）±800kV 换流站设备（8000MW） | | | | |
| 1 | 阀厅设备 | | | |
| | 换流阀及阀冷却系统 | | | |
| | 二重阀，额定电压：高端±800kV，低端±400kV；额定电流：5000A（含阀冷却系统设备） | 组 | 2750 | |
| | 阀厅金具 | 套 | 1400 | |
| 2 | 换流变压器系统 | | | |
| | 400kV 和 200kV 低端换流变压器 | 台 | 4000 | |
| | 800kV 和 600kV 高端换流变压器 | 台 | 7600 | |
| 3 | 交流配电装置 | | | |
| | 滤波器回路围栏内设备，额定容量：260Mvar | 组 | 1400 | |
| 4 | 直流配电装置 | | | |
| | 直流场设备（含直流套管、阻尼滤波器电抗器） | 套 | 29 000 | |

续表

| 序号 | 设备名称 | 单位 | 2021 年单价（万元、含税） | 备注 |
| --- | --- | --- | --- | --- |
| 4 | 直流场管母 | 套 | 600 | |
| | 直流场金具 | 套 | 900 | |
| | 平波电抗器（9 台）（4 高+4 低+1 备用线圈） | 套 | 8950 | |
| 5 | 控制及直流系统 | | | |
| | 直流控制保护系统 | 套 | 10 000 | |
| | 计算机控制系统 | 套 | 随主设备供货 | |
| （二）±500kV 换流站设备（3000MW） | | | | |
| 1 | 阀厅设备 | | | |
| | 悬吊双重阀 ±500kV 3000A | 套 | 11 500 | |
| | 电流互感器 直流 500kV | | | |
| | 直流分压器 直流 125kV | | | |
| | 换流变压器阀侧接地开关 220kV | | | |
| | 平波电抗器接地开关 直流 125kV | | | |

续表

| 序号 | 设备名称 | 单位 | 2021 年单价（万元、含税） | 备注 |
| --- | --- | --- | --- | --- |
| 1 | 避雷器直流 50kV | | | |
| | 水冷系统 | 套 | 700 | |
| | 除离子装置 6t/h *H*=60m 不锈钢 | | | |
| | 除离子循环泵 400t/h *H*=25m 不锈钢 | | | |
| | 喷淋水软化装置 60t/h 不锈钢 | | | |
| | 去离子水补充水泵 6.3t/h *H*=60m 不锈钢 | | | |
| | 不锈钢过滤器 | | | |
| | 不锈钢水罐、水箱 | | | |
| 2 | 换流变压器系统 | | | |
| | 500kV 单相三绕组换流变压器 299.1MW 带有载调压开关（总电源箱及端子箱厂家成套） | 台 | 3000 | |
| | 平波电抗器±500kV | 台 | 800 | 干抗 |

续表

| 序号 | 设备名称 | 单位 | 2021 年单价（万元、含税） | 备注 |
| --- | --- | --- | --- | --- |
| 3 | 直流配电装置 | | | |
| | 直流场设备 | 套 | 8500 | |
| 4 | 控制及直流系统 | | | |
| | 运行人员控制系统 | 套 | 3400 | |
| | 直流控制盘台 | 套 | | |
| | 交流控制和测量装置 | 套 | | |
| | 交流滤波器/电容器/电抗器/交流滤波器引线保护 | 套 | | |
| | 火灾报警系统 | 套 | 120 | |
| | 图像监视及安全监视对讲系统 | 套 | 200 | |
| | 噪声处理（Box-in） | 套 | 60 | |

# 二、变电工程限额设计控制指标技术条件

## （一）1000kV 变电站工程技术组合方案

1. 1000kV 变电站（2×3000MVA、GIS 组合电器）新建方案

| 序号 | 项目名称 | 1000kV 变电站工程技术条件 |
|---|---|---|
| 一、电气部分 | | |
| 1 | 主变压器 | 本期 2 组 3000MVA，最终 4 组 3000MVA |
| 2 | 出线回路数 | |
| 2.1 | 1000kV | 本期 4 回，最终 8 回架空出线 |
| 2.2 | 500kV | 本期 4 回，最终 10 回架空出线 |
| 3 | 无功补偿装置 | |
| 3.1 | 1000kV | 并联电抗器：本期 2 组 960Mvar，最终 5 组，线路高压电抗器，中性点装小电抗 |
| 3.2 | 110kV | 每组主变压器：<br>并联电容器：本期 2 组 210Mvar，最终 4 组；<br>并联电抗器：本期 1 组 240Mvar，最终 2 组 |

续表

| 序号 | 项目名称 | 1000kV 变电站工程技术条件 |
|---|---|---|
| 4 | 电气主接线 | |
| 4.1 | 1000kV | 一个半断路器接线。远期4变8线，组成6个完整串，4组主变压器直接进串；本期2变4线,组成2个完整串和2个不完整串，设10台断路器 |
| 4.2 | 500kV | 一个半断路器接线（带分段）。远期4变10线，组成7个完整串，4组主变压器直接进串；本期2变4线，组成2个完整串和2个不完整串，设10台断路器 |
| 4.3 | 110kV | 单母线双分支单元接线，装设2台总断路器 |
| 5 | 短路电流 | 1000、500、110kV分别为：63、63、40kA |
| 6 | 主要设备选择 | |
| 6.1 | 主变压器 | 单相自耦，无励磁调压 |
| 6.2 | 1000kV设备 | 户外GIS，出线避雷器MOA，电压互感器TV |
| 6.3 | 500kV设备 | 户外GIS，出线避雷器MOA，电压互感器TV |
| 6.4 | 110kV设备 | 无功补偿回路采用HGIS设备（负荷开关），总回路、站用电回路采用$SF_6$瓷柱式断路器；<br>电容器组采用框架式，电抗器采用干式空心型 |

续表

| 序号 | 项目名称 | 1000kV变电站工程技术条件 |
|---|---|---|
| 7 | 配电装置形式 | |
| 7.1 | 1000kV | 全架空出线，间隔宽度49m，户外GIS，母线按本期建设，出线设备AIS，主母线集中外置，断路器“一”字形布置 |
| 7.2 | 500kV | 全架空出线，间隔宽度26m，户外GIS设备，母线按本期建设，出线设备AIS，断路器“一”字形布置 |
| 7.3 | 110kV | 户外支持管母中型布置，无功补偿装置“一”字形布置 |
| 8 | 继电保护 | 1000、500kV每回线路和母线配置2套主保护。主变压器保护、高压并联电抗器保护按双重化配置，非电量保护单套配置。每台1000、500kV断路器均配置1套断路器保护，配置1套同步相量采集系统，按需要配置故障测距系统 |
| 9 | 调度自动化和计算机监控 | 配置1套一体化监控系统，保护、测控下放。调度数据网接入设备2套和相应的安全防护设备。GPS时钟系统1套。智能辅助控制系统1套 |
| 10 | 通信 | 系统通信采用光纤通信方式，具备3条光纤通信通道，配置3套SDH设备，电路按2.5G/10G考虑<br>站内通信配置1台48/96线调度程控交换机，2套通信电源，2组蓄电池，1套综合数据网设备，1套会议电视系统终端 |

续表

| 序号 | 项目名称 | 1000kV 变电站工程技术条件 |
|---|---|---|
| 11 | 直流系统 | 2 套 220V 直流系统，每套包括 3 套高频开关电源，2 组蓄电池。全站 2 套 UPS |
| 12 | 接地 | 铜 |
| 13 | 电缆 | 电力电缆（阻燃、铠装型）46.2km；<br>控制电缆（阻燃、铠装型）182km；<br>计算机电缆 7km |
| 14 | 站用电 | 本期 2 台 110kV 5000kVA 变压器，油浸式有励磁调压，屋外布置；<br>3 台 10kV 2500kVA 变压器，油浸式无励磁调压，屋外布置；<br>站外电源按 800 万计列 |
| 二、土建部分 | | |
| 1 | 基本技术数据 | |
| 1.1 | 地震基本烈度 | 7 度，按设计基本地震加速度值 0.10$g$ |
| 1.2 | 设计风速 | 30m/s |
| 1.3 | 地基承载力特征值 | $f_{ak}$=150kPa |
| 1.4 | 海拔 | 1000m 以下，场地同一标高 |
| 1.5 | 污秽等级 | 国标 d 级 |
| 1.6 | 采暖 | 非采暖区 |
| 1.7 | 地下水 | 无影响 |

续表

| 序号 | 项目名称 | 1000kV 变电站工程技术条件 |
|---|---|---|
| 2 | 总平面布置 | |
| 2.1 | 站区占地 | 围墙中心：长×宽=488m×245m；<br>占地：10.68hm$^2$ |
| 3 | 道路 | 采用公路型道路，有路牙，路面为沥青混凝土 |
| 3.1 | 站外道路 | 长度 1.67km，路面宽度 6.0m |
| 3.2 | 站内道路 | 13 219m$^2$ |
| 3.3 | 运主变压器道路 | 宽 5.5m |
| 3.4 | 巡视小道 | 宽 1.2m |
| 4 | 电缆沟 | 0.6m 以上电缆沟 1975m：过道路采用钢筋混凝土沟或埋设钢管，沟盖板采用成品沟盖板 |
| 5 | 建筑物 | 全站建筑面积：5085m$^2$，含主控通信楼 1 幢、1 号 1000kV 继电器小室、2 号 1000kV 继电器小室、1 号 500kV 继电器小室、2 号 500kV 继电器小室、1 号主变压器及 110kV 继电器小室、2 号主变压器及 110kV 继电器小室、站用电室、综合消防水泵房、备品备件库、警卫室各 1 幢、消防设备间 5 座、雨淋阀间 4 座 |
| 5.1 | 主控通信楼 | 建筑面积：2499m$^2$，建筑体积：10 495.8m$^3$ |

续表

| 序号 | 项目名称 | 1000kV 变电站工程技术条件 |
| --- | --- | --- |
| 5.1 | 结构 | 主控通信楼为四层建筑，采用钢筋混凝土框架结构 |
| | 基础 | 主控通信楼基础采用钢筋混凝土独立基础 |
| | 建筑装修 | 外工业级：外墙装饰采用一体化保温装饰板，门采用塑钢门、木门，窗采用铝合金窗，屋面防水等级Ⅰ级。地面采用地砖地面。内墙除卫生间为瓷砖外，均为乳胶漆涂料 |
| 5.2 | 1号1000kV继电器小室 | 建筑面积：181m$^2$，建筑体积：652m$^3$ |
| | 结构 | 单层采用钢筋混凝土框架结构 |
| | 基础 | 采用钢筋混凝土条形基础 |
| | 建筑装修 | 外工业级：外墙装饰采用优质面砖，门采用塑钢门，窗采用铝合金窗，屋面防水等级Ⅰ级。地面采用地砖地面。内墙为乳胶漆涂料 |
| 5.3 | 2号1000kV继电器小室 | 建筑面积：136m$^2$，建筑体积：490m$^3$ |
| | 结构 | 单层采用钢筋混凝土框架结构 |
| | 基础 | 采用钢筋混凝土条形基础 |
| | 建筑装修 | 外工业级：外墙装饰采用优质面砖，门采用塑钢门，窗采用铝合金窗，屋面防水等级Ⅰ级。地面采用地砖地面。内墙为乳胶漆涂料 |

续表

| 序号 | 项目名称 | 1000kV 变电站工程技术条件 |
|---|---|---|
| 5.4 | 1 号 500kV 继电器小室 | 建筑面积：129m$^2$，建筑体积：464m$^3$ |
| | 结构 | 单层采用钢筋混凝土框架结构 |
| | 基础 | 采用钢筋混凝土条形基础 |
| | 建筑装修 | 外工业级：外墙装饰采用优质面砖，门采用塑钢门，窗采用铝合金窗，屋面防水等级Ⅰ级。地面采用地砖地面。内墙为乳胶漆涂料 |
| 5.5 | 2 号 500kV 继电器小室 | 建筑面积：174m$^2$，建筑体积：626m$^3$ |
| | 结构 | 单层采用钢筋混凝土框架结构 |
| | 基础 | 采用钢筋混凝土条形基础 |
| | 建筑装修 | 外工业级：外墙装饰采用优质面砖，门采用塑钢门，窗采用铝合金窗，屋面防水等级Ⅰ级。地面采用地砖地面。内墙为乳胶漆涂料 |
| 5.6 | 1 号、2 号主变压器及 110kV 继电器小室 | 建筑面积：125m$^2$，建筑体积：450m$^3$ |
| | 结构 | 单层采用钢筋混凝土框架结构 |
| | 基础 | 采用钢筋混凝土条形基础 |

续表

| 序号 | 项目名称 | 1000kV 变电站工程技术条件 |
|---|---|---|
| 5.6 | 建筑装修 | 外工业级：外墙装饰采用优质面砖，门采用塑钢门，窗采用铝合金窗，屋面防水等级Ⅰ级。地面采用地砖地面。内墙为乳胶漆涂料 |
| 5.7 | 站用电室 | 建筑面积：211m$^2$，建筑体积：928m$^3$ |
| | 结构 | 单层采用钢筋混凝土框架结构 |
| | 基础 | 采用钢筋混凝土条形基础 |
| | 建筑装修 | 外工业级：外墙装饰采用优质面砖，门采用塑钢门，窗采用铝合金窗，屋面防水等级Ⅰ级。地面采用地砖地面。内墙为乳胶漆涂料 |
| 5.8 | 备品备件库 | 建筑面积：873m$^2$，建筑体积：12 396.6m$^3$ |
| | 结构 | 单层排架结构 |
| | 基础 | 柱下钢筋混凝土独立基础 |
| | 建筑装修 | 外工业级：外墙装饰采用一体化保温装饰板，门采用卷帘门，窗采用铝合金窗，屋面防水等级Ⅰ级，采用复合压型钢板屋面。地面采用环氧树脂砂浆地坪。内墙为乳胶漆涂料 |
| 5.9 | 综合水泵房 | 建筑面积：448.8m$^2$，建筑体积：2962.1m$^3$ |
| | 结构 | 单层采用钢筋混凝土框架结构，地下泵坑采用钢筋混凝土箱型结构 |

续表

| 序号 | 项目名称 | 1000kV 变电站工程技术条件 |
| --- | --- | --- |
| 5.9 | 基础 | 泵坑采用整板基础，独立框架柱采用钢筋混凝土条形基础 |
|  | 建筑装修 | 外工业级：外墙装饰采用优质面砖，门采用塑钢门，窗采用铝合金窗，屋面防水等级Ⅰ级。地面采用地砖地面。内墙为乳胶漆涂料 |
| 5.10 | 消防设备间 | 建筑面积：10m$^2$，建筑体积：25m$^3$ |
|  | 结构 | 单层型钢结构 |
|  | 基础 | 采用钢筋混凝土条形基础 |
|  | 建筑装修 | 外工业级：外墙装饰采用压型钢板，门采用铝合金门，屋面防水等级Ⅰ级。地面采用水泥地面。内墙为压型钢板 |
| 5.11 | 雨淋阀间 | 建筑面积：20.8m$^2$，建筑体积：83.2m$^3$ |
|  | 结构 | 单层型钢结构 |
|  | 基础 | 采用钢筋混凝土条形基础 |
|  | 建筑装修 | 外工业级：外墙装饰采用压型钢板，门采用铝合金门，屋面防水等级Ⅰ级。地面采用水泥地面。内墙为压型钢板 |
| 5.12 | 警卫室 | 建筑面积：50m$^2$，建筑体积：165m$^3$ |
|  | 结构 | 单层采用钢筋混凝土框架结构 |
|  | 基础 | 采用钢筋混凝土独立基础 |

续表

| 序号 | 项目名称 | 1000kV 变电站工程技术条件 |
| --- | --- | --- |
| 5.12 | 建筑装修 | 外工业级：外墙装饰采用一体化保温装饰板，门采用塑钢门，窗采用铝合金窗，屋面防水等级Ⅰ级。地面采用地砖地面。内墙为乳胶漆涂料 |
| 6 | 构筑物 | |
| 6.1 | 1000kV 构架 | 1000kV 构架采用钢管格构式结构，1000kV 出线构架为两组单跨和一组两跨构架（宽×高=51m×41m），1000kV 主变压器进线构架为两组单跨构架（宽×高=49m×41m）。<br>构架柱均采用自立式矩形变截面格构式钢柱，出线构架柱、主变压器进线构架柱根开为 3m×9m。构架梁亦采用矩形截面格构式钢梁，梁横断面为 3m×3m。格构式构架柱与格构式钢梁连接方式为刚接。钢柱和钢梁主材及腹杆均采用圆钢管，主材采用 Q345B 钢，腹杆采用 Q235B 钢，主材与腹杆的连接均采用螺栓连接。<br>构架柱主材采用 $\phi$480×12、$\phi$480×10，梁主材采用 $\phi$219×10 |
| 6.2 | 500kV 构架 | 500kV 配电装置构架包括 1 组 10 跨连续出线门型构架（宽×高=26.00m×24.00m），2 组单跨主变压器进线构架（宽×高=26.00m×24.00m）。500kV 构架采用 Q345B 钢管人字柱结构形式，钢管接头均采用法兰连接，构架钢管采用圆形直缝焊接钢管。构架梁采用三角形格构式，主材为钢管，斜材为角钢。人字柱主材采用 $\phi$480×8，根开 6.50m，梁主材采用 $\phi$180×8 |

续表

| 序号 | 项目名称 | 1000kV 变电站工程技术条件 |
|---|---|---|
| 6.3 | 主变压器构架 | 主变压器构架包括 2 组 3 跨连续门型构架（宽×高=22.50m×32.00m）。<br>主变压器构架采用 Q345B 钢管人字柱结构形式，钢管接头均采用法兰连接，构架钢管采用圆形直缝焊接钢管。构架梁采用钢管，法兰连接 |
| 6.4 | 设备支架 | 1000kV 设备支架采用自立式矩形变截面钢管格构柱，设备支架柱底部截面尺寸为 1.2m×1.2m，上部截面尺寸为 0.8m×0.8m。支架主材及腹杆均采用圆钢管，材质采用 Q235B 钢。上部设备通过螺栓与设备支架连接。500kV 及 110kV 设备支架采用圆形钢管结构 |
| 6.5 | 1000kV 及 500kV GIS 基础 | 1000kV 及 500kV GIS 设备基础采用梁板式筏板基础 |
| 6.6 | 主变压器、1000kV 并联电抗器基础及防火墙 | 主变压器、1000kV 并联电抗器基础采用钢筋混凝土整板式基础。<br>主变压器、1000kV 并联电抗器防火墙采用钢筋混凝土框架填充墙或现浇钢筋混凝土板墙结构<br>主变设置运输轨道及检修厂房，检修厂房仅施工基础 |
| 6.7 | 事故油池、废水池、污水调节池 | 钢筋混凝土箱型结构 |

续表

| 序号 | 项目名称 | 1000kV变电站工程技术条件 |
| --- | --- | --- |
| 三、给、排水 | | |
| 1 | 给水 | 通过站内或站外水源把水引至站区生活给水管网。站区供水采用独立的给水系统。设半地下式水泵房一座。给水系统设置互相独立的生活水系统、生产水系统、消防水系统、喷淋降温及设备冲洗水系统，其加压水泵均设置在综合水泵房内 |
| 2 | 排水 | 根据国家规范以及环保部门的要求，站内设置一套生活污水处理回用设备，处理后的水质达到绿化用水标准。<br>站内设置主变压器、1000kV并联电抗器的事故排油管道及事故油水分离池，分离后的废水接入排水管网，分离的油贮存在油池中，用专用车辆运至指定地点。<br>站内雨水按照集中排水设计，排至站外 |
| 3 | 水池 | 2308$m^3$消防水池；966$m^3$主变压器事故油池 |
| 四、采暖、通风 | | |
| 1 | 采暖 | 各建筑物不考虑采暖 |
| 2 | 通风 | 主控通信楼内通信机通信电源室设置事故排风，采用自然进风、墙上设置防爆轴流风机机械排风的通风方式。备餐间采用自然进风、墙上设置轴流风机排风的通风系统。男厕和女厕采用自然进风、天花板管道换气扇机械排风的通风方式。 |

续表

| 序号 | 项目名称 | 1000kV 变电站工程技术条件 |
|---|---|---|
| 2 | 通风 | 站用电室设有事故排风，事故排风兼做平时通风用。通风系统采用自然进风、墙上设置轴流风机机械排风的通风方式。通风系统与消防报警系统联锁，发生火灾时，自动切断通风系统各风机的电源。<br>蓄电池室设置兼做平时通风用的事故排风。蓄电池室采用自然进风、墙上设置防腐防爆轴流风机机械排风的通风系统。通风机与电机均为防爆型，并直接连接 |
| 3 | 空调 | 主控通信楼采用多联机空调系统；夏季用于降温。其他建筑物设置风冷分体空调 |
| 五、消防 | | |
| 1 | 主变消防 | 主变压器及 1000kV 并联电抗器采用水喷雾灭火系统 |
| 2 | 建筑消防 | 建筑内配移动化学灭火、主控通信楼、备品备件库需设置室内及室外消火栓 |
| 3 | 户外消防 | 户外场地设消火栓系统 |

**注** 地基处理费用 3000 万元，大件运输措施费用 1800 万元。

2. 1000kV 变电站扩建主变压器（1×3000MVA、GIS 组合电器）模块

| 序号 | 项目名称 | 1000kV 变电站工程技术条件 |
|---|---|---|
| 1 | 规模 | 1 组 3000MVA 主变压器，110kV 并联电容器 2 组 210Mvar，110kV 并联电抗器 1 组 240Mvar |

续表

| 序号 | 项目名称 | 1000kV 变电站工程技术条件 |
| --- | --- | --- |
| 2 | 接线 | 1000kV 本期 1 组主变压器进串，本期增加 1 台断路器；<br>500kV 本期 1 组主变压器进串，本期增加 1 台断路器；<br>110kV 单母线双分支单元接线，装设 3 台总断路器 |
| 3 | 短路电流水平 | 40kA |
| 4 | 主要设备型式 | 主变压器采用单相自耦，无励磁调压；<br>1000kV 与 500kV 采用户外 GIS，出线避雷器 MOA，电压互感器；<br>110kV 无功补偿回路采用 HGIS 设备（负荷开关），总回路、站用电回路采用 $SF_6$ 瓷柱式断路器；<br>电容器组采用框架式，电抗器采用干式空心型 |
| 5 | 配电装置型式 | 户外支持管母中型布置，无功补偿装置“一”字形布置 |
| 6 | 监控装置 | 本模块涉及的监控 I/O 单元、二次公用设备、计量设备等列入模块概算 |
| 7 | 电能计量 | 模块内本期计量设备列入本模块概算 |
| 8 | 继电保护 | 主变压器保护按双重化配置，非电量保护单套配置。每台 1000、500kV 断路器均配置 1 套断路器保护 |

续表

| 序号 | 项目名称 | 1000kV 变电站工程技术条件 |
| --- | --- | --- |
| 9 | 接地 | 铜 |
| 10 | 电缆 | 电力电缆（阻燃、铠装型）6km;<br>控制电缆（阻燃、铠装型）45km |
| 11 | 土建设施 | 本期主变压器构架、主变压器基础，本期设备支架新增，模块内电缆沟、地坪列入本模块概算 |
| 12 | 消防 | 主变压器消防采用水喷雾灭火系统 |
| 13 | 其他 | 电缆管沟、照明、检修设备列入本模块概算 |

注 大件运输措施费用 500 万元。

3. 1000kV 变电站扩建 1 回出线（2 台 GIS 组合电器）模块

| 序号 | 项目名称 | 1000kV 变电站工程技术条件 |
| --- | --- | --- |
| 1 | 规模 | 1 回 1000kV 出线，安装 2 台断路器、3 相电压互感器和避雷器 |
| 2 | 接线 | 一个半断路器接线，上 2 台断路器 |
| 3 | 短路电流水平 | 63kA |
| 4 | 主要设备型式 | 户外 GIS，出线避雷器 MOA，电压互感器 |
| 5 | 配电装置型式 | 全架空出线，间隔宽度 49m，户外 GIS，母线按本期建设，出线设备 AIS，主母线集中外置，断路器“一”字形布置 |

续表

| 序号 | 项目名称 | 1000kV 变电站工程技术条件 |
| --- | --- | --- |
| 6 | 监控装置 | 本模块涉及的监控 I/O 单元、二次公用设备、计量设备等列入模块概算 |
| 7 | 电能计量 | 模块内本期计量设备列入本模块概算 |
| 8 | 继电保护 | 1000 每回线路配置 2 套主保护。每台 1000 断路器均配置 1 套断路器保护 |
| 9 | 接地 | 铜 |
| 10 | 电缆 | 电力电缆（阻燃、铠装型）4km；<br>控制电缆（阻燃、铠装型）12km |
| 11 | 土建设施 | 本期 1000kV 侧设备支架，模块内电缆沟、地坪列入本模块概算 |
| 12 | 其他 | 电缆管沟、照明、检修设备列入本模块概算 |

4. 1000kV 变电站扩建 1 回出线（1 台 GIS 组合电器）模块

| 序号 | 项目名称 | 1000kV 变电站工程技术条件 |
| --- | --- | --- |
| 1 | 规模 | 1 回 1000kV 出线，安装 1 台断路器、3 相电压互感器和避雷器 |
| 2 | 接线 | 一个半断路器接线，上 1 台断路器 |

续表

| 序号 | 项目名称 | 1000kV 变电站工程技术条件 |
| --- | --- | --- |
| 3 | 短路电流水平 | 63kA |
| 4 | 主要设备型式 | 户外 GIS，出线避雷器 MOA，电压互感器 |
| 5 | 配电装置型式 | 全架空出线，间隔宽度 49m，户外 GIS，母线按本期建设，出线设备 AIS，主母线集中外置，断路器“一”字形布置 |
| 6 | 监控装置 | 本模块涉及的主变压器3侧监控I/O单元、二次公用设备、计量设备等列入模块概算 |
| 7 | 电能计量 | 模块内本期计量设备列入本模块概算 |
| 8 | 继电保护 | 1000kV 每回线路配置 2 套主保护。每台 1000kV 断路器均配置 1 套断路器保护 |
| 9 | 接地 | 铜 |
| 10 | 电缆 | 电力电缆（阻燃、铠装型）3km;<br>控制电缆（阻燃、铠装型）7km |
| 11 | 土建设施 | 本期 1000kV 侧设备支架，模块内电缆沟、地坪列入本模块概算 |
| 12 | 其他 | 电缆管沟、照明、检修设备列入本模块概算 |

5. 1000kV 变电站扩建线路高压电抗器（1×720Mvar）模块

| 序号 | 项目名称 | 1000kV 变电站工程技术条件 |
|---|---|---|
| 1 | 规模 | 1 组 1000kV 并联电抗器 720Mvar，1 台中性点电抗器，1 相中性点避雷器 |
| 2 | 监控装置 | 本模块涉及的监控 I/O 单元、二次公用设备、计量设备等列入模块概算 |
| 3 | 电能计量 | 模块内本期计量设备列入本模块概算 |
| 4 | 继电保护 | 高压电抗器保护按双重化配置，非电量保护单套配置 |
| 5 | 接地 | 铜 |
| 6 | 电缆 | 电力电缆（阻燃、铠装型）0.5km；<br>控制电缆（阻燃、铠装型）3km |
| 7 | 土建设施 | 本期高压电抗器设备基础前期建成，本期设备支架、基础新增，模块内电缆沟、地坪列入本模块概算 |
| 8 | 其他 | 电缆管沟、照明、检修设备列入本模块概算 |

注　大件运输措施费用 100 万元。

6. 扩建 110kV 电抗器（1×240Mvar）模块

| 序号 | 项目名称 | 1000kV 变电站工程技术条件 |
| --- | --- | --- |
| 1 | 规模 | 1 组 110kV 240Mvar 并联电抗器，安装 1 台断路器、1 组隔离开关、3 相电流互感器、6 台并联电抗器、3 相避雷器 |
| 2 | 接线 | 单母线接线 |
| 3 | 短路电流水平 | 40kA |
| 4 | 主要设备型式 | AIS 设备，电抗器采用干式空心型 |
| 5 | 配电装置型式 | 户外支持管母中型布置，无功补偿装置“一”字形布置 |
| 6 | 监控装置 | 本模块涉及的监控 I/O 单元、二次公用设备、计量设备等列入模块概算 |
| 7 | 电能计量 | 模块内本期计量设备列入本模块概算 |
| 8 | 继电保护 | 模块内无功保护列入本模块概算 |
| 9 | 接地 | 铜 |
| 10 | 电缆 | 电力电缆（阻燃、铠装型）1km；<br>控制电缆（阻燃、铠装型）3km |
| 11 | 土建设施 | 本期设备支架、基础，模块内电缆沟、地坪列入本模块概算 |
| 12 | 其他 | 电缆管沟列入本模块概算 |

7. 扩建 110kV 电容器（1×210Mvar）模块

| 序号 | 项目名称 | 1000kV 变电站工程技术条件 |
| --- | --- | --- |
| 1 | 规模 | 1 组 110kV 210Mvar 并联电容器组，安装 1 台断路器、1 组隔离开关、3 相电流互感器、1 套并联电容器装置、3 台串联电抗器、3 相避雷器 |
| 2 | 接线 | 单母线接线 |
| 3 | 短路电流水平 | 40kA |
| 4 | 主要设备型式 | AIS 设备，电容器组采用框架式 |
| 5 | 配电装置型式 | 户外支持管母中型布置，无功补偿装置“一”字形布置 |
| 6 | 监控装置 | 本模块涉及的监控 I/O 单元、二次公用设备、计量设备等列入模块概算 |
| 7 | 电能计量 | 模块内本期计量设备列入本模块概算 |
| 8 | 继电保护 | 模块内无功保护列入本模块概算 |
| 9 | 接地 | 铜 |
| 10 | 电缆 | 电力电缆（阻燃、铠装型）1km；<br>控制电缆（阻燃、铠装型）3km |
| 11 | 土建设施 | 本期设备支架、基础，模块内电缆沟、地坪列入本模块概算 |
| 12 | 其他 | 电缆管沟列入本模块概算 |

## （二）750kV 变电站工程技术组合方案

1. 750kV 变电站（1×1500MVA、750kV 罐式断路器、220kV 柱式断路器）新建方案

| 序号 | 项目名称 | 750kV 变电站工程技术条件 |
| --- | --- | --- |
| 一、电气部分 | | |
| 1 | 主变压器 | 本期 1 组 1500MVA，最终 3 组 1500MVA |
| 2 | 无功补偿装置 | 750kV 高压并联电抗器，本期 2×300Mvar，最终 4×300Mvar。<br>66kV 并联电抗器，本期 1×（4×90）Mvar，最终 3×（4×90）Mvar。<br>66kV 并联电容器，本期不上，最终 3×（4×90）Mvar |
| 3 | 出线回路数和出线方向 | 750kV 本期 4 回，最终 8 回，两个方向出线。<br>220kV 本期 8 回，最终 16 回。一个方向出线 |
| 4 | 电气主接线 | 750kV 一个半断路器接线，远期 6 串，3 台主变压器进串。<br>本期 1 个完整串和 4 个不完整串，设 9 台断路器。<br>220kV 远期双母线双分段接线，本期双母线接线，设 10 台断路器。<br>66kV 单母线接线，装设总断路器。66kV 站用工作变压器远景 2 台，本期 1 台。设 1 台 35kV 专用备用变压器 |

续表

| 序号 | 项目名称 | 750kV 变电站工程技术条件 |
| --- | --- | --- |
| 5 | 短路电流 | 750、220、63kV 短路电流水平分别为 63、63、50kA |
| 6 | 主要设备选型 | 主变压器采用三相自耦无励磁调压变压器，强油风冷。<br>750kV 采用户外敞开式，220kV 采用户外敞开式、66kV 采用户外敞开式。<br>66kV 电容器采用框架式、电抗器采用干式 |
| 7 | 配电装置 | 750kV 采用屋外软母线中型断路器三列式布置，1 台主变压器斜拉进第 1 串，1 台主变压器从 I 母外侧低架进入第二串，1 台主变压器从 Ⅱ 母外侧低架进入第三串；750kV 出线采用高架横穿和顺串出线，2 个方向出线。<br>220kV 采用户外中型悬吊管母断路器单列式布置，1 个方向出线。<br>66kV 采用户外中型支持管母布置 |
| 8 | 继电保护 | 每回 750、220kV 线路和每段 750、220kV 母线均配置 2 套主保护。主变压器、高压电抗器主保护按双重化配置，非电量保护单套配置（集成于本体智能终端）。每台 750、220kV 断路器配置 2 套断路器保护装置等。750、220kV 及主变压器采用保护、测控独立装置，66kV 采用保护、测控合一装置。互感器采用常规互感器配置，智能终端就地布置在智能控制柜中，配置 1 套同步相量采集系统，按需要配置故障测距系统 |

续表

| 序号 | 项目名称 | 750kV 变电站工程技术条件 |
| --- | --- | --- |
| 9 | 调度自动化和计算机监控 | 全站配置1套计算机监控系统。750、220kV过程层网络采用星形双网结构，均设置独立的GOOSE网络。66kV不设置GOOSE网络，GOOSE报文采用点对点方式传输。配置2套调度数据网接入设备和相应的安全防护设备。电能计量系统1套。GPS时钟系统1套。火灾探测及报警系统1套。安全警卫及图像监视系统1套等 |
| 10 | 通信 | 系统通信采用光纤通信方式，宜具备3条光纤通信通道，配置2套（或3套）SDH设备，电路按2.5G/10G考虑<br>站内通信配置1台48/96线调度程控交换机，2套通信电源，2组蓄电池，1套综合数据网设备 |
| 11 | 直流系统 | 直流系统采用220V，采用高频开关电源和阀控铅酸蓄电池，1套主机冗余UPS电源系统 |
| 12 | 接地 | 热镀锌扁钢 |
| 13 | 电缆 | 电力电缆（阻燃、铠装型）81.5km；<br>控制电缆（阻燃、铠装型）190km、光缆70km |
| 14 | 站用电 | 站用工作变压器采用有载调压，户外油浸式。站用备用变压器采用无励磁调压，户外油浸式。站用工作变压器和备用变压器容量均为1250kVA。<br>站外备用电源35kV架空线10km、电缆300m |

续表

| 序号 | 项目名称 | 750kV 变电站工程技术条件 |
| --- | --- | --- |
| 二、土建部分 | | |
| 1 | 基本数据 | 地震基本烈度 7 度；基本风压：0.6kN/m$^2$，站址①层角砾厚度为 0.5～1.5m，有腐蚀性和溶陷性，溶陷等级为Ⅰ级，下伏第三系砾岩、砂岩和泥岩，采用天然地基 |
| 2 | 总布置 | 总征地面积 16.9hm$^2$，围墙内占地面积 12.98hm$^2$，站外道路 2km，土石方工程量 100 000m$^3$，挡土墙和护坡 10 000m$^3$，电缆沟道 2650m，站内道路面积 16 665m$^2$ |
| 3 | 建筑物 | 主控通信楼、3 个继电器小室、站用电室、车库、警传室、泡沫消防间等总建筑面积 1789m$^2$，采用钢筋混凝土框架结构，外装修采用涂料或面砖、铝合金门窗或塑钢窗 |
| 4 | 构筑物 | 750、220kV 构架按最终规模一次建设，主变压器构架 1 组，设备支架按本期规模建设，均采用钢管结构（750kV 构架采用钢管格构柱和格构梁），主变压器防火墙采用框架填充墙结构 |
| 5 | 给排水 | 站内打井或外引自来水水源，满足站内生活用水需要；<br>场地设雨水井及排水管，自流或机械排水，事故油经事故油池分离后排至场地下水道，生活污水达标排放 |
| 6 | 采暖通风 | 采暖区采用电暖气；<br>主控通信楼、继电器室装设分体空调 |

续表

| 序号 | 项目名称 | 750kV 变电站工程技术条件 |
|---|---|---|
| 7 | 消防 | 主控通信楼、辅助厂房及主变压器设火灾探测报警系统；<br>全站室内外均配置移动式化学灭火器材；<br>主变压器消防采用水喷雾灭火系统，站内设置消火栓系统 |

注　地基处理费用 2000 万元。

2. 750kV 变电站扩建主变压器（1×1500MVA、750kV 罐式断路器、220kV 柱式断路器）模块

| 序号 | 项目名称 | 750kV 变电站工程技术条件 |
|---|---|---|
| 一、电气部分 | | |
| 1 | 主变压器 | 本期 1 组 1500MVA |
| 2 | 无功补偿装置 | 66kV 并联电抗器 2 组 90Mvar。<br>66kV 并联电容器 2 组 90Mvar |
| 3 | 电气主接线 | 750kV 本期 1 组主变压器进串，本期增加 1 台断路器。<br>220kV 双母线接线，本期增加 1 台断路器。<br>66kV 单母线接线，装设总断路器 |
| 4 | 短路电流 | 750、220、66kV 短路电流水平分别为 63、63、50kA |
| 5 | 主要设备选型 | 主变压器采用单相自耦无励磁调压变压器。<br>750kV 采用罐式断路器，220、66kV 采用瓷柱式断路器。<br>66kV 电容器采用框架式、电抗器采用干式 |

续表

| 序号 | 项目名称 | 750kV 变电站工程技术条件 |
| --- | --- | --- |
| 6 | 配电装置 | 750kV 屋外悬挂软母线中型布置。<br>220kV 屋外悬吊管母中型布置。<br>66kV 屋外支持管母 |
| 7 | 继电保护 | 主变压器主保护按双重化配置，非电量保护单套配置（集成于本体智能终端）；每台750kV 断路器配置 2 套断路器保护等。66kV母线、站用变压器和无功设备保护单套配置。根据需要新增故障录波采集屏 |
| 8 | 调度自动化和计算机监控 | 增加测控单元。火灾探测及报警系统扩容。增加视频摄像头、增加电计量表计、新增一次设备在线监测信息接入现有后台 |
| 9 | 接地 | 热镀锌扁钢 |
| 10 | 电缆 | 电力电缆（阻燃、铠装型）22.7km；<br>控制电缆（阻燃、铠装型）50km；<br>光缆 5km |
| 11 | 站用电 | 1 台 1250kVA 工作变压器，油浸式有励磁调压，屋外布置 |
| 二、土建部分 | | |
| 1 | 土建 | 本工程在围墙内预留位置扩建，不新征地。扩建主变压器构架和基础、低压无功基础、各级电压设备支架、电缆沟和道路等 |
| 2 | 消防 | 主变压器消防采用水喷雾灭火系统 |

3. 750kV 变电站扩建 1 回出线（2 台罐式断路器）模块

| 序号 | 项目名称 | 750kV 变电站工程技术条件 |
| --- | --- | --- |
| 一、电气部分 | | |
| 1 | 出线回路数 | 750kV 本期 1 回出线，不带高压并联电抗器 |
| 2 | 电气主接线 | 750kV 一个半断路器接线，本期扩建 1 个不完整串，上 2 台断路器 |
| 3 | 短路电流 | 750 短路电流水平分别为 63kA |
| 4 | 主要设备选型 | 750kV 采用户外敞开式，罐式断路器 |
| 5 | 配电装置 | 750kV 采用屋外软母线，断路器三列式布置 |
| 6 | 继电保护 | 750kV 线路配置 2 套主保护，每台 750kV 断路器配置 2 套断路器保护 |
| 7 | 调度自动化和计算机监控 | 增加测控单元，增加计量表计 |
| 8 | 接地 | 热镀锌扁钢 |
| 9 | 电缆 | 电力电缆（阻燃、铠装型）5.5km；<br>控制电缆（阻燃、铠装型）20km；<br>光缆 2km |
| 二、土建部分 | | |
| 1 | 土建 | 本工程在围墙内预留位置扩建，不新征地；扩建 750kV 设备支架、电缆沟 |

4. 750kV 变电站扩建 1 回出线（1 台罐式断路器）模块

| 序号 | 项目名称 | 750kV 变电站工程技术条件 |
| --- | --- | --- |
| 一、电气部分 | | |
| 1 | 出线回路数 | 750kV 本期出线 1 回，不带高压并联电抗器 |
| 2 | 电气主接线 | 750kV 一个半断路器接线，本期将 1 个不完整串扩建为完整串，上 1 台断路器 |
| 3 | 短路电流 | 750 短路电流水平分别为 63kA |
| 4 | 主要设备选型 | 750kV 采用户外敞开式，罐式断路器 |
| 5 | 配电装置 | 750kV 采用屋外软母线，断路器三列式布置 |
| 6 | 继电保护 | 750kV 线路配置 2 套主保护，每台 750kV 断路器配置 2 套断路器保护 |
| 7 | 调度自动化和计算机监控 | 增加测控单元，增加计量表计 |
| 8 | 接地 | 热镀锌扁钢 |
| 9 | 电缆 | 电力电缆（阻燃、铠装型）3.3km;<br>控制电缆（非阻燃、铠装型）10km;<br>光缆 1km |
| 二、土建部分 | | |
| 1 | 土建 | 本工程在围墙内预留位置扩建，不新征地；扩建 750kV 设备支架、电缆沟 |

5. 750kV 变电站（1×2100MVA、750kV GIS、330kV GIS 组合电器）新建方案

| 序号 | 项目名称 | 750kV 变电站工程技术条件 |
|---|---|---|
| 一、电气部分 | | |
| 1 | 主变压器 | 本期 1 组 2100MVA，最终 3 组 2100MVA |
| 2 | 无功补偿装置 | 750kV 高压并联电抗器，本期 2×300Mvar，最终 4×300Mvar。<br>66kV 并联电抗器，本期 2 组 90Mvar，最终 12 组 90Mvar。<br>66kV 并联电容器，本期 2 组 90Mvar，最终 12 组 90Mvar |
| 3 | 出线回路数和出线方向 | 750kV 本期 4 回，最终 9 回，一个方向出线。<br>330kV 本期 8 回，最终 17 回。一个方向出线 |
| 4 | 电气主接线 | 750kV 一个半断路器接线，远期 6 个完整串，3 组主变压器进串。本期 2 个完整串和 1 个不完整串，设 8 台断路器。<br>330kV 远期一个半断路器双分段接线，远期 10 个完整串，3 组主变压器进串。本期一个半断路器接线，本期 2 个完整串和 5 个不完整串，设 16 台断路器。<br>66kV 单母线接线，装设总断路器。66kV 站用工作变压器远景 2 台，本期 1 台。设 1 台 35kV 专用站用备用变压器 |

续表

| 序号 | 项目名称 | 750kV 变电站工程技术条件 |
|---|---|---|
| 5 | 短路电流 | 750、330、66kV 短路电流水平分别为 63、63、50kA |
| 6 | 主要设备选型 | 主变压器采用单相自耦无励磁调压变压器，强油风冷。<br>750kV 采用户外 GIS。330kV 采用户外 GIS。66kV 采用户外敞开式。<br>66kV 电容器采用框架式、电抗器采用干式空心型 |
| 7 | 配电装置 | 750kV 户外 GIS，主变压器架空进线，进出线避雷器及电压互感器采用独立式。<br>330kV 户外 GIS，主变压器架空进线，进出线避雷器及电压互感器采用独立式。<br>66kV 屋外敞开式配电装置，支持式管型母线 |
| 8 | 继电保护 | 每回 750、330kV 线路和每段 750、330kV 母线均配置 2 套主保护。主变压器、高压电抗器保护按双重化配置，非电量保护单套配置（集成于本体智能终端）。每台 750、330kV 断路器配置 2 套断路器保护装置等。750、330kV 及主变压器采用保护、测控独立装置，66kV 采用保护、测控一体化装置。互感器采用常规互感器配置，智能终端就地布置在智能控制柜中，配置 1 套同步相量采集系统，按需要配置故障测距系统 |

续表

| 序号 | 项目名称 | 750kV 变电站工程技术条件 |
| --- | --- | --- |
| 9 | 调度自动化和计算机监控 | 全站配置1套计算机监控系统。750、330kV过程层网络采用星形双网结构，均设置独立的GOOSE网络。66kV不设置GOOSE网络，GOOSE报文采用点对点方式传输。配置2套调度数据网接入设备和相应的安全防护设备。电能计量系统1套。GPS时钟系统1套。火灾探测及报警系统1套。安全警卫及图像监视系统1套等 |
| 10 | 通信 | 系统通信采用光纤通信方式，宜具备3条光纤通信通道，配置2套（或3套）SDH设备，电路按2.5G/10G考虑；<br>站内通信配置1台48/96线调度程控交换机，2套通信电源，2组蓄电池，1套综合数据网设备 |
| 11 | 直流系统 | 直流系统采用220V。<br>采用高频开关电源和阀控铅酸蓄电池，1套主机冗余UPS电源系统 |
| 12 | 接地 | 热镀锌扁钢 |
| 13 | 电缆 | 电力电缆（阻燃、铠装型）46.85km；<br>控制电缆（阻燃、铠装型）160km、光缆50km |
| 14 | 站用电 | 站用工作变压器采用有载调压，户外油浸式。站用备用变压器采用无励磁调压，户外油浸式。站用工作变压器和备用变压器容量均为1600kVA。<br>站外备用电源35kV架空线10km、电缆300m |

续表

| 序号 | 项目名称 | 750kV 变电站工程技术条件 |
| --- | --- | --- |
| 二、土建部分 | | |
| 1 | 基本数据 | 海拔 2000m，地震基本烈度 7 度；<br>基本风压：0.35kN/m$^2$；<br>场地为Ⅱ～Ⅲ自重湿陷性黄土，湿陷土层厚度 9～14m。<br>采用沉管夯扩灌注桩 |
| 2 | 总布置 | 总征地面积 10.52hm$^2$，围墙内占地面积 8.86hm$^2$，站外道路 2km，土石方工程量 120 000m$^3$，挡土墙和护坡 6500m$^3$，电缆沟道 2420m，站内道路面积 7500m$^2$ |
| 3 | 建筑物 | 主控通信室、750kV 继电器室、330kV 继电器室、主变压器及 66kV 继电器室、站用电室及 35kV 开关柜室、蓄电池室、综合水泵房、雨淋阀间、消防小间、警卫室等，总建筑面积 1800m$^2$，采用钢筋混凝土框架结构，外装修采用涂料或面砖、铝合金门窗或塑钢窗 |
| 4 | 构筑物 | 750kV、主变压器构架按本期规模建设，330kV 构架按远期规模一次建成，主变压器构架 1 组，750kV GIS 大板基础一次性建成；分支母线基础、设备支架按本期规模建设，均采用钢管结构（750kV 构架采用钢管格构柱和格构梁），主变压器防火墙采用框架填充墙结构 |

续表

| 序号 | 项目名称 | 750kV 变电站工程技术条件 |
| --- | --- | --- |
| 5 | 给排水 | 站内打井或外引自来水水源，满足站内生活用水需要；<br>场地设雨水井及排水管，自流或机械排水，事故油经事故油池分离后排至场地下水道，生活污水达标排放 |
| 6 | 采暖通风 | 采暖区采用电暖气；<br>主控通信楼、继电器室装设分体空调 |
| 7 | 消防 | 主控通信楼、辅助厂房及主变压器设火灾探测报警系统；<br>全站室内外均配置移动式化学灭火器材；<br>主变压器消防采用水喷雾灭火系统，站内设置消火栓系统 |

**注**　地基处理费用 2000 万元。

6. 750kV 变电站扩建主变压器（1×2100MVA、750kV GIS、330kV GIS 组合电器）模块

| 序号 | 项目名称 | 750kV 变电站工程技术条件 |
| --- | --- | --- |
| 一、电气部分 | | |
| 1 | 主变压器 | 本期 1 组 2100MVA |
| 2 | 无功补偿装置 | 66kV 并联电抗器，本期 2 组 90Mvar；<br>66kV 并联电容器，本期 2 组 90Mvar |

续表

| 序号 | 项目名称 | 750kV 变电站工程技术条件 |
|---|---|---|
| 3 | 电气<br>主接线 | 750kV 一个半断路器接线。本期上 1 台断路器。<br>330kV 一个半断路器接线。本期上 1 台断路器。<br>66kV 单母线接线，装设 1 台总断路器 |
| 4 | 短路电流 | 750、330、66kV 短路电流水平分别为 63、63、50kA |
| 5 | 主要设备<br>选型 | 主变压器采用三相自耦无励磁调压变压器，强油风冷。<br>750kV 采用户外 GIS、330kV 采用户外 GIS、66kV 采用户内敞开式。<br>66kV 电容器采用框架式、电抗器采用干式 |
| 6 | 配电装置 | 750kV 屋外 GIS 组合电器单列布置。<br>330kV 屋外 GIS 组合电器单列布置，主变压器进串。<br>66kV 屋外敞开式布置 |
| 7 | 继电保护 | 主变压器保护按双重化配置，非电量保护单套配置（集成于本体智能终端）；每台 750kV 断路器配置 2 套断路器保护等。35kV 母线、站用变和无功设备保护单套配置。根据需要配置故障录波采集屏 |
| 8 | 调度自动化和计算机监控 | 增加测控单元。火灾探测及报警系统扩容。增加视频摄像头、增加电计量表计、新增一次设备在线监测信息接入现有后台 |

续表

| 序号 | 项目名称 | 750kV 变电站工程技术条件 |
| --- | --- | --- |
| 9 | 接地 | 热镀锌扁钢 |
| 10 | 电缆 | 电力电缆（阻燃、铠装型）22.3km；<br>控制电缆（阻燃、铠装型）50km；<br>光缆 5km |
| 11 | 站用电 | 本期新增 1 台 1600kVA 站用工作变压器，采用户外有载调压油浸式 |
| 二、土建部分 | | |
| 1 | 土建 | 本工程在围墙内预留位置扩建，不新征地；扩建主变压器构架及基础、低压无功基础、各级电压设备支架，电缆沟和道路 |
| 2 | 消防 | 主变压器消防采用水喷雾灭火系统 |

7. 750kV 变电站扩建 1 回出线（2 台 GIS 组合电器）模块

| 序号 | 项目名称 | 750kV 变电站工程技术条件 |
| --- | --- | --- |
| 一、电气部分 | | |
| 1 | 出线回路数 | 750kV 本期 1 回出线，不带高压并联电抗器 |
| 2 | 电气主接线 | 750kV 一个半断路器接线，本期扩建 1 个不完整串，上 2 台断路器 |
| 3 | 短路电流 | 750kV 短路电流水平分别为 50kA |

续表

| 序号 | 项目名称 | 750kV变电站工程技术条件 |
|---|---|---|
| 4 | 主要设备选型 | 750kV采用户外GIS |
| 5 | 配电装置 | 750kV户外GIS组合电器单列布置 |
| 6 | 继电保护 | 750kV线路配置2套主保护，每台750kV断路器配置2套断路器保护 |
| 7 | 调度自动化和计算机监控 | 增加测控单元，增加计量表计 |
| 8 | 接地 | 热镀锌扁钢 |
| 9 | 电缆 | 电力电缆（阻燃、铠装型）4km；<br>控制电缆（阻燃、铠装型）12km；<br>光缆5km |
| 二、土建部分 | | |
| 1 | 土建 | 本工程在围墙内预留位置扩建，不新征地；扩建750kV设备支架、电缆沟 |

8. 750kV变电站扩建1回出线（1台GIS组合电器）模块

| 序号 | 项目名称 | 750kV变电站工程技术条件 |
|---|---|---|
| 一、电气部分 | | |
| 1 | 出线回路数 | 750kV本期1回出线，不带高压并联电抗器 |
| 2 | 电气主接线 | 750kV一个半断路器接线，本期将1个不完整串扩建完整串，上1台断路器 |

续表

| 序号 | 项目名称 | 750kV 变电站工程技术条件 |
|---|---|---|
| 3 | 短路电流 | 750 短路电流水平分别为 50kA |
| 4 | 主要设备选型 | 750kV 采用户外 GIS |
| 5 | 配电装置 | 750kV 户外 GIS 组合电器单列布置 |
| 6 | 继电保护 | 750kV 线路配置 2 套主保护，每台 750kV 断路器配置 2 套断路器保护 |
| 7 | 调度自动化和计算机监控 | 增加测控单元，增加计量表计 |
| 8 | 接地 | 热镀锌扁钢 |
| 9 | 电缆 | 电力电缆（阻燃、铠装型）2.3km；<br>控制电缆（非阻燃、铠装型）7km；<br>光缆 3km |
| 二、土建部分 | | |
| 1 | 土建 | 本工程在围墙内预留位置扩建，不新征地；扩建 750kV 设备支架、电缆沟 |

9. 750kV 变电站（1×2100MVA、750kV HGIS、330kV HGIS 组合电器）新建方案

| 序号 | 项目名称 | 750kV 变电站工程技术条件 |
|---|---|---|
| 一、电气部分 | | |
| 1 | 主变压器 | 本期 1 组 2100MVA，最终 3 组 2100MVA |

续表

| 序号 | 项目名称 | 750kV变电站工程技术条件 |
| --- | --- | --- |
| 2 | 无功补偿装置 | 750kV高压并联电抗器，本期无，最终4×300Mvar。<br>66kV并联电抗器，本期2组120Mvar，最终12组120Mvar。<br>66kV并联电容器，本期2组120Mvar，最终12组120Mvar |
| 3 | 出线回路数和出线方向 | 750kV本期4回，最终9回，两个方向出线。<br>330kV本期4回，最终19回。两个方向出线 |
| 4 | 电气主接线 | 750kV一个半断路器接线，远期6个完整串，3组主变压器进串。本期5个不完整串，设10台断路器。<br>330kV一个半断路器接线，远期11个完整串，3组主变压器进串。本期5个不完整串，设10台断路器。<br>66kV单母线接线，装设总断路器。66kV站用工作变压器远景2台，本期1台。设1台35kV专用站用备用变压器 |
| 5 | 短路电流 | 750、330、66kV短路电流水平分别为63、63、50kA |
| 6 | 主要设备选型 | 主变压器采用单相自耦无励磁调压变压器，强油风冷。<br>750kV采用户外HGIS。330kV采用户外HGIS。66kV采用户外敞开式。<br>66kV电容器采用框架式、电抗器采用干式空心型 |

续表

| 序号 | 项目名称 | 750kV 变电站工程技术条件 |
|---|---|---|
| 7 | 配电装置 | 750kV 户外 HGIS，主变压器架空进线，进出线避雷器及电压互感器采用独立式。<br>330kV 屋外悬吊管母线中型布置，主变压器顺向进串。330kV 出线采用低架顺串、高架反向顺串出线，1 个方向出线。<br>66kV 屋外敞开式配电装置，支持式管型母线 |
| 8 | 继电保护 | 每回 750、330kV 线路和每段 750、330kV 母线均配置 2 套主保护。主变压器、高压电抗器保护按双重化配置，非电量保护单套配置（集成于本体智能终端）。每台 750、330kV 断路器配置 2 套断路器保护装置等。750、330kV 及主变压器采用保护、测控独立装置，66kV 采用保护、测控合一装置。智能终端就地布置在智能控制柜中，配置 1 套同步相量采集系统，按需要配置故障测距系统 |
| 9 | 调度自动化和计算机监控 | 全站配置 1 套计算机监控系统。750、330kV 过程层网络采用星形双网结构，均设置独立的 GOOSE 网络。66kV 不设置 GOOSE 网络，GOOSE 报文采用点对点方式传输。配置 2 套调度数据网接入设备和相应的安全防护设备。电能计量系统 1 套。GPS 时钟系统 1 套。火灾探测及报警系统 1 套。安全警卫及图像监视系统 1 套等 |

续表

| 序号 | 项目名称 | 750kV 变电站工程技术条件 |
|---|---|---|
| 10 | 通信 | 系统通信采用光纤通信方式，宜具备 3 条光纤通信通道，配置 2 套（或 3 套）SDH 设备，电路按 2.5G/10G 考虑；<br>站内通信配置 1 台 48/96 线调度程控交换机，2 套通信电源，2 组蓄电池，1 套综合数据网设备 |
| 11 | 直流系统 | 直流系统采用 220V。<br>采用高频开关电源和阀控铅酸蓄电池，1 套主机冗余 UPS 电源系统 |
| 12 | 接地 | 热镀锌扁钢 |
| 13 | 电缆及光缆 | 电力电缆（阻燃、铠装型）47.4km；<br>控制电缆（阻燃、铠装型）138km；<br>光缆 60km |
| 14 | 站用电 | 站用工作变压器采用有载调压，户外油浸式。站用备用变压器采用无励磁调压，户外油浸式。站用工作变压器和备用变压器容量均为 1600kVA。<br>站外备用电源 35kV 架空线 10km、电缆 300m |
| 二、土建部分 | | |
| 1 | 基本数据 | 海拔 2000m，地震基本烈度 7 度；<br>基本风压：0.35kN/m$^2$；<br>场地为Ⅱ～Ⅲ自重湿陷性黄土，湿陷土层厚度 9～14m。<br>采用沉管夯扩灌注桩 |

续表

| 序号 | 项目名称 | 750kV 变电站工程技术条件 |
| --- | --- | --- |
| 2 | 总布置 | 总征地面积 11.043 0hm$^2$，围墙内占地面积 9.151 8hm$^2$，站外道路 2km，土石方工程量 100 000m$^3$，挡土墙和护坡 10 000m$^3$，电缆沟道 3350m，站内道路面积 13 193m$^2$ |
| 3 | 建筑物 | 主控通信楼、3 个继电器小室、站用电室、警卫室、消防泵房、雨淋阀室等总建筑面积 1470m$^2$，采用钢筋混凝土框架结构，外装修采用涂料或面砖、铝合金门窗或塑钢窗 |
| 4 | 构筑物 | 750、330kV 构架按最终规模一次建设，主变压器构架 1 组，750kV HGIS 大板基础一次性建成；分支母线基础、设备支架按本期规模建设，均采用钢管结构（750kV 构架采用钢管格构柱和格构梁），主变压器防火墙采用框架填充墙结构 |
| 5 | 给排水 | 站内打井或外引自来水水源，满足站内生活用水需要；<br>场地设雨水井及排水管，自流或机械排水，事故油经事故油池分离后排至场地下水道，生活污水达标排放 |
| 6 | 采暖通风 | 采暖区采用电暖气；<br>主控通信楼、继电器室装设分体空调 |
| 7 | 消防 | 主控通信楼、辅助厂房及主变压器设火灾探测报警系统；<br>全站室内外均配置移动式化学灭火器材；<br>主变压器消防采用水喷雾灭火系统，站内设置消火栓系统 |

注　地基处理费用 2000 万元。

10. 750kV 变电站扩建主变压器（1×2100MVA、750kV HGIS、330kV HGIS 组合电器）模块

| 序号 | 项目名称 | 750kV 变电站工程技术条件 |
| --- | --- | --- |
| 一、电气部分 | | |
| 1 | 主变压器 | 本期 1 组 2100MVA |
| 2 | 无功补偿装置 | 66kV 并联电抗器，本期 2 组 120Mvar；<br>66kV 并联电容器，本期 2 组 120Mvar |
| 3 | 电气主接线 | 750kV 一个半断路器接线。本期上 1 台断路器。<br>330kV 一个半断路器接线。本期上 1 台断路器。<br>66kV 单母线接线，装设 1 台总断路器 |
| 4 | 短路电流 | 750、330、66kV 短路电流水平分别为 63、63、50kA |
| 5 | 主要设备选型 | 主变压器采用三相自耦无励磁调压变压器，强油风冷。<br>750kV 采用户外 HGIS、330kV 采用户外 HGIS、66kV 采用户内敞开式。<br>66kV 电容器采用框架式、电抗器采用干式 |
| 6 | 配电装置 | 750kV 屋外 HGIS 组合电器三列式布置。<br>330kV 屋外悬吊管母线中型布置，主变压器进串。<br>66kV 屋外敞开式布置 |

续表

| 序号 | 项目名称 | 750kV 变电站工程技术条件 |
| --- | --- | --- |
| 7 | 继电保护 | 主变压器保护按双重化配置，非电量保护单套配置（集成于本体智能终端）；每台750kV 断路器配置 2 套断路器保护等。66kV母线、站用变和无功设备保护单套配置 |
| 8 | 调度自动化和计算机监控 | 增加测控单元。火灾探测及报警系统扩容。增加视频摄像头、增加电计量表计、新增一次设备在线监测信息接入现有后台 |
| 9 | 接地 | 热镀锌扁钢 |
| 10 | 电缆及光缆 | 电力电缆（阻燃、铠装型）25km；<br>控制电缆（阻燃、铠装型）50km；<br>光缆 5km |
| 11 | 站用电 | 本期新增 1 台 1600kVA 站用工作变压器，采用户外有载调压油浸式 |
| 二、土建部分 | | |
| 1 | 土建 | 本工程在围墙内预留位置扩建，不新征地；扩建主变压器构架及基础、低压无功基础、各级电压设备支架，电缆沟和道路 |
| 2 | 消防 | 主变压器消防采用水喷雾灭火装置 |

11. 750kV 变电站扩建 1 回出线（2 台 HGIS 组合电器）模块

| 序号 | 项目名称 | 750kV 变电站工程技术条件 |
| --- | --- | --- |
| 一、电气部分 | | |

续表

| 序号 | 项目名称 | 750kV 变电站工程技术条件 |
| --- | --- | --- |
| 1 | 出线回路数 | 750kV 本期 1 回出线，不带高压并联电抗器 |
| 2 | 电气主接线 | 750kV 一个半断路器接线，本期扩建 1 个不完整串，上 2 台断路器 |
| 3 | 短路电流 | 750kV 短路电流水平分别为 63kA |
| 4 | 主要设备选型 | 750kV 采用户外 HGIS |
| 5 | 配电装置 | 750kV 户外 HGIS 组合电器三列布置 |
| 6 | 继电保护 | 750kV 线路配置 2 套主保护，每台 750kV 断路器配置 2 套断路器保护 |
| 7 | 调度自动化和计算机监控 | 增加测控单元，增加计量表计 |
| 8 | 接地 | 热镀锌扁钢 |
| 9 | 电缆及光缆 | 电力电缆（阻燃、铠装型）5.5km；<br>控制电缆（阻燃、铠装型）11.3km；<br>光缆 5km |
| 二、土建部分 | | |
| 1 | 土建 | 本工程在围墙内预留位置扩建，不新征地；扩建 750kV 设备支架、电缆沟 |

12. 750kV 变电站扩建 1 回出线（1 台 HGIS 组合电器）模块

| 序号 | 项目名称 | 750kV 变电站工程技术条件 |
| --- | --- | --- |
| 一、电气部分 | | |
| 1 | 出线回路数 | 750kV 本期 1 回出线，不带高压并联电抗器 |
| 2 | 电气主接线 | 750kV 一个半断路器接线，本期将 1 个不完整串扩建完整串，上 1 台断路器 |
| 3 | 短路电流 | 750 短路电流水平分别为 63kA |
| 4 | 主要设备选型 | 750kV 采用户外 HGIS |
| 5 | 配电装置 | 750kV 户外 HGIS 组合电器三列式布置 |
| 6 | 继电保护 | 750kV 线路配置 2 套主保护，每台 750kV 断路器配置 2 套断路器保护 |
| 7 | 调度自动化和计算机监控 | 增加测控单元，增加计量表计 |
| 8 | 接地 | 热镀锌扁钢 |
| 9 | 电缆及光缆 | 电力电缆（阻燃、铠装型）4.5km;<br>控制电缆（非阻燃、铠装型）6.9km;<br>光缆 3km |
| 二、土建部分 | | |
| 1 | 土建 | 本工程在围墙内预留位置扩建，不新征地；扩建 750kV 设备支架、电缆沟 |

13. 750kV 变电站扩建线路高压电抗器（1×300Mvar）模块

| 序号 | 项目名称 | 750kV 变电站工程技术条件 |
| --- | --- | --- |
| 一、电气部分 | | |
| 1 | 无功补偿装置 | 新增 750kV 高压并联电抗器 1×300Mvar，装设中性点小电抗器 |
| 2 | 电气主接线 | 750kV 一个半断路器接线，750kV 高压并联电抗器经隔离开关接入线路 |
| 3 | 主要设备选型 | 750kV 高压并联电抗器采用户外油浸自冷型 |
| 4 | 继电保护 | 750kV 高压并联电抗器配置 2 套主保护，非电量保护单套配置（集成于本体智能终端） |
| 5 | 调度自动化和计算机监控 | 增加测控单元，增加无功表计 |
| 6 | 接地 | 热镀锌扁钢 |
| 7 | 电缆 | 电力电缆（阻燃、铠装型）3km；<br>控制电缆（阻燃、铠装型）10km；<br>光缆 2km |
| 二、土建部分 | | |
| 1 | 土建 | 本工程在围墙内预留位置扩建，不新征地；扩建 750kV 高压电抗器基础、防火墙以及设备支架、电缆沟和道路 |

14. 750kV 变电站扩建主变压器（1×2100MVA、750kV 罐式断路器、330kV 柱式断路器）模块

| 序号 | 项目名称 | 750kV 变电站工程技术条件 |
| --- | --- | --- |
| 一、电气部分 | | |
| 1 | 主变压器 | 本期 1 组 2100MVA |
| 2 | 无功补偿装置 | 66kV 并联电抗器，本期 2 组 120Mvar；<br>66kV 并联电容器，本期 2 组 120Mvar |
| 3 | 电气主接线 | 750kV 一个半断路器接线。本期上 1 台断路器。<br>330kV 一个半断路器接线。本期上 1 台断路器。<br>66kV 单母线接线，装设 1 台总断路器 |
| 4 | 短路电流 | 750、330、66kV 短路电流水平分别为 50、63、50kA |
| 5 | 主要设备选型 | 主变压器采用三相自耦无励磁调压变压器，强油风冷。<br>750kV 采用户外 GIS、330kV 采用户外敞开式、66kV 采用户内敞开式。<br>66kV 电容器采用框架式、电抗器采用干式 |
| 6 | 配电装置 | 750kV 屋外 GIS 组合电器单列布置。<br>330kV 屋外悬吊管母线中型布置，主变压器进串。<br>66kV 屋外敞开式布置 |

续表

| 序号 | 项目名称 | 750kV 变电站工程技术条件 |
| --- | --- | --- |
| 7 | 继电保护 | 主变压器主保护按双重化配置，非电量保护单套配置（集成于本体智能终端）；每台750kV 断路器配置 2 套断路器保护等。66kV 母线、站用变和无功设备保护单套配置。根据需要新增故障录波采集屏 |
| 8 | 调度自动化和计算机监控 | 增加测控单元。火灾探测及报警系统扩容。增加视频摄像头、增加电计量表计、新增一次设备在线监测信息接入现有后台 |
| 9 | 接地 | 热镀锌扁钢 |
| 10 | 电缆 | 电力电缆（阻燃、铠装型）25.7km；<br>控制电缆（阻燃、铠装型）55km；<br>光缆 5km |
| 11 | 站用电 | 本期新增 1 台 1600kVA 站用工作变压器，采用户外有载调压油浸式 |
| 二、土建部分 | | |
| 1 | 土建 | 本工程在围墙内预留位置扩建，不新征地；扩建主变压器构架及基础、低压无功基础、各级电压设备支架，电缆沟和道路 |
| 2 | 消防 | 主变压器消防采用水喷雾灭火系统 |

15. 750kV 变电站扩建主变压器（1×2100MVA、750kV GIS、330kV 柱式断路器）模块

| 序号 | 项目名称 | 750kV 变电站工程技术条件 |
| --- | --- | --- |
| 一、电气部分 | | |
| 1 | 主变压器 | 本期 1 组 2100MVA |

续表

| 序号 | 项目名称 | 750kV 变电站工程技术条件 |
|---|---|---|
| 2 | 无功补偿装置 | 66kV 并联电抗器，本期 2 组 120Mvar；<br>66kV 并联电容器，本期 2 组 120Mvar |
| 3 | 电气主接线 | 750kV 一个半断路器接线。本期上 1 台断路器。<br>330kV 一个半断路器接线。本期上 1 台断路器。<br>66kV 单母线接线，装设 1 台总断路器 |
| 4 | 短路电流 | 750、330、66kV 短路电流水平分别为 50、63、50kA |
| 5 | 主要设备选型 | 主变压器采用三相自耦无励磁调压变压器，强油风冷。<br>750kV 采用户外 GIS、330kV 采用户外敞开式、66kV 采用户内敞开式。<br>66kV 电容器采用框架式、电抗器采用干式 |
| 6 | 配电装置 | 750kV 屋外 GIS 组合电器单列布置。<br>330kV 屋外悬吊管母线中型布置，主变压器进串。<br>66kV 屋外敞开式布置 |
| 7 | 继电保护 | 主变压器主保护按双重化配置，非电量保护单套配置（集成于本体智能终端）；每台 750kV 断路器配置 2 套断路器保护等。66kV 母线、站用变和无功设备保护单套配置。根据需要新增故障录波采集屏 |

续表

| 序号 | 项目名称 | 750kV 变电站工程技术条件 |
| --- | --- | --- |
| 8 | 调度自动化和计算机监控 | 增加测控单元。火灾探测及报警系统扩容。增加视频摄像头、增加电计量表计、新增一次设备在线监测信息接入现有后台 |
| 9 | 接地 | 热镀锌扁钢 |
| 10 | 电缆 | 电力电缆（阻燃、铠装型）24.7km;<br>控制电缆（阻燃、铠装型）50km;<br>光缆 5km |
| 11 | 站用电 | 本期新增 1 台 1600kVA 站用工作变压器，采用户外有载调压油浸式 |
| 二、土建部分 | | |
| 1 | 土建 | 本工程在围墙内预留位置扩建，不新征地；扩建主变压器构架及基础、低压无功基础、各级电压设备支架，电缆沟和道路 |
| 2 | 消防 | 主变压器消防采用水喷雾灭火系统 |

## （三）500kV 变电站工程技术组合方案

### 1. 500kV 变电站（1×750MVA、柱式断路器）新建方案

| 序号 | 项目名称 | 500kV 变电站工程技术条件 |
| --- | --- | --- |
| 一、电气部分 | | |
| 1 | 主变压器 | 本期 1 组 750MVA，最终 4 组 750MVA |

续表

| 序号 | 项目名称 | 500kV 变电站工程技术条件 |
| --- | --- | --- |
| 2 | 无功补偿装置 | 35kV 并联电抗器本期 2 组 60Mvar，最终 8 组；<br>35kV 并联电容器本期 1 组 60Mvar，最终 8 组 |
| 3 | 出线回路数和出线方向 | 500kV 本期 2 回，最终 8 回，两个方向出线。<br>220kV 本期 6 回，最终 16 回，一个方向出线 |
| 4 | 电气主接线 | 500kV 采用 3/2 断路器接线，远期 5 串，第 1，4 组主变压器经断路器接母线，本期设 5 台断路器。<br>220kV 采用双母线双分段接线，本期双母线接线，本期设 8 台断路器。<br>35kV 采用单母线接线，装设总断路器 |
| 5 | 短路电流 | 500、220、35kV 短路电流水平分别为 63（50）、50、50（40）kA |
| 6 | 主要设备选型 | 污秽等级 d 级。海拔小于 1000m。<br>主变压器采用单相自耦无励磁调压变压器。<br>500、220、35kV 采用瓷柱式断路器。<br>35kV 电容器采用框架式、电抗器采用干式 |
| 7 | 配电装置 | 500kV 屋外悬吊管母中型布置，主变高架横穿进串。<br>220kV 屋外支持管母中型布置，断路器单列布置。<br>35kV 屋外支持管母、一字型布置 |

续表

| 序号 | 项目名称 | 500kV 变电站工程技术条件 |
| --- | --- | --- |
| 8 | 继电保护 | 500、220kV 每回线路和母线均配置 2 套主保护。主变压器保护按双重化配置，非电量保护单套配置（与本体智能终端集成）。每台 500kV 断路器均配置 2 套断路器保护。根据需要配置故障测距装置。<br>每台 500kV 断路器配置 2 套智能终端，无合并单元，220kV（含主变压器进线间隔）断路器配置 2 套智能终端。<br>主变压器 35kV 总回路，断路器配置 2 套智能终端。<br>每台 35kV 断路器（无功/站用变压器）配置 1 套智能终端。<br>220kV，双母双分，一共 4 段母线，每段 220kV 母线配置 1 套智能终端。<br>每段 500kV 母线配置 1 套母线智能终端。<br>35kV 母线配置 1 套母线智能终端。<br>每台主变压器本体配置 1 套智能终端 |
| 9 | 调度自动化和计算机监控 | 配置 1 套计算机监控系统。调度数据网接入设备 2 套及相应的安全防护设备。电能计量系统 1 套。GPS 时钟系统 1 套。火灾探测及报警系统 1 套。安全警卫及图像监视系统 1 套。功角测量系统 1 套。电能计费系统 1 套 |
| 10 | 通信 | 系统通信采用光纤通信方式，宜具备 3 条光纤通信通道，配置 2 套（或 3 套）SDH 设备，电路按 2.5G/10G 考虑。<br>站内通信配置 1 台 48/96 线调度程控交换机，2 套通信电源，2 组蓄电池，1 套综合数据网设备 |

续表

| 序号 | 项目名称 | 500kV 变电站工程技术条件 |
| --- | --- | --- |
| 11 | 直流系统 | 直流系统采用 220V 或 110V。采用高频开关电源和阀控铅酸蓄电池。1 套主机冗余 UPS 电源系统 |
| 12 | 接地 | 镀锌扁钢 |
| 13 | 电缆 | 电力电缆 30km。控制电缆 95km，厂供光缆 20km，光缆 12km |
| 14 | 站用电 | 1 台 800kVA 工作变压器，油浸式有载调压，屋外布置。<br>1 台 800kVA 备用变压器，干式无励磁调压，屋内布置。<br>站外备用电源 35kV 架空线 10km、电缆 200m |
| 二、土建部分 | | |
| 1 | 基本数据 | 海拔小于 1000m，地震动峰值加速度 0.10g，设计风速 30m/s。<br>地基承载力特征值 $f_{ak}$=150kPa，地下水无影响，非采暖区 |
| 2 | 总布置 | 总征地面积 8.00hm$^2$，围墙内占地面积 6.44hm$^2$，站外道路 1km，土石方工程量 8 万 m$^3$（50%石方），挡土墙和护坡 8000m$^3$，电缆沟道 2220m，站内道路面积 10 860m$^2$ |
| 3 | 建筑物 | 主控通信楼、5 个继电器小室、站用电室、综合水泵房、深井泵房、消防小室、大门等建构筑物，总建筑面积 1652m$^2$，采用钢筋混凝土框架结构，外墙保温层采用 30mm 厚硬质岩棉板；外墙面装修采用涂料或外墙面砖、门窗采用断桥铝合金门窗及复合钢板门 |

续表

| 序号 | 项目名称 | 500kV 变电站工程技术条件 |
| --- | --- | --- |
| 4 | 构筑物 | 500(5 串)、220kV 构架按最终规模一次建设;主变压器构架(1组)、设备支架、主变压器基础及防火墙均按本期规模建设。构(支)架柱均采用钢管结构，500kV 构架梁采用格构式钢梁，220kV 构架梁及主变压器构架梁均采用钢管梁结构;主变压器防火墙采用框架填充墙结构 |
| 5 | 给排水 | 水源采用站内打1眼150m深井取水，管径$\phi$325mm，设2台深井泵，生活用水采用压力罐供水，有组织排水，设污水处理装置一套，站外排水管路1km |
| 6 | 采暖通风 | 主控通信楼和继电器小室采用分体空调 |
| 7 | 消防 | 主要建筑物和主变压器设火灾探测报警系统，全站室内外均配置移动式化学灭火器材，主变压器消防采用水喷雾灭火系统，站内设置消火栓系统 |

2. 500kV 变电站扩建主变压器（1×750MVA、柱式断路器）模块

| 序号 | 项目名称 | 500kV 变电站工程技术条件 |
| --- | --- | --- |
| 一、电气部分 | | |
| 1 | 主变压器 | 本期1组750MVA |
| 2 | 无功补偿装置 | 35kV 并联电抗器2组60Mvar。<br>35kV 并联电容器2组60Mvar |

续表

| 序号 | 项目名称 | 500kV 变电站工程技术条件 |
|---|---|---|
| 3 | 电气主接线 | 本期 1 组主变压器进串，设 1 台断路器。<br>220kV 双母线单分段接线，本期增加 2 台断路器。<br>35kV 单母线接线，装设总断路器 |
| 4 | 短路电流 | 500、220、35kV 短路电流水平分别为 63（50）、50、50（40）kA |
| 5 | 主要设备选型 | 主变压器采用单相自耦无励磁调压变压器。<br>500、220、35kV 采用瓷柱式断路器。<br>35kV 电容器采用框架式、电抗器采用干式 |
| 6 | 配电装置 | 500kV 屋外悬吊管母线中型布置。<br>220kV 屋外支持管母线中型布置，断路器单列布置。<br>35kV 屋外支持管母线、一字形布置 |
| 7 | 继电保护 | 主变压器保护按双重化配置，非电量保护单套配置(集成于本体智能终端)。每台 500kV 断路器配置 2 套断路器保护。每台 500kV 断路器配置 2 套智能终端。220kV（含主变压器进线间隔）断路器配置 2 套智能终端。<br>35kV 母线、站用变压器和无功设备保护单套配置。<br>根据需要增加主变压器故障录波器 |
| 8 | 调度自动化和计算机监控 | 增加测控单元。火灾探测及报警系统扩容。增加视频摄像头、增加电计量表计、新增一次设备在线监测信息接入现有后台 |

续表

| 序号 | 项目名称 | 500kV 变电站工程技术条件 |
| --- | --- | --- |
| 9 | 接地 | 镀锌扁钢 |
| 10 | 电缆 | 电力电缆 8km。控制电缆 40km，光缆 5km |
| 11 | 站用电 | 1 台 800kVA 工作变压器，油浸式有载调压，屋外布置 |
| 二、土建部分 | | |
| 1 | 土建 | 本工程在围墙内预留位置扩建，不新征地。扩建主变压器构架、主变压器基础及防火墙、低压无功设备基础、各级电压设备支架、消防小室、电缆沟和道路等 |
| 2 | 消防 | 主变压器消防采用水喷雾灭火系统 |

3. 500kV 变电站扩建 1 回出线（2 台柱式断路器）模块

| 序号 | 项目名称 | 500kV 变电站工程技术条件 |
| --- | --- | --- |
| 一、电气部分 | | |
| 1 | 出线回路数 | 500kV 本期 1 回 |
| 2 | 电气主接线 | 本期扩建 1 个不完整串，设 2 台断路器 |
| 3 | 短路电流 | 500kV 短路电流水平为 63（50）kA |
| 4 | 主要设备选型 | 500kV 采用瓷柱式断路器 |

续表

| 序号 | 项目名称 | 500kV 变电站工程技术条件 |
| --- | --- | --- |
| 5 | 配电装置 | 500kV 屋外悬吊管母中型布置 |
| 6 | 继电保护 | 500kV 线路配置 2 套主保护。每台 500kV 断路器均配置 2 套断路器保护。每台 500kV 断路器配置 2 套智能终端。<br>根据需要增加 500kV 故障录波器 |
| 7 | 调度自动化和计算机监控 | 增加测控单元，计量表计等 |
| 8 | 接地 | 镀锌扁钢 |
| 9 | 电缆 | 电力电缆 4km。控制电缆 16km，光缆 2km |
| 二、土建部分 | | |
| 1 | 土建 | 本工程在围墙内预留位置扩建，不新征地。扩建 500kV 设备支架、电缆沟和道路等 |

4. 500kV 变电站扩建 1 回出线（1 台柱式断路器）模块

| 序号 | 项目名称 | 500kV 变电站工程技术条件 |
| --- | --- | --- |
| 一、电气部分 | | |
| 1 | 出线回路数 | 500kV 本期 1 回 |
| 2 | 电气主接线 | 本期将已有的 1 个不完整串扩建成完整串，设 1 台断路器 |
| 3 | 短路电流 | 500kV 短路电流水平为 63（50）kA |

续表

| 序号 | 项目名称 | 500kV 变电站工程技术条件 |
| --- | --- | --- |
| 4 | 主要设备选型 | 500kV 采用瓷柱式断路器 |
| 5 | 配电装置 | 500kV 屋外悬吊管母中型布置 |
| 6 | 继电保护 | 500kV 出线配置 2 套主保护。新增 500kV 断路器配置 2 套断路器保护。每台 500kV 断路器配置 2 套智能终端 |
| 7 | 调度自动化和计算机监控 | 增加测控单元，计量表计等 |
| 8 | 接地 | 镀锌扁钢 |
| 9 | 电缆 | 电力电缆 3km。控制电缆 10km，光缆 1km |
| 二、土建部分 | | |
| 1 | 土建 | 本工程在围墙内预留位置扩建，不新征地。扩建 500kV 设备支架、电缆沟等 |

5. 500kV 变电站（2×1000MVA、罐式断路器）新建方案

| 序号 | 项目名称 | 500kV 变电站工程技术条件 |
| --- | --- | --- |
| 一、电气部分 | | |
| 1 | 主变压器 | 本期 2 组 1000MVA，最终 4 组 1000MVA |

续表

| 序号 | 项目名称 | 500kV 变电站工程技术条件 |
| --- | --- | --- |
| 2 | 无功补偿装置 | 500kV 线路不装设电抗器。<br>66kV 并联电抗器本期 4 组 60Mvar，最终 8 组。<br>66kV 并联电容器本期 2 组 60Mvar，最终 8 组 |
| 3 | 出线回路数和出线方向 | 500kV 本期 4 回，最终 8 回，两个方向出线。<br>220kV 本期 8 回，最终 16 回，一个方向出线 |
| 4 | 电气主接线 | 500kV 采用 3/2 断路器接线，远期 5 串，后 2 组主变压器经断路器接母线。本期 10 台断路器。<br>220kV 采用双母线双分段接线，本期一次建成，本期设 14 台断路器。<br>66kV 采用单母线接线，装设总断路器 |
| 5 | 短路电流 | 500、220、66kV 短路电流水平分别为 63（50）、50、31.5kA |
| 6 | 主要设备选型 | 污秽等级 d 级。海拔小于 1000m。<br>主变压器采用单相自耦无励磁调压变压器。<br>500、220kV 采用罐式断路器。<br>66kV 电容器采用框架式、电抗器采用干式 |
| 7 | 配电装置 | 500kV 屋外悬吊管母中型布置，主变压器高架横穿和低架横穿进串。<br>220kV 屋外悬吊管母中型双列布置。<br>66kV 屋外支持管母线中型布置 |

续表

| 序号 | 项目名称 | 500kV 变电站工程技术条件 |
| --- | --- | --- |
| 8 | 继电保护 | 500、220kV 线路和母线均配置 2 套主保护。主变压器保护按双重化配置，非电量保护单套配置（集成于本体智能终端）。每台 500kV 断路器配置 2 套断路器保护。500、220kV 相应智能终端也按双套配置。35kV 母线、站用变压器和无功设备保护单套配置，35kV 相应智能终端按单套配置。根据需要配置故障测距装置 |
| 9 | 调度自动化和计算机监控 | 配置 1 套计算机监控系统。调度数据网接入设备 2 套及相应的安全防护设备。GPS 时钟系统 1 套。火灾探测及报警系统 1 套。安全警卫及图像监视系统 1 套。功角测量系统 1 套。电能计费系统 1 套 |
| 10 | 通信 | 系统通信采用光纤通信方式，宜具备 3 条光纤通信通道，配置 2 套（或 3 套）SDH 设备，电路按 2.5G/10G 考虑；<br>站内通信配置 1 台 48/96 线调度程控交换机，2 套通信电源，2 组蓄电池，1 套综合数据网设备 |
| 11 | 直流系统 | 直流系统采用 220V 或 110V。采用高频开关电源和阀控铅酸蓄电池，1 套主机冗余 UPS 电源系统 |
| 12 | 接地 | 镀锌扁钢 |
| 13 | 电缆 | 电力电缆 18.9km。控制电缆 80km。计算机电缆 3km。光缆 20km |

续表

| 序号 | 项目名称 | 500kV 变电站工程技术条件 |
| --- | --- | --- |
| 14 | 站用电 | 1 台 1250kVA 工作变,油浸式有励磁调压,屋外布置。<br>1 台 1250kVA 备用变,油浸式无励磁调压,屋外布置。<br>站外备用电源 66kV 架空线 10km、电缆 600m |
| 二、土建部分 | | |
| 1 | 基本数据 | 海拔小于 1000m,地震动峰值加速度 0.10g,设计风速 30m/s。<br>地基承载力特征值 $f_{ak}$=150kPa,地下水无影响,采暖区 |
| 2 | 总布置 | 总征地面积 8.40hm$^2$,围墙内征地面积 6.11hm$^2$,站外道路 1km,土石方工程量 8 万 m$^3$(50%石方),挡土墙和护坡工程量 8000m$^3$,电缆沟道 2000m,站内道路面积 9460m$^2$ |
| 3 | 建筑物 | 主控通信楼、3 个继电器小室和 1 个站用电室等,总建筑面积 1135m$^2$,采用钢筋混凝土框架结构,外装修采用涂料或面砖、铝合金门窗或塑钢窗 |
| 4 | 构筑物 | 500、220kV 构架按最终规模一次建设,500kV 构架采用全联合角钢格构式,220kV 和主变压器构架(2 组)采用钢管柱,角钢格构梁,设备支架按本期规模建设,均采用钢管结构。主变压器防火墙采用框架填充墙结构 |

续表

| 序号 | 项目名称 | 500kV 变电站工程技术条件 |
|---|---|---|
| 5 | 给排水 | 水源采用站内 1 眼 100m 深井取水，管径 377mm，设 2 台深井泵，生活用水采用压力罐供水，有组织排水，设污水处理装置一套，站外排水管路 1km |
| 6 | 采暖通风 | 主控通信楼和继电器小室采用分体空调，供暖采用集中控制电暖气采暖 |
| 7 | 消防 | 主要建筑物和主变压器设火灾探测报警系统，全站屋内外均配置移动式化学灭火器材，主变压器消防采用水喷雾灭火系统，站内设置消火栓系统 |

6. 500kV 变电站扩建主变压器（1×1000MVA、罐式断路器）模块

| 序号 | 项目名称 | 500kV 变电站工程技术条件 |
|---|---|---|
| 一、电气部分 | | |
| 1 | 主变压器 | 本期扩建 1 组 1000MVA |
| 2 | 无功补偿装置 | 66kV 并联电抗器 2 组 60Mvar。<br>66kV 并联电容器 1 组 60Mvar |
| 3 | 出线回路数 | 本期不扩建 |
| 4 | 电气主接线 | 主变压器进线回路接入已建不完整串中，完善为一个完整串，装设 1 台断路器。<br>220kV 主变压器进线接入预留间隔，增加 1 台断路器 |

续表

| 序号 | 项目名称 | 500kV 变电站工程技术条件 |
| --- | --- | --- |
| 5 | 短路电流 | 500、220、66kV 短路电流水平分别为 63（50）、50、31.5kA |
| 6 | 主要设备选型 | 主变压器采用单相自耦无励磁调压变压器。<br>500、220kV 采用罐式断路器。<br>66kV 电容器采用框架式、电抗器采用干式 |
| 7 | 配电装置 | 500kV 屋外悬吊管母中型布置，主变压器高架横穿和低架横穿进串。<br>220kV 屋外悬吊管母中型双列布置。<br>66kV 屋外支持管母中型布置 |
| 8 | 继电保护 | 主变压器保护按双重化配置，非电量保护单套配置（集成于本体智能终端）。每台 500kV 断路器配置 2 套断路器保护。每台 500kV/220kV/（主变压器 66kV 总回路）断路器配置 2 套智能终端，66kV、母线、无功配置 1 套智能终端。<br>66kV 母线和无功设备保护单套配置。<br>根据需要增加主变故障录波器 |
| 9 | 调度自动化和计算机监控 | 增加测控单元。火灾探测及报警系统扩容。增加视频摄像头、增加电计量表计、新增一次设备在线监测信息接入现有后台 |
| 10 | 接地 | 镀锌扁钢 |
| 11 | 电缆 | 电力电缆 3.5km。控制电缆 12km |

续表

| 序号 | 项目名称 | 500kV 变电站工程技术条件 |
| --- | --- | --- |
| 12 | 站用电 | 1 台 800kVA 站用变，油浸式有载调压，屋外布置 |
| 二、土建部分 | | |
| 1 | 土建 | 本工程在围墙内预留位置扩建，不新征地。扩建主变压器构架和基础、各级电压设备支架、电缆沟和道路等 |
| 2 | 消防 | 主变压器消防采用水喷雾灭火系统 |

7. 500kV 变电站扩建 1 回出线（2 台罐式断路器）模块

| 序号 | 项目名称 | 500kV 变电站工程技术条件 |
| --- | --- | --- |
| 一、电气部分 | | |
| 1 | 出线回路数 | 本期扩建 500kV 出线 1 回 |
| 2 | 电气主接线 | 500kV 采用 3/2 断路器接线，本期扩建一个不完整串，2 组断路器 |
| 3 | 短路电流 | 500kV 短路电流水平为 63（50）kA |
| 4 | 主要设备选型 | 500kV 采用罐式断路器 |
| 5 | 配电装置 | 500kV 屋外悬吊管母中型布置 |

续表

| 序号 | 项目名称 | 500kV 变电站工程技术条件 |
|---|---|---|
| 6 | 继电保护 | 每台 500kV 断路器均配置 2 套断路器保护。<br>每台 500kV 断路器配置 2 套智能终端 |
| 7 | 调度自动化和计算机监控 | 增加测控单元、计量表计等 |
| 8 | 接地 | 镀锌扁钢 |
| 9 | 电缆 | 电力电缆 2km。控制电缆 10km |
| 二、土建部分 | | |
| 1 | 土建 | 本工程在围墙内预留位置扩建，不新征地。扩建 500kV 设备支架、电缆沟和道路等 |

## 8. 500kV 变电站扩建 1 回出线（1 台罐式断路器）模块

| 序号 | 项目名称 | 500kV 变电站工程技术条件 |
|---|---|---|
| 一、电气部分 | | |
| 1 | 出线回路数 | 本期扩建 500kV 出线 1 回 |
| 2 | 电气主接线 | 500kV 采用 3/2 断路器接线，本期将已有的 1 个不完整串扩建成完整串，设 1 台断路器 |
| 3 | 短路电流 | 500kV 短路电流水平为 63（50）kA |

续表

| 序号 | 项目名称 | 500kV 变电站工程技术条件 |
| --- | --- | --- |
| 4 | 主要设备选型 | 500kV 采用罐式断路器 |
| 5 | 配电装置 | 500kV 屋外悬吊管母中型布置 |
| 6 | 继电保护 | 新增 500kV 断路器配置 2 套断路器保护。每台 500kV 断路器配置 2 套智能终端 |
| 7 | 调度自动化和计算机监控 | 增加测控单元、计量表计等 |
| 8 | 接地 | 镀锌扁钢 |
| 9 | 电缆 | 电力电缆 1.5km。控制电缆 3km |
| 二、土建部分 | | |
| 1 | 土建 | 本工程在围墙内预留位置扩建，不新征地。扩建 500kV 设备支架、电缆沟和道路等 |

9. 500kV 变电站（2×1000MVA、GIS 组合电器）新建方案

| 序号 | 项目名称 | 500kV 变电站工程技术条件 |
| --- | --- | --- |
| 一、电气部分 | | |
| 1 | 主变压器 | 本期 2 组 1000MVA，最终 4 组 1000MVA |
| 2 | 无功补偿装置 | 无线路高压电抗器。35kV 并联电抗器本期 4 组 60Mvar，最终 8 组。<br>35kV 并联电容器本期 2 组 60Mvar，最终 8 组 |

续表

| 序号 | 项目名称 | 500kV 变电站工程技术条件 |
|---|---|---|
| 3 | 出线回路数和出线方向 | 500kV 本期 4 回，最终 8 回，一个方向架空出线。<br>220kV 本期 8 回架空，最终 16 回架空，一个方向架空出线 |
| 4 | 电气主接线 | 500kV 采用 1 个半断路器接线，本期 2 个完整串 2 个不完整串，本期母线及母线隔离开关均按远景规模建成，设 10 台断路器。<br>220kV 双母线双分段接线，本期一次建成，本期设 14 台断路器。<br>35kV 单母线接线，设总断路器 |
| 5 | 短路电流 | 500、220、35kV 短路电流水平分别为 63（50）、50、40（50）kA |
| 6 | 主要设备选型 | 污秽等级 d 级。海拔小于 1000m。<br>主变压器采用单相自耦无励磁调压变压器。<br>500、220kV 采用 GIS 设备，出线避雷器、电压互感器采用 AIS 设备。<br>35kV 电容器采用框架式、电抗器采用干式 |
| 7 | 配电装置 | 500、220kV GIS 屋外布置，500、220kV GIS 母线及母线隔离开关按远景建成。<br>35kV 屋外支持管母线中型布置 |
| 8 | 继电保护 | 500、220kV 每回线路和母线均配置 2 套主保护。主变压器保护按双重化配置。每台 500kV 断路器均配置 2 套断路器保护。根据需要配置故障测距装置。<br>每台 500kV/220kV/（主变压器 35kV 总回路）断路器配置 2 套智能终端。 |

续表

| 序号 | 项目名称 | 500kV 变电站工程技术条件 |
| --- | --- | --- |
| 8 | 继电保护 | 每台 35kV 断路器（无功/站用变压器）配置 1 套智能终端。<br>每段 500kV/220kV/35kV 母线配置 1 套母线智能终端。<br>每台主变压器本体配置 1 套智能终端 |
| 9 | 调度自动化和计算机监控 | 全站配置 1 套计算机监控系统，保护集中布置。调度数据网接入设备 2 套及相应的安全防护设备。GPS 时钟系统 1 套。火灾探测及报警系统 1 套。安全警卫及图像监视系统 1 套 |
| 10 | 通信 | 系统通信采用光纤通信方式，宜具备 3 条光纤通信通道，配置 2 套（或 3 套）SDH 设备，电路按 2.5G/10G 考虑；<br>站内通信配置 1 台 48/96 线调度程控交换机，2 套通信电源，2 组蓄电池，1 套综合数据网设备 |
| 11 | 直流系统 | 直流系统采用 220V 或 110V，采用高频开关电源和阀控铅酸蓄电池。1 套主机冗余 UPS 电源系统 |
| 12 | 接地 | 镀锌扁钢 |
| 13 | 电缆 | 电力电缆 25km。控制电缆 160km，光缆 25km |
| 14 | 站用电 | 2 台 800kVA 站用变压器，油浸式有励磁调压，屋外布置。<br>1 台 800kVA 备用变压器，油浸式无励磁调压，屋外布置。<br>站外备用电源 35kV 架空线 10km、电缆 500m |

续表

| 序号 | 项目名称 | 500kV 变电站工程技术条件 |
|---|---|---|
| 二、土建部分 | | |
| 1 | 基本数据 | 海拔小于 1000m，地震动峰值加速度 0.10g，设计风速 30m/s。<br>地基承载力特征值 $f_{ak}$=150kPa，地下水无影响，非采暖区 |
| 2 | 总布置 | 总征地面积 5.00hm$^2$，围墙内占地面积 4.00hm$^2$，站外道路 1km，土石方工程量 7.8 万 m$^3$（100%土方），挡土墙和护坡 7800m$^3$，电缆沟道 2000m，站内道路面积 8000m$^2$ |
| 3 | 建筑物 | 主控通信楼、站用电室等建筑面积 1250m$^2$，采用钢筋混凝土框架结构，外装修采用涂料或面砖、铝合金门窗或塑钢窗 |
| 4 | 构筑物 | 500、220kV 构架和 GIS 基础按最终规模一次建设，主变压器构架（2 组）、设备支架按本期规模建设，均采用钢管结构、格构梁，变压器防火墙采用框架填充墙结构 |
| 5 | 给排水 | 水源采用站内 1 眼 150m 深井取水，管径 $\phi$325mm，设 2 台深井泵；生活用水采用压力罐供水，组织排水，设污水处理装置一套，站外排水管路 1km |
| 6 | 采暖通风 | 主控通信楼采用分体空调 |
| 7 | 消防 | 主要建筑物和主变压器设火灾探测报警系统，全站室内外均配置移动式化学灭火器材，主变压器消防采用水喷雾灭火系统，站内设置消火栓系统 |

10. 500kV变电站扩建主变压器（1×1000MVA、GIS组合电器）模块

| 序号 | 项目名称 | 500kV变电站工程技术条件 |
|---|---|---|
| 一、电气部分 | | |
| 1 | 主变压器 | 扩建1组1000MVA |
| 2 | 无功补偿装置 | 35kV并联电容器2组60Mvar。<br>35kV并联电抗器1组60Mvar |
| 3 | 电气主接线 | 500kV一台半断路器接线，本期在1个非完整串内扩建1台断路器，即把该不完整串补全为1个完整串。<br>220kV双母线双分段接线，本期1台断路器。<br>35kV单母线接线，设总断路器 |
| 4 | 短路电流 | 500、220、35kV短路电流水平分别为63、50、40kA |
| 5 | 主要设备选型 | 主变压器采用单相自耦无励磁调压变压器。<br>500、220kV采用GIS设备；避雷器、电压互感器采用AIS设备。<br>35kV电容器采用框架式、电抗器采用干式 |
| 6 | 配电装置型式 | 500kV屋外GIS布置；母线及接口隔离开关前期建成。<br>220kV屋外GIS布置，架空出线；母线及2组母线隔离开关前期建成。<br>35kV屋外支持管母线中型布置 |

续表

| 序号 | 项目名称 | 500kV 变电站工程技术条件 |
| --- | --- | --- |
| 7 | 继电保护 | 主变压器保护按双重化配置。每台 500kV 断路器配置 2 套断路器保护。每台 500kV/220kV/（主变压器 35kV 总回路）断路器配置 2 套智能终端。<br>35kV 母线、站用变和无功设备保护单套配置。<br>根据需要增加主变压器故障录波器 |
| 8 | 调度自动化和计算机监控 | 增加测控单元等。火灾探测及报警系统扩容。增加视频摄像头、增加电计量表计、新增一次设备在线监测信息接入现有后台 |
| 9 | 接地 | 镀锌扁钢 |
| 10 | 电缆 | 电力电缆 3km。控制电缆 25km |
| 二、土建部分 | | |
| 1 | 土建 | 本工程在围墙内预留位置扩建，不新征地。扩建主变压器构架和基础、低压无功设备基础、各级电压设备支架和电缆沟等 |
| 2 | 消防 | 主变压器消防采用水喷雾灭火系统 |

11. 500kV 变电站扩建 1 回出线（2 台 GIS 组合电器）模块

| 序号 | 项目名称 | 500kV 变电站工程技术条件 |
| --- | --- | --- |
| 一、电气部分 | | |
| 1 | 出线回路 | 扩建 1 回 500kV 出线 |

续表

| 序号 | 项目名称 | 500kV 变电站工程技术条件 |
| --- | --- | --- |
| 2 | 电气主接线 | 500kV 为一个半断路器接线，本期新建一个非完整串，设 2 台断路器，1 回出线 |
| 3 | 短路电流 | 短路电流水平 63kA |
| 4 | 主要设备选型 | 500kV 采用 GIS 设备；出线避雷器、电压互感器采用 AIS 设备 |
| 5 | 配电装置型式 | 500kV GIS 屋外布置；架空出线；母线及母线隔离开关前期建设 |
| 6 | 继电保护 | 500kV 出线配置 2 套主保护。每台 500kV 断路器均配置 2 套断路器保护、智能终端 2 套 |
| 7 | 调度自动化和计算机监控 | 增加测控单元、计量表计等 |
| 8 | 接地 | 镀锌扁钢 |
| 9 | 电缆 | 电力电缆 0.3km。控制电缆 3.5km |
| 二、土建部分 | | |
| 1 | 土建 | 本工程在围墙内预留位置扩建，不新征地。扩建 500kV 设备支架、电缆沟等 |

12. 500kV变电站扩建1回出线（1台GIS组合电器）模块

| 序号 | 项目名称 | 500kV变电站工程技术条件 |
| --- | --- | --- |
| 一、电气部分 | | |
| 1 | 出线回路 | 扩建1回500kV出线 |
| 2 | 电气主接线 | 本期将1个不完整串扩建成完整串，增加1台断路器 |
| 3 | 短路电流 | 短路电流水平63kA |
| 4 | 主要设备选型 | 500kV采用GIS设备；出线避雷器、电压互感器采用AIS设备 |
| 5 | 配电装置型式 | 500kV GIS屋外布置；架空出线；母线及接口隔离开关前期建设 |
| 6 | 继电保护 | 500kV出线配置2套主保护。每台500kV断路器均配置2套断路器保护、智能终端2套 |
| 7 | 调度自动化和计算机监控 | 增加测控单元、计量表计等 |
| 8 | 接地 | 镀锌扁钢 |
| 9 | 电缆 | 电力电缆0.3km。控制电缆3.5km |
| 二、土建部分 | | |
| 1 | 土建 | 本工程在围墙内预留位置扩建，不新征地。扩建500kV设备支架、电缆沟等 |

13. 500kV 变电站（2×1000MVA、500kV HGIS、220kV GIS 组合电器）新建方案

| 序号 | 项目名称 | 500kV 变电站工程技术条件 |
|---|---|---|
| 一、电气部分 | | |
| 1 | 主变压器 | 本期 2 组 1000MVA，最终 4 组 1000MVA |
| 2 | 无功补偿装置 | 35kV 并联电抗器本期 4 组 60Mvar，最终 8 组。<br>35kV 并联电容器本期 2 组 60Mvar，最终 8 组 |
| 3 | 出线<br>回路数<br>出线方向 | 500kV 本期 4 回，最终 8 回出线。2 个方向出线。<br>220kV 本期 8 回，最终 16 回出线。1 个方向出线 |
| 4 | 电气<br>主接线 | 500kV 采用 3/2 断路器接线，远景 6 串，主变压器均进串，本期设 10 台断路器。<br>220kV 采用双母线双分段接线，GIS 母线及母线隔离开关按远景建成，本期设 14 台断路器。<br>35kV 采用单母线接线，装设总断路器 |
| 5 | 短路电流 | 500、220、35kV 短路电流水平分别为 63（50）、50、40（50）kA |
| 6 | 主要设备<br>选型 | 污秽等级 d 级。海拔小于 1000m。<br>主变压器采用单相自耦无励磁调压变压器。<br>500kV 采用 HGIS 设备。<br>220kV 采用 GIS 设备。<br>35kV 并抗采用干式、电容器采用框架式 |

续表

| 序号 | 项目名称 | 500kV 变电站工程技术条件 |
| --- | --- | --- |
| 7 | 配电装置 | 500kV 屋外悬吊管母中型布置，高架横穿进出线。<br>220kV GIS 屋外布置。<br>35kV 支持管母线中型布置 |
| 8 | 继电保护 | 500、220kV 每回线路和母线均配置 2 套主保护。主变压器保护按双重化配置。每台 500kV 断路器均配置 2 套断路器保护。根据需要配置故障测距装置。<br>每台 500kV/220kV/（主变压器 35kV 总回路）断路器配置 2 套智能终端。<br>每台 35kV 断路器（无功/站用变压器）配置 1 套智能终端。<br>每段 500kV/220kV/35kV 母线配置 1 套母线智能终端。<br>每台主变压器本体配置 1 套智能终端 |
| 9 | 调度自动化和计算机监控 | 配置 1 套计算机监控系统，保护下放。调度数据网接入设备 2 套及相应的安全防护设备。GPS 时钟系统 1 套。火灾探测及报警系统 1 套。安全警卫及图像监视系统 1 套 |
| 10 | 通信 | 系统通信采用光纤通信方式，宜具备 3 条光纤通信通道，配置 2 套（或 3 套）SDH 设备，电路按 2.5G/10G 考虑；<br>站内通信配置 1 台 48/96 线调度程控交换机，2 套通信电源，2 组蓄电池，1 套综合数据网设备 |

续表

| 序号 | 项目名称 | 500kV 变电站工程技术条件 |
| --- | --- | --- |
| 11 | 直流系统 | 直流系统采用 220V 或 110V，采用高频开关电源和阀控铅酸蓄电池。1 套主机冗余 UPS 电源系统 |
| 12 | 接地 | 镀锌扁钢 |
| 13 | 电缆 | 电力电缆 30km。控制电缆 130km |
| 14 | 站用电 | 2 台 800kVA 站用变压器，油浸有励磁调压，屋外布置。<br>1 台 800kVA 备用变压器，油浸无励磁调压，屋外布置。<br>站外备用电源 35kV 架空线 10km、电缆 200m |
| 二、土建部分 | | |
| 1 | 基本数据 | 海拔小于 1000m，地震动峰值加速度 0.10*g*，设计风速 30m/s。<br>地基承载力特征值 $f_{ak}$=150kPa，地下水无影响，非采暖区 |
| 2 | 总布置 | 总征地面积 5.30hm$^2$，围墙内占地面积 4.3hm$^2$，站外道路 1km，土石方工程量 8 万 m$^3$（100%土方），挡土墙和护坡工程量 8000m$^3$，电缆沟道 1800m，站内道路面积 10 000m$^2$ |
| 3 | 建筑物 | 主控通信楼，5 个继电器小室和站用电室等总建筑面积 1300m$^2$，采用钢筋混凝土框架结构，外装修采用涂料或面砖、铝合金门窗或塑钢窗 |

续表

| 序号 | 项目名称 | 500kV 变电站工程技术条件 |
| --- | --- | --- |
| 4 | 构筑物 | 500kV（6 串）、220kV 构架按最终规模一次建设，主变压器构架（2 组）、设备支架按本期规模建设，均采用钢管结构、格构梁，主变压器防火墙采用框架填充墙结构 |
| 5 | 给排水 | 水源采用站内 1 眼 150m 深井取水，管径 $\phi$325mm，设 2 台深井泵，生活用水采用压力罐供水，有组织排水，设污水处理装置一套，站外排水管路 1km |
| 6 | 采暖通风 | 主控通信楼和继电器小室采用分体空调 |
| 7 | 消防 | 主要建筑物和主变压器设火灾探测报警系统，全站室内外均配置移动式化学灭火器材，主变压器消防采用水喷雾灭火系统，站内设置消火栓系统 |

14. 500kV 变电站扩建主变压器（1×1000MVA、500kV HGIS、220kV GIS 组合电器）模块

| 序号 | 项目名称 | 500kV 变电站工程技术条件 |
| --- | --- | --- |
| 一、电气部分 | | |
| 1 | 主变压器 | 扩建 1 组 1000MVA |
| 2 | 无功补偿装置 | 35kV 并联电容器 1 组 60Mvar。<br>35kV 并联电抗器 2 组 60Mvar |

续表

| 序号 | 项目名称 | 500kV 变电站工程技术条件 |
| --- | --- | --- |
| 3 | 电气主接线 | 500kV 本期扩 1 个断路器单元,1 台断路器。<br>220kV 双母线双分段接线，本期扩 1 台断路器。<br>35kV 单母线接线，设总断路器 |
| 4 | 短路电流 | 500、220、35kV 短路电流水平分别为：63、50、40kA |
| 5 | 主要设备选型 | 主变压器采用单相自耦无励磁调压变压器。<br>500kV 采用 HGIS 设备、220kV 采用 GIS 设备；避雷器、电压互感器采用 AIS 设备。<br>35kV 电容器采用框架式、电抗器采用干式 |
| 6 | 配电装置型式 | 500kV 屋外 HGIS 布置。<br>220kV 屋外 GIS 布置，架空进线。<br>35kV 屋外支持管母线中型布置 |
| 7 | 继电保护 | 主变压器保护按双重化配置。每台 500kV 断路器配置 2 套断路器保护。每台 500kV/220kV/（主变压器 35kV 总回路）断路器配置 2 套智能终端。<br>35kV 母线、站用变和无功设备保护单套配置。<br>根据需要增加主变压器故障录波器 |
| 8 | 调度自动化和计算机监控 | 增加测控单元。火灾探测及报警系统扩容。增加视频摄像头、增加电计量表计、新增一次设备在线监测信息接入现有后台 |
| 9 | 接地 | 镀锌扁钢 |
| 10 | 电缆 | 电力电缆 3km。控制电缆 20km |

续表

| 序号 | 项目名称 | 500kV 变电站工程技术条件 |
|---|---|---|
| 二、土建部分 | | |
| 1 | 土建 | 本工程在围墙内预留位置扩建，不新征地。扩建主变压器构架和基础、低压无功设备基础、各级电压设备支架和电缆沟等 |
| 2 | 消防 | 主变压器消防采用水喷雾灭火系统 |

15. 500kV 变电站扩建 1 回出线（2 台 HGIS 组合电器）模块

| 序号 | 项目名称 | 500kV 变电站工程技术条件 |
|---|---|---|
| 一、电气部分 | | |
| 1 | 出线回路数 | 500kV 本期 1 回 |
| 2 | 电气主接线 | 本期安装 1 个不完整串，设 2 台断路器 |
| 3 | 短路电流 | 500kV 短路电流水平为：63（50）kA |
| 4 | 主要设备选型 | 500kV 采用 HGIS 设备 |
| 5 | 配电装置 | 500kV 屋外悬吊管母中型布置 |
| 6 | 继电保护 | 500kV 出线配置 2 套主保护。每台 500kV 断路器均配置 2 套断路器保护、智能终端 2 套 |

续表

| 序号 | 项目名称 | 500kV 变电站工程技术条件 |
| --- | --- | --- |
| 7 | 调度自动化和计算机监控 | 增加测控单元、计量表计等 |
| 8 | 接地 | 镀锌扁钢 |
| 9 | 电缆 | 电力电缆 1.5km。控制电缆 10km |
| 二、土建部分 | | |
| 1 | 土建 | 本工程在围墙内预留位置扩建，不新征地。扩建 500kV 设备支架、电缆沟和道路等 |

16. 500kV 变电站扩建 1 回出线（1 台 HGIS 组合电器）模块

| 序号 | 项目名称 | 500kV 变电站工程技术条件 |
| --- | --- | --- |
| 一、电气部分 | | |
| 1 | 出线回路数 | 500kV 本期 1 回 |
| 2 | 电气主接线 | 本期将已有的 1 个不完整串扩建成完整串，设 1 台断路器 |
| 3 | 短路电流 | 500kV 短路电流水平为：63（50）kA |
| 4 | 主要设备选型 | 500kV 采用 HGIS 设备 |

续表

| 序号 | 项目名称 | 500kV 变电站工程技术条件 |
| --- | --- | --- |
| 5 | 配电装置 | 500kV 户外悬吊管母中型布置 |
| 6 | 继电保护 | 500kV 出线配置 2 套主保护。新增断路器配置 2 套断路器保护、智能终端 2 套 |
| 7 | 调度自动化和计算机监控 | 增加测控单元、计量表计等 |
| 8 | 接地 | 镀锌扁钢 |
| 9 | 电缆 | 电力电缆 1km。控制电缆 6km |
| 二、土建部分 | | |
| 1 | 土建 | 本工程在围墙内预留位置扩建，不新征地。扩建 500kV 设备支架和电缆沟等 |

17. 500kV 变电站扩建线路高压电抗器（1×150Mvar）模块

| 序号 | 项目名称 | 500kV 变电站工程技术条件 |
| --- | --- | --- |
| 一、电气部分 | | |
| 1 | 无功补偿装置 | 扩建 1 组 150Mvar 并联电抗器 |
| 2 | 电气主接线 | 500kV 采用 3/2 断路器接线，本期不扩建断路器。高压电抗器接入预留位置 |

续表

| 序号 | 项目名称 | 500kV 变电站工程技术条件 |
| --- | --- | --- |
| 3 | 短路电流 | 500kV 短路电流水平为 63（50）kA |
| 4 | 主要设备选型 | 500kV 采用单相、油浸式并联电抗器 |
| 5 | 配电装置 | 500kV 屋外悬吊管母中型布置 |
| 6 | 接地 | 镀锌扁钢 |
| 7 | 电缆 | 电力电缆 1.0km，控制电缆 2km |
| 8 | 继电保护 | 高抗保护按双重化配置。高抗本体配置 1 套智能终端（含非电量保护） |
| 二、土建部分 | | |
| 1 | 土建 | 本工程在围墙内预留位置扩建，不新征地。扩建高压并联电抗器基础、500kV 设备支架、电缆沟和道路等 |

18. 扩建 66kV 电抗器（1×60Mvar）模块

| 序号 | 项目名称 | 500kV 变电站工程技术条件 |
| --- | --- | --- |
| 一、电气部分 | | |
| 1 | 无功补偿装置 | 扩建 1 组 60Mvar 并联电抗器 |
| 2 | 电气主接线 | 66kV 单母线接线，扩建 1 个间隔，母线不扩建 |

续表

| 序号 | 项目名称 | 500kV 变电站工程技术条件 |
| --- | --- | --- |
| 3 | 短路电流 | 66kV 短路电流水平为 31.5kA |
| 4 | 主要设备选型 | 66kV 采用瓷柱式断路器。<br>66kV 采用干式电抗器 |
| 5 | 配电装置 | 66kV 屋外支持管母线中型布置 |
| 6 | 接地 | 镀锌扁钢 |
| 7 | 电缆 | 电力电缆 0.3km。控制电缆 3km |
| 8 | 继电保护 | 配置 1 套电抗器保护 |
| 二、土建部分 | | |
| 1 | 土建 | 本工程在围墙内预留位置扩建，不新征地。扩建低压无功设备基础、66kV 设备支架和电缆沟等 |

19. 扩建 66kV 电容器（1×60Mvar）模块

| 序号 | 项目名称 | 500kV 变电站工程技术条件 |
| --- | --- | --- |
| 一、电气部分 | | |
| 1 | 无功补偿装置 | 扩建 1 组 60Mvar 并联电容器 |
| 2 | 电气主接线 | 66kV 单母线接线，扩建 1 个电容器间隔，带串联电抗器 |
| 3 | 短路电流 | 66kV 短路电流水平为 31.5kA |

续表

| 序号 | 项目名称 | 500kV 变电站工程技术条件 |
| --- | --- | --- |
| 4 | 主要设备选型 | 66kV 采用瓷柱式断路器。<br>66kV 电容器采用框架式 |
| 5 | 配电装置 | 66kV 屋外支持管母线中型布置 |
| 6 | 接地 | 镀锌扁钢 |
| 7 | 电缆 | 电力电缆 0.3km。控制电缆 3km |
| 8 | 继电保护 | 配置 1 套电容器保护 |
| 二、土建部分 | | |
| 1 | 土建 | 本工程在围墙内预留位置扩建，不新征地。扩建低压无功设备基础、66kV 设备支架和电缆沟等 |

20. 扩建 35kV 电抗器（1×60Mvar）模块

| 序号 | 项目名称 | 500kV 变电站工程技术条件 |
| --- | --- | --- |
| 一、电气部分 | | |
| 1 | 无功补偿装置 | 35kV 并联电抗器 1 组 60Mvar |
| 2 | 电气主接线 | 35kV 单母线接线，分支断路器 1 台，母线不扩建 |
| 3 | 短路电流 | 35kV 短路电流水平为 40kA |

续表

| 序号 | 项目名称 | 500kV 变电站工程技术条件 |
|---|---|---|
| 4 | 主要设备选型 | 35kV 采用瓷柱式断路器。<br>35kV 电抗器采用干式 |
| 5 | 配电装置 | 35kV 屋外支持管母中型布置，一期已建成 |
| 6 | 继电保护 | 配置 1 套电抗器保护 |
| 7 | 调度自动化和计算机监控 | 增加测控单元等 |
| 8 | 接地 | 镀锌扁钢 |
| 9 | 电缆 | 电力电缆 0.5km。控制电缆 2km |
| 二、土建部分 | | |
| 1 | 土建 | 本工程在围墙内预留位置扩建，不新征地。扩建低压无功设备基础、35kV 设备支架等 |

21. 扩建 35kV 电容器（1×60Mvar）模块

| 序号 | 项目名称 | 500kV 变电站工程技术条件 |
|---|---|---|
| 一、电气部分 | | |
| 1 | 无功补偿装置 | 35kV 并联电容器 1 组 60Mvar，电抗率 6% |
| 2 | 电气主接线 | 35kV 单母线接线，分支断路器 1 台，母线不扩建 |

续表

| 序号 | 项目名称 | 500kV 变电站工程技术条件 |
| --- | --- | --- |
| 3 | 短路电流 | 35kV 短路电流水平为 40kA |
| 4 | 主要设备选型 | 35kV 采用瓷柱式断路器。<br>35kV 电容器采用框架式 |
| 5 | 配电装置 | 35kV 屋外支持管母中型布置 |
| 6 | 继电保护 | 配置 1 套电容器保护 |
| 7 | 调度自动化和计算机监控 | 增加测控单元等 |
| 8 | 接地 | 镀锌扁钢 |
| 9 | 电缆 | 电力电缆 0.5km。控制电缆 2km |
| 二、土建部分 | | |
| 1 | 土建 | 本工程在围墙内预留位置扩建，不新征地。扩建低压无功设备基础、35kV 设备支架等 |

## （四）330kV 变电站工程技术组合方案

1. 330kV 变电站（2×360MVA、GIS 组合电器）新建方案

| 序号 | 项目名称 | 330kV 变电站工程技术条件 |
| --- | --- | --- |
| 一、电气部分 | | |
| 1 | 主变压器 | 本期 2 组 360MVA，最终 3 组 360MVA |

续表

| 序号 | 项目名称 | 330kV 变电站工程技术条件 |
| --- | --- | --- |
| 2 | 无功补偿装置 | 35kV 并联电抗器本期 4 组 45Mvar，最终 6 组。<br>35kV 并联电容器本期 4 组 40Mvar，最终 6 组 |
| 3 | 出线回路数和出线方向 | 330kV 本期 4 回，最终 8 回，两个方向出线。<br>110kV 本期 6 回，最终 18 回。一个方向出线 |
| 4 | 电气主接线 | 330kV 双母线双分段接线规划。本期双母线接线，设 7 台断路器。<br>110kV 双母线双分段接线。本期双母线接线，设 9 台断路器。<br>35kV 单母线接线，装设总断路器 |
| 5 | 短路电流 | 330、110、35kV 短路电流水平分别为 50、40、31.5kA |
| 6 | 主要设备选型 | 污秽等级 d 级。海拔小于 1000m。<br>主变压器采用三相自耦有励磁调压变压器。<br>330、110kV 采用 GIS 设备。<br>35kV 电容器采用框架式、电抗器采用干式 |
| 7 | 配电装置 | 330、110kV GIS 屋外布置。<br>35kV 屋内开关柜布置 |
| 8 | 继电保护 | 330kV 每回线路和母线均配置 2 套主保护。110kV 每回线路配置 1 套主保护，110kV 母线保护双重化配置。主变压器保护、高压并联电抗器保护按双重化配置。每台 330kV 断 |

续表

| 序号 | 项目名称 | 330kV 变电站工程技术条件 |
| --- | --- | --- |
| 8 | 继电保护 | 路器均配置 2 套断路器保护。330kV 及主变压器采用保护、测控独立装置，110、35kV 采用保测一体化装置。330、110kV 线路、主变压器故障录波器本期 5 台。根据需要配置行波测距装置。互感器采用常规互感器，智能终端就地布置在智能控制柜中 |
| 9 | 调度自动化和计算机监控 | 配置 1 套计算机监控系统。330kV 过程层网络采用星形双网结构，110kV 过程层网络采用星形单网结构，35kV 不设置 GOOSE 网络。调度数据网接入设备 2 套及相应的安全防护设备。电能计量系统 1 套。GPS 时钟系统 1 套。火灾探测及报警系统 1 套。安全警卫及图像监视系统 1 套 |
| 10 | 通信 | 系统通信采用光纤通信方式，具备 2 条光纤通信通道，配置 2 套 SDH 设备，电路按 2.5G/10G 考虑；<br>站内通信配置 2 套通信电源，2 组蓄电池，1 套综合数据网设备 |
| 11 | 直流系统 | 直流系统采用 220V，采用高频开关电源和阀控铅酸蓄电池。1 套主机冗余 UPS 电源系统 |
| 12 | 接地 | 采用热镀锌扁钢 |
| 13 | 电缆 | 电力电缆（阻燃、铠装型）31.1km；<br>控制电缆（阻燃、铠装型）93km |

续表

| 序号 | 项目名称 | 330kV 变电站工程技术条件 |
| --- | --- | --- |
| 14 | 站用变压器 | 1 台工作变压器 800kVA 油浸式有励磁调压，屋外布置。<br>1 台备用变压器 800kVA 油浸式无励磁调压，屋外布置。<br>站外备用电源 35kV 架空线 10km、电缆 200m |
| 二、土建部分 | | |
| 1 | 基本数据 | 海拔小于 1000m，地震动峰加速度 0.10*g*，设计风速 30m/s。<br>地基承载力特征值 $f_{ak}$=150kPa，地下水无影响，采暖区 |
| 2 | 总布置 | 总征地面积 2.60hm$^2$，围墙内占地面积 1.80hm$^2$，站外道路 0.5km，土石方工程量 4 万 m$^3$（100%土方），挡土墙和护坡 4000m$^3$，电缆沟道 1200m，站内道路面积 3105m$^2$ |
| 3 | 建筑物 | 主控通信楼、站用电室和水工等建筑物，全站总建筑面积 1020m$^2$，采用钢筋混凝土框架结构，外装修采用涂料或面砖、铝合金门窗或塑钢窗 |
| 4 | 构筑物 | 330、110kV 构架、主变压器构架（3 组）和 GIS 基础按最终规模一次建设，设备支架按本期规模建设，均采用钢管结构、格构梁，主变压器防火墙采用钢筋混凝土结构 |

续表

| 序号 | 项目名称 | 330kV 变电站工程技术条件 |
| --- | --- | --- |
| 5 | 给排水 | 水源采用站内 1 眼 150m 深井取水，管径 $\phi$325mm，设 2 台深井泵；生活用水采用压力罐供水，有组织排水，设污水处理装置一套，站外排水管路 0.3km |
| 6 | 采暖通风 | 主控通信楼采用分体空调，供暖采用分散电暖气采暖 |
| 7 | 消防 | 主要建筑物和主变压器设火灾探测报警系统，全站室内外均配置移动式化学灭火器材，主变压器消防采用水喷雾灭火系统，站内设置消火栓系统 |

2. 330kV 变电站扩建主变压器（1×360MVA、GIS 组合电器）模块

| 序号 | 项目名称 | 330kV 变电站工程技术条件 |
| --- | --- | --- |
| 一、电气部分 | | |
| 1 | 主变压器 | 本期扩建 1 台 360MVA 主变压器 |
| 2 | 无功补偿装置 | 35kV 并联电抗器，本期 2 组 45Mvar，最终 2 组 45Mvar。<br>35kV 并联电容器，本期 2 组 40Mvar，最终 2 组 40Mvar |
| 3 | 电气主接线 | 330kV 本期 1 台主变压器接主母线，安装 1 台断路器。<br>110kV 双母线接线，安装 1 台断路器。<br>35kV 单母线接线，装设总断路器 |

续表

| 序号 | 项目名称 | 330kV 变电站工程技术条件 |
| --- | --- | --- |
| 4 | 短路电流 | 330、110、35kV 短路电流水平分别为 50、40、31.5kA |
| 5 | 主要设备选型 | 污秽等级 d 级，海拔小于 1000m，主变压器采用三相自耦有励磁调压变压器。<br>330、110kV 采用 GIS 设备。<br>35kV 电容器采用框架式、电抗器采用干式 |
| 6 | 配电装置 | 330、110kV GIS 屋外布置。<br>35kV 屋内开关柜布置 |
| 7 | 继电保护 | 主变压器保护按双重化配置。每台 330kV 断路器均配置 2 套断路器保护等 |
| 8 | 调度自动化和计算机监控 | 增加测控单元。火灾探测及报警系统扩容。增加视频摄像头、增加电计量表计、新增一次设备在线监测信息接入现有后台 |
| 9 | 接地 | 热镀锌扁钢 |
| 10 | 电缆 | 电力电缆（阻燃、铠装型）3.4km;<br>控制电缆（阻燃、铠装型）23km;<br>光缆 5km |
| 11 | 站用变压器 | 1 台 800kVA 工作变压器，有励磁调压，屋外布置 |
| 二、土建部分 | | |
| 1 | 土建 | 本工程在围墙内预留位置扩建，不新征地。扩建主变压器基础、无功设备基础、各级电压设备支架和电缆沟等。<br>扩建一座 35kV 开关柜室，建筑面积 $290m^2$ |
| 2 | 消防 | 主变压器消防采用水喷雾灭火系统 |

3. 330kV 变电站扩建 1 回出线（1 台 GIS 组合电器）模块

| 序号 | 项目名称 | 330kV 变电站工程技术条件 |
| --- | --- | --- |
| 一、电气部分 | | |
| 1 | 出线回路数和出线方向 | 330kV 本期 1 回 |
| 2 | 电气主接线 | 采用双母线双分段，本期上 1 台断路器 |
| 3 | 短路电流 | 330kV 短路电流水平为 50kA |
| 4 | 主要设备选型 | 330kV 采用 GIS |
| 5 | 配电装置 | 330kV 屋外 GIS 布置 |
| 6 | 继电保护 | 330kV 出线配置 2 套主保护。新增 330kV 断路器配置 2 套断路器保护 |
| 7 | 调度自动化和计算机监控 | 增加测控单元、计量表计等 |
| 8 | 接地 | 镀锌扁钢 |
| 9 | 电缆 | 电力电缆（阻燃、铠装型）1.5km；<br>控制电缆（阻燃、铠装型）7km；<br>光缆 1km |
| 二、土建部分 | | |
| 1 | 土建 | 本工程在围墙内预留位置扩建，不新征地。扩建 330kV 设备支架等 |

4. 330kV 变电站（2×240MVA、HGIS 组合电器）新建方案

| 序号 | 项目名称 | 330kV 变电站工程技术条件 |
|---|---|---|
| 一、电气部分 | | |
| 1 | 主变压器 | 本期 2 组 240MVA，最终 3 组 240MVA |
| 2 | 无功补偿装置 | 330kV 并联电抗器本期 1 组 90Mvar，最终 2 组。<br>35kV 并联电抗器本期 4 组 45Mvar，最终 6 组。<br>35kV 并联电容器本期 4 组 40Mvar，最终 6 组 |
| 3 | 出线回路数和出线方向 | 330kV 本期 4 回，最终 8 回，两个方向出线。<br>110kV 本期 14 回，最终 24 回。一个方向出线 |
| 4 | 电气主接线 | 330kV 一个半断路器接线规划。本期一个半断路器接线，设 10 台断路器。<br>110kV 双母线双分段接线。本期双母线双分段接线，设 20 台断路器。<br>35kV 单母线接线，装设总断路器 |
| 5 | 短路电流 | 330、110、35kV 短路电流水平分别为 50、40、31.5kA |
| 6 | 主要设备选型 | 污秽等级 d 级。海拔小于 1000m。<br>主变压器采用三相自耦有励磁调压变压器。<br>330、110kV 采用 HGIS 设备。<br>35kV 电容器采用框架式、电抗器采用干式 |

续表

| 序号 | 项目名称 | 330kV 变电站工程技术条件 |
|---|---|---|
| 7 | 配电装置 | 330、110kV HGIS 屋外布置。<br>35kV 屋内开关柜布置 |
| 8 | 继电保护 | 330kV 每回线路和母线均配置 2 套主保护。110kV 每回线路配置 1 套主保护，110kV 母线保护双重化配置。主变压器保护、高压并联电抗器保护按双重化配置。每台 330kV 断路器均配置 2 套断路器保护。330kV 及主变压器采用保护、测控独立装置，110、35kV 采用保测一体化装置。330、110kV 线路、主变压器故障录波器本期 5 台。根据需要配置行波测距装置 1 套。智能终端就地布置在智能控制柜中 |
| 9 | 调度自动化和计算机监控 | 配置 1 套计算机监控系统。330kV 过程层网络采用星形双网结构，设置独立的 GOOSE 网络。110kV 过程层网络采用星形单网结构。35kV 不设置 GOOSE 网络。调度数据网接入设备 2 套及相应的安全防护设备。电能计量系统 1 套。GPS 时钟系统 1 套。火灾探测及报警系统 1 套。安全警卫及图像监视系统 1 套 |
| 10 | 通信 | 系统通信采用光纤通信方式，具备 2 条光纤通信通道，配置 2 套 SDH 设备，电路按 2.5G/10G 考虑；<br>站内通信配置 2 套通信电源，2 组蓄电池，1 套综合数据网设备 |
| 11 | 直流系统 | 直流系统采用 220V，采用高频开关电源和阀控铅酸蓄电池。1 套主机冗余 UPS 电源系统 |

续表

| 序号 | 项目名称 | 330kV 变电站工程技术条件 |
|---|---|---|
| 12 | 接地 | 采用热镀锌扁钢 |
| 13 | 电缆及光缆 | 电力电缆（阻燃、铠装型）33.45km；<br>控制电缆（阻燃、铠装型）111km |
| 14 | 站用变压器 | 1 台工作变压器 800kVA 油浸式有励磁调压，屋外布置。<br>1 台备用变压器 800kVA 油浸式无励磁调压，屋外布置。<br>站外备用电源 35kV 架空线 10km、电缆 200m |
| 二、土建部分 | | |
| 1 | 基本数据 | 海拔小于 1000m，地震动峰加速度 0.10*g*，设计风速 30m/s。<br>地基承载力特征值 $f_{ak}$=150kPa，地下水无影响，采暖区 |
| 2 | 总布置 | 总征地面积 3.466 97hm$^2$，围墙内占地面积 2.669 7hm$^2$，站外道路 0.5km，土石方工程量 4 万 m$^3$（100%土方），挡土墙和护坡 4000m$^3$，电缆沟道 1240m，站内道路面积 4467m$^2$ |
| 3 | 建筑物 | 主控通信楼、继电器室、开关柜室、站用电室和水工等建筑物，全站总建筑面积 1289m$^2$，采用钢筋混凝土框架结构，外装修采用涂料或面砖、铝合金门窗或塑钢窗 |

| 序号 | 项目名称 | 330kV 变电站工程技术条件 |
| --- | --- | --- |
| 4 | 构筑物 | 330、110kV 构架、主变压器构架（3 组）和 HGIS 基础按最终规模一次建设，设备支架按本期规模建设，均采用钢管结构、格构梁，主变压器防火墙采用钢筋混凝土结构 |
| 5 | 给排水 | 水源采用站内 1 眼 150m 深井取水，管径 $\phi$325mm，设 2 台深井泵；生活用水采用压力罐供水，有组织排水，设污水处理装置一套，站外排水管路 0.3km |
| 6 | 采暖通风 | 主控通信楼采用分体空调，供暖采用分散电暖气采暖 |
| 7 | 消防 | 主要建筑物和主变压器设火灾探测报警系统，全站室内外均配置移动式化学灭火器材，主变压器消防采用水喷雾灭火系统，站内设置消火栓系统 |

5. 330kV 变电站扩建主变压器（1×240MVA、HGIS 组合电器）模块

| 序号 | 项目名称 | 330kV 变电站工程技术条件 |
| --- | --- | --- |
| 一、电气部分 | | |
| 1 | 主变压器 | 本期扩建 1 台 240MVA 主变压器 |
| 2 | 无功补偿装置 | 35kV 并联电抗器，本期 2 组 45Mvar，最终 2 组 45Mvar。<br>35kV 并联电容器，本期 2 组 40Mvar，最终 2 组 40Mvar |

续表

| 序号 | 项目名称 | 330kV 变电站工程技术条件 |
|---|---|---|
| 3 | 电气<br>主接线 | 330kV 一个半断路器接线，330kV 本期 1 台主变进串，安装 1 台断路器。<br>110kV 双母线双分段接线，安装 1 台断路器。<br>35kV 单母线接线，装设总断路器 |
| 4 | 短路电流 | 330、110、35kV 短路电流水平分别为 50、40、31.5kA |
| 5 | 主要设备选型 | 污秽等级 d 级，海拔小于 1000m，主变压器采用三相自耦有励磁调压变压器。<br>330、110kV 采用 HGIS 设备。<br>35kV 电容器采用框架式、电抗器采用干式 |
| 6 | 配电装置 | 330、110kV HGIS 屋外布置。<br>35kV 屋内开关柜布置 |
| 7 | 继电保护 | 主变压器保护按双重化配置。每台 330kV 断路器均配置 2 套断路器保护等 |
| 8 | 调度自动化和计算机监控 | 增加测控单元。火灾探测及报警系统扩容。增加视频摄像头、增加电计量表计、新增一次设备在线监测信息接入现有后台 |
| 9 | 接地 | 热镀锌扁钢 |
| 10 | 电缆及<br>光缆 | 电力电缆（阻燃、铠装型）4.5km。<br>控制电缆（阻燃、铠装型）20km |
| 二、土建部分 | | |
| 1 | 土建 | 本工程在围墙内预留位置扩建，不新征地。扩建主变压器基础、无功设备基础、各级电压设备支架和电缆沟等 |
| 2 | 消防 | 主变压器消防采用水喷雾灭火系统 |

6. 330kV 变电站扩建 1 回出线（2 台 HGIS 组合电器）模块

| 序号 | 项目名称 | 330kV 变电站工程技术条件 |
| --- | --- | --- |
| 一、电气部分 | | |
| 1 | 出线回路数和出线方向 | 扩建 330kV 1 回出线 |
| 2 | 电气主接线 | 采用一个半断路器接线，本期上 2 台断路器 |
| 3 | 短路电流 | 330kV 短路电流水平为 50kA |
| 4 | 主要设备选型 | 330kV 采用 HGIS |
| 5 | 配电装置 | 330kV 屋外 HGIS 布置 |
| 6 | 继电保护 | 330kV 出线配置 2 套主保护。每台 330kV 断路器配置 2 套断路器保护 |
| 7 | 调度自动化和计算机监控 | 增加测控单元、计量表计等 |
| 8 | 接地 | 镀锌扁钢 |
| 9 | 电缆及光缆 | 电力电缆（阻燃、铠装型）6.5km。<br>控制电缆（阻燃、铠装型）11.3km |
| 二、土建部分 | | |
| 1 | 土建 | 本工程在围墙内预留位置扩建，不新征地。扩建 330kV 设备支架等 |

7. 330kV 变电站扩建 1 回出线（1 台 HGIS 组合电器）模块

| 序号 | 项目名称 | 330kV 变电站工程技术条件 |
| --- | --- | --- |
| 一、电气部分 | | |
| 1 | 出线回路数和出线方向 | 330kV 本期 1 回 |
| 2 | 电气主接线 | 采用一个半断路器接线，本期上 1 台断路器 |
| 3 | 短路电流 | 330kV 短路电流水平为 50kA |
| 4 | 主要设备选型 | 330kV 采用 HGIS |
| 5 | 配电装置 | 330kV 屋外 HGIS 布置 |
| 6 | 继电保护 | 330kV 出线配置 2 套主保护。新增 330kV 断路器配置 2 套断路器保护 |
| 7 | 调度自动化和计算机监控 | 增加测控单元、计量表计等 |
| 8 | 接地 | 镀锌扁钢 |
| 9 | 电缆及光缆 | 电力电缆（阻燃、铠装型）1.9km。<br>控制电缆（阻燃、铠装型）6.9km |
| 二、土建部分 | | |
| 1 | 土建 | 本工程在围墙内预留位置扩建，不新征地。扩建 330kV 设备支架等 |

8. 330kV 变电站扩建线路高压电抗器（1×90Mvar）模块

| 序号 | 项目名称 | 330kV 变电站工程技术条件 |
|---|---|---|
| 一、电气部分 | | |
| 1 | 扩建规模 | 在已有 330kV 出线上扩建 90Mvar 高压电抗器 1 组 |
| 2 | 电气主接线 | 330kV 高压电抗器经隔离开关接入线路，高压电抗器配置独立避雷器 |
| 3 | 短路电流 | 330kV 短路电流水平为 50kA |
| 4 | 主要设备选型 | 330kV 隔离开关选用水平断口型；<br>高压电抗器采用油浸、自冷型 |
| 5 | 配电装置 | 330kV 屋外软母中型布置 |
| 6 | 接地 | 镀锌扁钢 |
| 7 | 保护 | 设置双套高压电抗器保护 |
| 8 | 电缆 | 电力电缆（阻燃、铠装型）1.2km；<br>控制电缆（阻燃、铠装型）10km；<br>光缆 1km |
| 二、土建部分 | | |
| 1 | 土建 | 本工程在围墙内扩建，不新征地。扩建高压电抗器基础、330kV 设备支架和电缆沟等 |

9. 330kV 变电站扩建主变压器（1×240MVA、柱式断路器）模块

| 序号 | 项目名称 | 330kV 变电站工程技术条件 |
| --- | --- | --- |
| 一、电气部分 | | |
| 1 | 主变压器 | 本期 1 台 240MVA |
| 2 | 无功补偿装置 | 35kV 并联电抗器本期 2 组 30Mvar。<br>35kV 并联电容器本期 2 组 30Mvar |
| 3 | 电气主接线 | 330kV 采用 3/2 断路器接线，本期 1 台主变进串，设 1 台断路器。<br>110kV 双母线单分段接线,本期 1 台断路器。<br>35kV 单母线接线，装设总断路器 |
| 4 | 短路电流 | 330、330、35kV 短路电流水平分别为 50、40、31.5kA |
| 5 | 主要设备选型 | 主变压器采用三相自耦有励磁调压变压器。<br>330、110、35kV 采用瓷柱式断路器。<br>35kV 电容器采用框架式、电抗器采用干式 |
| 6 | 配电装置 | 330kV 屋外悬吊管母中型布置。<br>110kV 屋外支持管母中型布置。<br>35kV 屋外支持管母中型布置 |
| 7 | 继电保护 | 主变压器保护按双重化配置。每台 330kV 断路器均配置 2 套断路器保护 |
| 8 | 调度自动化和计算机监控 | 增加测控单元。火灾探测及报警系统扩容。增加视频摄像头、增加电计量表计、新增一次设备在线监测信息接入现有后台 |

续表

| 序号 | 项目名称 | 330kV变电站工程技术条件 |
| --- | --- | --- |
| 9 | 接地 | 热镀锌扁钢 |
| 10 | 电缆 | 电力电缆（阻燃、铠装型）3.75km；<br>控制电缆（阻燃、铠装型）25km；<br>光缆5km |
| 11 | 站用电 | 本期设1台35kV800kVA工作变压器，采用油浸有励磁调压、屋外布置 |
| 二、土建部分 | | |
| 1 | 土建 | 本工程在围墙内预留位置扩建，不新征地。扩建主变压器基础、无功设备基础、各级电压设备支架和电缆沟等 |
| 2 | 消防 | 主变压器消防采用水喷雾灭火系统 |

10. 330kV变电站扩建1回出线（2台柱式断路器）模块

| 序号 | 项目名称 | 330kV变电站工程技术条件 |
| --- | --- | --- |
| 一、电气部分 | | |
| 1 | 出线回路数和出线方向 | 330kV本期1回 |
| 2 | 电气主接线 | 本期将已有的1个不完整串扩建成完整串，设2台断路器 |
| 3 | 短路电流 | 330kV短路电流水平为50kA |

续表

| 序号 | 项目名称 | 330kV 变电站工程技术条件 |
|---|---|---|
| 4 | 主要设备选型 | 330kV 采用瓷柱式断路器 |
| 5 | 配电装置 | 330kV 屋外悬吊管母线中型布置 |
| 6 | 继电保护 | 330kV 出线配置 2 套主保护。每台 330kV 断路器配置 2 套断路器保护 |
| 7 | 调度自动化和计算机监控 | 增加测控单元、计量表计等 |
| 8 | 接地 | 热镀锌扁钢 |
| 9 | 电缆 | 电力电缆（阻燃、铠装型）2.5km。<br>控制电缆（阻燃、铠装型）10km。<br>光缆 2km |
| 二、土建部分 | | |
| 1 | 土建 | 本工程在围墙内预留位置扩建，不新征地。扩建 330kV 设备支架等 |

11. 330kV 变电站扩建 1 回出线（1 台柱式断路器）模块

| 序号 | 项目名称 | 330kV 变电站工程技术条件 |
|---|---|---|
| 一、电气部分 | | |
| 1 | 出线回路数和出线方向 | 330kV 本期 1 回 |

续表

| 序号 | 项目名称 | 330kV 变电站工程技术条件 |
| --- | --- | --- |
| 2 | 电气主接线 | 本期扩建 1 个不完整串，设 1 台断路器 |
| 3 | 短路电流 | 330kV 短路电流水平为 50kA |
| 4 | 主要设备选型 | 330kV 采用瓷柱式断路器 |
| 5 | 配电装置 | 330kV 屋外悬吊管母中型布置 |
| 6 | 继电保护 | 330kV 出线配置 2 套主保护。每台 330kV 断路器均配置 2 套断路器保护 |
| 7 | 调度自动化和计算机监控 | 增加测控单元、计量表计等 |
| 8 | 接地 | 热镀锌扁钢 |
| 9 | 电缆 | 电力电缆（阻燃、铠装型）1.5km。<br>控制电缆（阻燃、铠装型）8km;<br>光缆 1km |
| 二、土建部分 | | |
| 1 | 土建 | 本工程在围墙内预留位置扩建，不新征地。扩建 330kV 设备支架和电缆沟等 |

12. 330kV 变电站扩建主变压器（1×240MVA、罐式断路器）模块

| 序号 | 项目名称 | 330kV 变电站工程技术条件 |
|---|---|---|
| 一、电气部分 | | |
| 1 | 主变压器 | 本期 1 台 240MVA |
| 2 | 无功补偿装置 | 35kV 并联电抗器本期 2 组 30Mvar。<br>35kV 并联电容器本期 2 组 30Mvar |
| 3 | 电气主接线 | 330kV 采用 3/2 断路器接线，本期 1 台主变压器进串，设 1 台断路器。<br>110kV 双母线单分段接线，本期 1 台断路器。<br>35kV 单母线接线，装设总断路器 |
| 4 | 短路电流 | 330、330、35kV 短路电流水平分别为 50、40、31.5kA |
| 5 | 主要设备选型 | 主变压器采用三相自耦有励磁调压变压器。<br>330kV 采用罐式断路器。<br>110kV 采用瓷柱式断路器。<br>35kV 电容器采用框架式、电抗器采用干式 |
| 6 | 配电装置 | 330kV 屋外软母中型布置。<br>110kV 屋外软母半高型布置。<br>35kV 屋外支持管母中型布置 |
| 7 | 继电保护 | 主变压器保护按双重化配置。每台 330kV 断路器均配置 2 套断路器保护 |
| 8 | 调度自动化和计算机监控 | 增加测控单元。火灾探测及报警系统扩容。增加视频摄像头、增加电计量表计、新增一次设备在线监测信息接入现有后台 |

续表

| 序号 | 项目名称 | 330kV 变电站工程技术条件 |
|---|---|---|
| 9 | 接地 | 镀锌扁钢 |
| 10 | 电缆 | 电力电缆（阻燃、铠装型）3.75km。<br>控制电缆（阻燃、铠装型）25km；<br>光缆 5km |
| 11 | 站用变 | 1 台 800kVA 工作变压器，有励磁调压，屋外布置 |
| 二、土建部分 | | |
| 1 | 土建 | 本工程在围墙内预留位置扩建，不新征地。扩建主变压器基础、无功设备基础、各级电压设备支架和电缆沟等 |
| 2 | 消防 | 主变压器消防采用水喷雾灭火系统 |

13. 330kV 变电站扩建 1 回出线（2 台罐式断路器）模块

| 序号 | 项目名称 | 330kV 变电站工程技术条件 |
|---|---|---|
| 一、电气部分 | | |
| 1 | 出线回路数 | 330kV 本期 1 回 |
| 2 | 电气主接线 | 本期扩建 1 个不完整串，设 2 台断路器 |
| 3 | 短路电流 | 330kV 短路电流水平为 50kA |
| 4 | 主要设备选型 | 330kV 采用罐式断路器 |

续表

| 序号 | 项目名称 | 330kV 变电站工程技术条件 |
| --- | --- | --- |
| 5 | 配电装置 | 330kV 屋外软母中型布置 |
| 6 | 继电保护 | 330kV 出线配置 2 套主保护。每台 330kV 断路器均配置 2 套断路器保护 |
| 7 | 调度自动化和计算机监控 | 增加测控单元、计量表计等 |
| 8 | 接地 | 镀锌扁钢 |
| 9 | 电缆 | 电力电缆（阻燃、铠装型）2.35km；<br>控制电缆（阻燃、铠装型）8km；<br>光缆 2km |
| 二、土建部分 | | |
| 1 | 土建 | 本工程在围墙内预留位置扩建，不新征地。扩建 330kV 设备支架和电缆沟等 |

14. 330kV 变电站扩建 1 回出线（1 台罐式断路器）模块

| 序号 | 项目名称 | 330kV 变电站工程技术条件 |
| --- | --- | --- |
| 一、电气部分 | | |
| 1 | 出线回路数 | 330kV 本期 1 回出线 |
| 2 | 电气主接线 | 将已有的 1 个不完整串扩建成完整串，设 1 台断路器 |

续表

| 序号 | 项目名称 | 330kV 变电站工程技术条件 |
|---|---|---|
| 3 | 短路电流 | 330kV 短路电流水平为 50kA |
| 4 | 主要设备选型 | 330kV 采用罐式断路器 |
| 5 | 配电装置 | 330kV 屋外软母中型布置 |
| 6 | 继电保护 | 330kV 出线配置 2 套主保护。新增 330kV 断路器配置 2 套断路器保护 |
| 7 | 调度自动化和计算机监控 | 增加测控单元、计量表计等 |
| 8 | 接地 | 镀锌扁钢 |
| 9 | 电缆 | 电力电缆（阻燃、铠装型）1.5km；<br>控制电缆（阻燃、铠装型）8km；<br>光缆 1km |
| 二、土建部分 | | |
| 1 | 土建 | 本工程在围墙内预留位置扩建，不新征地。扩建 330kV 设备支架等 |

## （五）220kV 变电站工程技术组合方案

1. 220kV 变电站（2×180MVA、柱式断路器）新建方案

| 序号 | 项目名称 | 220kV 变电站工程技术条件 |
|---|---|---|
| 一、电气部分 | | |
| 1 | 主变压器 | 本期 2 组 180MVA，最终 4 组 180MVA |

续表

| 序号 | 项目名称 | 220kV 变电站工程技术条件 |
|---|---|---|
| 2 | 无功补偿装置 | 10kV 并联电容器，本期 8 组 6Mvar，最终 16 组 |
| 3 | 出线回路数 | 220kV 本期 4 回，最终 8 回。<br>110kV 本期 8 回，最终 14 回。<br>10kV 本期 16 回，最终 24 回 |
| 4 | 电气主接线 | 220kV 远景采用双母线双分段，本期采用双母线接线，设 7 台断路器。<br>110kV 远景采用双母线双分段，本期采用双母线接线，设 11 台断路器。<br>10kV 远景采用单母线分段接线，本期采用单母线分段接线 |
| 5 | 短路电流 | 220、110、10kV 短路电流水平分别为 50、40、25kA |
| 6 | 主要设备选型 | 污秽等级 d 级。海拔小于 1000m。<br>三相、三绕组油浸式有励磁调压变压器。<br>220、110kV 采用 $SF_6$ 柱式断路器，10kV 采用户内开关柜。<br>10kV 电容器采用框架式、串联电抗器采用干式 |
| 7 | 配电装置 | 220kV 屋外支持式管型母线中型布置。<br>110kV 屋外支持式管型母线中型布置。<br>10kV 采用屋内配电装置 |

续表

| 序号 | 项目名称 | 220kV 变电站工程技术条件 |
|---|---|---|
| 8 | 继电保护 | 220kV每回线路和母线均配置2套主保护。110kV 每回线路和母线均配置 1 套主保护。220kV 线路及主变故障录波器按双套配置；110kV 线路故障录波器按单套配置。主变压器保护按双重化配置，非电量保护单套配置（集成于本体智能终端）。互感器采用常规互感器＋合并单元配置，智能终端和合并单元就地布置在智能控制柜中。220kV 及主变采用保护、测控独立装置，110kV 及 10kV 采用保护测控合一装置 |
| 9 | 调度自动化和计算机监控 | 配置 1 套计算机监控系统，调度数据网接入设备 2 套及相应的安全防护设备。GPS 时钟系统 1 套。火灾探测及报警系统 1 套。安全警卫及图像监视系统 1 套 |
| 10 | 通信 | 系统通信采用光纤通信方式，具备 2 条光纤通信通道，配置 2 套光传输设备，电路按 2.5G/10G 考虑；<br>站内通信配置 1 套综合数据网设备，通信电源采用站内一体化电源 |
| 11 | 直流系统 | 直流系统采用 220V，采用高频开关电源和阀控铅酸蓄电池。1 套主机冗余 UPS 电源系统 |
| 12 | 接地 | 镀锌扁钢 |
| 13 | 电缆 | 电力电缆（非阻燃、铠装型）12.49km；<br>控制电缆（非阻燃、铠装型）60km；<br>光缆 20km |

续表

| 序号 | 项目名称 | 220kV 变电站工程技术条件 |
| --- | --- | --- |
| 14 | 站用电 | 2 台 10kV、800kVA 均为干式无励磁调压变压器，屋内布置 |
| 二、土建部分 | | |
| 1 | 基本数据 | 海拔小于 1000m，地震动峰加速度 0.10*g*，设计风速 30m/s。<br>地基承载力特征值 $f_{ak}$＝150kPa，地下水无影响，采暖区 |
| 2 | 总布置 | 总征地面积 2.90hm$^2$，围墙内占地面积 2.60hm$^2$，站外道路 185m，土石方工程量 1.6 万 m$^3$（100%土方），挡土墙和护坡 2000m$^3$，电缆沟道 1000m，站内道路面积 1500m$^2$ |
| 3 | 建筑物 | 主控通信楼、10kV 配电室、综合水泵房及雨淋阀间，全站总建筑面积 1086m$^2$，采用钢筋混凝土框架结构，外装修采用涂料或面砖、铝合金门窗或塑钢窗 |
| 4 | 构筑物 | 220、110kV、主变压器构架按最终规模一次建设，设备支架按本期规模建设，均采用钢管杆、钢横梁 |
| 5 | 给排水 | 水源采用站内 1 眼 30m 深井取水，有组织排水，设污水处理装置一套，站外排水管路 0.3km |
| 6 | 其他构筑物 | 按常规考虑 |
| 7 | 采暖通风 | 主控通信楼采用分体空调，采用分散电暖气采暖 |

续表

| 序号 | 项目名称 | 220kV 变电站工程技术条件 |
|---|---|---|
| 8 | 消防 | 主要建筑物和主变压器设火灾探测报警系统，全站室内外均配置移动式化学灭火器材，主变压器消防采用水喷雾灭火系统，站内设置消火栓系统 |

2. 220kV 变电站扩建主变压器（1×180MVA、柱式断路器）模块

| 序号 | 项目名称 | 220kV 变电站工程技术条件 |
|---|---|---|
| 一、电气部分 | | |
| 1 | 主变压器 | 本期扩建 1 组 180MVA |
| 2 | 无功补偿装置 | 10kV 并联电容器，本期 4 组 6Mvar |
| 3 | 出线回路数 | 本期不扩建 |
| 4 | 电气主接线 | 220kV 双母线接线，设 1 台断路器。110kV 双母线接线，设 1 台断路器。<br>本期 10kV 单母线接线 |
| 5 | 短路电流 | 220、110、10kV 短路电流水平分别为 50、40、25kA |
| 6 | 主要设备选型 | 污秽等级 d 级。海拔小于 1000m。<br>三相、三绕组油浸式有励磁调压变压器。<br>220、110kV 采用 $SF_6$ 柱式断路器。<br>10kV 电容器采用框架式 |

续表

| 序号 | 项目名称 | 220kV 变电站工程技术条件 |
| --- | --- | --- |
| 7 | 配电装置 | 220kV 屋外支持式管型母线中型布置。<br>110kV 屋外支持式管型母线中型布置。<br>10kV 采用屋内配电装置 |
| 8 | 继电保护 | 主变压器保护按双重化配置，根据需要增加主变故障录波 |
| 9 | 调度自动化和计算机监控 | 增加测控单元，火灾探测及报警系统扩容。增加视频摄像头、增加电计量表计、新增一次设备在线监测信息接入现有后台 |
| 10 | 接地 | 镀锌扁钢 |
| 11 | 电缆 | 电力电缆（非阻燃、铠装型）：3km；<br>控制电缆（非阻燃、铠装型）：12km |
| 二、土建部分 | | |
| 1 | 构筑物 | 本工程在围墙内预留位置扩建，不新征地。扩建主变压器构架和基础、无功设备基础和各级电压设备支架等 |
| 2 | 消防 | 主变压器消防采用水喷雾灭火系统 |

3. 220kV 变电站扩建 1 回出线（1 台柱式断路器）模块

| 序号 | 项目名称 | 220kV 变电站工程技术条件 |
| --- | --- | --- |
| 一、电气部分 | | |
| 1 | 出线回路数 | 本期扩建 220kV 出线 1 回 |

续表

| 序号 | 项目名称 | 220kV 变电站工程技术条件 |
| --- | --- | --- |
| 2 | 电气主接线 | 220kV 双母线接线，预留位置扩建 |
| 3 | 短路电流 | 220kV 短路电流水平为 50kA |
| 4 | 主要设备选型 | 污秽等级 d 级。<br>220kV 采用 $SF_6$ 柱式断路器 1 台 |
| 5 | 配电装置 | 220kV 屋外支持式管型母线中型布置 |
| 6 | 继电保护 | 220kV 线路配置 2 套主保护 |
| 7 | 调度自动化和计算机监控 | 增加测控单元 |
| 8 | 接地 | 镀锌扁钢 |
| 9 | 电缆 | 电力电缆：0.1km；<br>控制电缆：3km |
| 二、土建部分 | | |
| 1 | 构筑物 | 本工程在围墙内预留位置扩建，不新征地。扩建 220kV 设备支架等 |

4. 220kV 变电站（2×240MVA、GIS 组合电器）新建方案

| 序号 | 项目名称 | 220kV 变电站工程技术条件 |
| --- | --- | --- |
| 一、电气部分 | | |
| 1 | 主变压器 | 本期 2 组 240MVA，最终 3 组 240MVA |

续表

| 序号 | 项目名称 | 220kV变电站工程技术条件 |
| --- | --- | --- |
| 2 | 无功补偿装置 | 35kV并联电容器本期8组10Mvar，最终12组 |
| 3 | 出线回路数 | 220kV本期4回，最终6回。<br>110kV本期8回，最终12回。<br>35kV本期8回出线，最终12回出线 |
| 4 | 电气主接线 | 220kV终期采用双母线接线，220kV双母线接线，设7台断路器。<br>110kV终期采用双母线接线，110kV双母线接线，设11台断路器。<br>本期35kV单母线分段接线，远景单母线分段接线 |
| 5 | 短路电流 | 220、110、35kV短路电流水平分别为50、40、31.5kA |
| 6 | 主要设备选型 | 污秽等级d级。海拔小于1000m。<br>主变压器采用三相三绕组有励磁调压变压器。<br>220、110kV采用GIS组合电器，35kV采用开关柜。<br>35kV电容器采用框架式、串联电抗器采用干式 |
| 7 | 配电装置 | 220kV屋外布置，GIS配电装置。<br>110kV屋外布置，GIS配电装置。<br>35kV屋内开关柜 |

续表

| 序号 | 项目名称 | 220kV 变电站工程技术条件 |
| --- | --- | --- |
| 8 | 继电保护 | 220kV每回线路和母线均配置2套主保护。110kV 每回线路和母线均配置 1 套主保护；220kV 线路及主变故障录波器按双套配置；110kV 线路故障录波器按单套配置。主变压器保护按双重化配置，非电量保护单套配置（集成于本体智能终端）。互感器采用常规互感器＋合并单元配置，智能终端和合并单元就地布置在智能控制柜中。220kV 及主变采用保护、测控独立装置，110kV 及 35kV 采用保护测控合一装置 |
| 9 | 调度自动化和计算机监控 | 配置 1 套计算机监控系统，调度数据网接入设备 2 套及相应的安全防护设备。GPS 时钟系统 1 套；火灾探测及报警系统 1 套；安全警卫及图像监视系统 1 套 |
| 10 | 通信 | 系统通信采用光纤通信方式，具备 2 条光纤通信通道，配置 2 套光传输设备，电路按 2.5G/10G 考虑<br>站内通信配置 1 套综合数据网设备，通信电源采用站内一体化电源 |
| 11 | 直流系统 | 直流系统采用 220V，采用高频开关电源和阀控铅酸蓄电池。1 套主机冗余 UPS 电源系统 |
| 12 | 接地 | 镀锌扁钢 |
| 13 | 电缆 | 电力电缆 12.9km；控制电缆 54.5km；光缆 20km |
| 14 | 站用电 | 2 台 35kV、1200/630kVA 接地变及消弧线圈成套装置，屋内布置 |

续表

| 序号 | 项目名称 | 220kV 变电站工程技术条件 |
|---|---|---|
| 二、土建部分 | | |
| 1 | 基本数据 | 海拔小于 1000m，地震动峰加速度 0.10*g*，设计风速 30m/s。<br>地基承载力特征值 $f_{ak}$＝150kPa，地下水无影响，采暖区 |
| 2 | 总布置 | 总征地面积 1.34hm$^2$，围墙内占地面积 1.09hm$^2$，站外道路 185m，土石方工程量 1.2 万 m$^3$（100%土方），电缆沟道 800m，站内道路面积 1350m$^2$ |
| 3 | 建筑物 | 主控通信室、35kV 配电装置室、综合水泵房及雨淋阀间，全站总建筑面积 978m$^2$，采用钢筋混凝土框架结构，外装修采用干挂面砖、断桥铝合金中空玻璃门窗 |
| 4 | 构筑物 | 220、110kV 构架按最终规模一次建设，主变压器构架（2 组）和设备支架按本期规模建设，均采用钢管杆、钢横梁 |
| 5 | 给排水 | 水源采用站内 1 眼 30m 深井取水，有组织排水，设污水处理装置一套，站外排水管路 0.3km |
| 6 | 采暖通风 | 主控通信楼采用分体空调，采用分散电暖气采暖 |
| 7 | 消防 | 主要建筑物和主变压器设火灾探测报警系统，室内外采用水消防灭火和移动式化学灭火器材，主变压器消防采用水喷雾灭火系统，站内设置消火栓系统 |

5. 220kV 变电站扩建主变压器（1×240MVA、GIS 组合电器）模块

| 序号 | 项目名称 | 220kV 变电站工程技术条件 |
|---|---|---|
| 一、电气部分 | | |
| 1 | 主变压器 | 本期扩建 1 组 240MVA |
| 2 | 无功补偿装置 | 35kV 并联电容器，本期 4 组 10Mvar |
| 3 | 出线回路数 | 本期不扩建 |
| 4 | 电气主接线 | 220kV 双母线接线，设 1 台断路器。110kV 双母线接线，设 1 台断路器。<br>本期 35kV 单母线接线 |
| 5 | 短路电流 | 220、110、35kV 短路电流水平分别为 50、40、31.5kA |
| 6 | 主要设备选型 | 污秽等级 d 级。海拔小于 1000m。<br>三相、三绕组油浸式有励磁调压变压器。<br>220、110kV 采 GIS 组合电器。<br>35kV 屋内开关柜。<br>35kV 电容器采用框架式、串联电抗器采用干式 |
| 7 | 配电装置 | 220kV 屋外布置，GIS 配电装置。<br>110kV 屋外布置，GIS 配电装置。<br>35kV 屋内开关柜 |
| 8 | 继电保护 | 主变压器保护按双重化配置。根据需要增加主变故障录波屏 |

续表

| 序号 | 项目名称 | 220kV 变电站工程技术条件 |
| --- | --- | --- |
| 9 | 调度自动化和计算机监控 | 增加测控单元；<br>火灾探测及报警系统扩容。增加视频摄像头、增加电计量表计、新增一次设备在线监测信息接入现有后台 |
| 10 | 接地 | 镀锌扁钢 |
| 11 | 电缆 | 电力电缆（非阻燃、铠装型）：3km；<br>控制电缆（非阻燃、铠装型）：10.9km |
| 二、土建部分 | | |
| 1 | 构筑物 | 本工程在围墙内预留位置扩建，不新征地。扩建主变压器构架和基础、无功设备基础和各级电压设备支架等 |
| 2 | 消防 | 主变压器消防采用水喷雾灭火系统 |

6. 220kV 变电站扩建 1 回出线（1 台 GIS 组合电器）模块

| 序号 | 项目名称 | 220kV 变电站工程技术条件 |
| --- | --- | --- |
| 一、电气部分 | | |
| 1 | 出线回路数 | 本期扩建 220kV 出线 1 回 |
| 2 | 电气主接线 | 220kV 双母线接线，预留位置扩建 |
| 3 | 短路电流 | 220kV 短路电流水平为 50kA |

续表

| 序号 | 项目名称 | 220kV 变电站工程技术条件 |
| --- | --- | --- |
| 4 | 主要设备选型 | 污秽等级 d 级。<br>220kV 采 GIS 组合电器 |
| 5 | 配电装置 | 220kV 屋外布置 |
| 6 | 继电保护 | 220kV 线路配置 2 套主保护 |
| 7 | 调度自动化和计算机监控 | 增加测控单元，增加计量表计。 |
| 8 | 接地 | 镀锌扁钢 |
| 9 | 电缆 | 电力电缆：0.1km；<br>控制电缆：2.7km |
| 二、土建部分 | | |
| 1 | 构筑物 | 本工程在围墙内预留位置扩建，不新征地。扩建 220kV 设备支架等 |

7. 220kV 变电站（2×240MVA、HGIS 组合电器）新建方案

| 序号 | 项目名称 | 220kV 变电站工程技术条件 |
| --- | --- | --- |
| 一、电气部分 | | |
| 1 | 主变压器 | 本期 2 组 240MVA，最终 3 组 240MVA |
| 2 | 无功补偿装置 | 35kV 并联电容器本期 8 组 10Mvar，最终 12 组 |

续表

| 序号 | 项目名称 | 220kV 变电站工程技术条件 |
| --- | --- | --- |
| 3 | 出线回路数 | 220kV 本期 4 回，最终 6 回。<br>110kV 本期 8 回，最终 12 回。<br>35kV 本期 8 回出线，最终 12 回出线 |
| 4 | 电气主接线 | 220kV 终期采用双母线接线，220kV 双母线接线，设 7 台断路器。<br>110kV 终期采用双母线接线，110kV 双母线接线，设 11 台断路器。<br>本期 35kV 单母线分段接线，远景单母线分段接线 |
| 5 | 短路电流 | 220、110、35kV 短路电流水平分别为 50、40、31.5kA |
| 6 | 主要设备选型 | 污秽等级 d 级。海拔小于 1000m。<br>主变压器采用三相三绕组有励磁调压变压器。<br>220、110kV 采用 HGIS 组合电器，35kV 采用开关柜。<br>35kV 电容器采用框架式、串联电抗器采用干式 |
| 7 | 配电装置 | 220kV 屋外布置，HGIS 配电装置。<br>110kV 屋外布置，HGIS 配电装置。<br>35kV 屋内开关柜 |
| 8 | 继电保护 | 220kV 每回线路和母线均配置 2 套主保护。110kV 每回线路和母线均配置 1 套主保护；220kV 线路及主变故障录波器按双套配置；110kV 线路故障录波器按单套配置。主变压器保护按双重化配置，非电量保护单套配置 |

续表

| 序号 | 项目名称 | 220kV 变电站工程技术条件 |
|---|---|---|
| 8 | 继电保护 | （集成于本体智能终端）。互感器采用常规互感器+合并单元配置，智能终端和合并单元就地布置在智能控制柜中。220kV 及主变采用保护、测控独立装置，110kV 及 35kV 采用保护测控合一装置 |
| 9 | 调度自动化和计算机监控 | 配置 1 套计算机监控系统，电能量远方终端 1 套，调度数据网接入设备 2 套及相应的安全防护设备。GPS 时钟系统 1 套；火灾探测及报警系统 1 套；安全警卫及图像监视系统 1 套 |
| 10 | 通信 | 系统通信采用光纤通信方式，具备 2 条光纤通信通道，配置 2 套光传输设备，电路按 2.5G/10G 考虑；<br>站内通信配置 1 套综合数据网设备，通信电源采用站内一体化电源 |
| 11 | 直流系统 | 直流系统采用 220V，采用高频开关电源和阀控铅酸蓄电池。1 套主机冗余 UPS 电源系统 |
| 12 | 接地 | 镀锌扁钢 |
| 13 | 电缆 | 电力电缆 14km，控制电缆 20km，光缆 20km |
| 14 | 站用电 | 2 台 35kV、400kVA 均为干式无励磁调压变压器，屋内布置 |

续表

| 序号 | 项目名称 | 220kV 变电站工程技术条件 |
| --- | --- | --- |
| 二、土建部分 | | |
| 1 | 基本数据 | 海拔小于 1000m，地震动峰加速度 0.10g，设计风速 30m/s。<br>地基承载力特征值 $f_{ak}$＝150kPa，地下水无影响，采暖区 |
| 2 | 总布置 | 总征地面积 2.2hm$^2$，围墙内占地面积 1.6hm$^2$，站外道路 185m，土石方工程量 2 万 m$^3$（100%土方），电缆沟道 870m，站内道路面积 2872m$^2$，硬化广场面积 1099m$^2$ |
| 3 | 建筑物 | 主控通信楼、35kV 配电室、站用电室、综合水泵房及雨淋阀间，全站总建筑面积 1188m$^2$，采用钢筋混凝土框架结构，外装修采用涂料或面砖、断桥铝合金门窗 |
| 4 | 构筑物 | 220、110kV 构架按最终规模一次建设，主变压器构架（2 组）和设备支架按本期规模建设，均采用钢管杆、钢横梁 |
| 5 | 给排水 | 水源采用站内 1 眼 30m 深井取水，有组织排水，设污水处理装置一套，站外排水管路 0.3km |
| 6 | 采暖通风 | 主控通信楼采用分体空调，采用分散电暖气采暖 |
| 7 | 消防 | 主要建筑物和主变压器设火灾探测报警系统，室内外采用水消防灭火和移动式化学灭火器材，主变压器消防采用水喷雾灭火系统，站内设置消火栓系统 |

8. 220kV 变电站扩建主变压器（1×240MVA、HGIS 组合电器）模块

| 序号 | 项目名称 | 220kV 变电站工程技术条件 |
|---|---|---|
| 一、电气部分 | | |
| 1 | 主变压器 | 本期扩建 1 组 240MVA |
| 2 | 无功补偿装置 | 35kV 并联电容器，本期 4 组 10Mvar |
| 3 | 出线回路数 | 本期不扩建 |
| 4 | 电气主接线 | 220kV 双母线接线，设 1 台断路器。110kV 双母线接线，设 1 台断路器。<br>本期 35kV 单母线接线 |
| 5 | 短路电流 | 220、110、10kV 短路电流水平分别为 50、40、25kA |
| 6 | 主要设备选型 | 污秽等级 d 级。海拔小于 1000m。<br>三相、三绕组油浸式有励磁调压变压器。<br>220、110kV 采 HGIS 组合电器。<br>35kV 屋内开关柜。<br>35kV 电容器采用框架式、串联电抗器采用干式 |
| 7 | 配电装置 | 220kV 屋外布置，HGIS 配电装置。<br>110kV 屋外布置，HGIS 配电装置。<br>35kV 屋内开关柜 |
| 8 | 继电保护 | 主变压器保护按双重化配置。根据需要增加主变故障录波屏 |

续表

| 序号 | 项目名称 | 220kV 变电站工程技术条件 |
| --- | --- | --- |
| 9 | 调度自动化和计算机监控 | 增加测控单元；<br>火灾探测及报警系统扩容。增加视频摄像头、增加电计量表计、新增一次设备在线监测信息接入现有后台 |
| 10 | 接地 | 镀锌扁钢 |
| 11 | 电缆 | 电力电缆（非阻燃、铠装型）：4km；<br>控制电缆（非阻燃、铠装型）：4.2km；<br>光缆：4km |
| 二、土建部分 | | |
| 1 | 构筑物 | 本工程在围墙内预留位置扩建，不新征地。扩建主变压器构架和基础、无功设备基础和各级电压设备支架等 |
| 2 | 消防 | 主变压器消防采用水喷雾灭火系统 |

9. 220kV 变电站扩建 1 回出线（1 台 HGIS 组合电器）模块

| 序号 | 项目名称 | 220kV 变电站工程技术条件 |
| --- | --- | --- |
| 一、电气部分 | | |
| 1 | 出线回路数 | 本期扩建 220kV 出线 1 回 |

续表

| 序号 | 项目名称 | 220kV变电站工程技术条件 |
|---|---|---|
| 2 | 电气<br>主接线 | 220kV双母线接线，预留位置扩建 |
| 3 | 短路电流 | 220kV短路电流水平为50kA |
| 4 | 主要设备<br>选型 | 污秽等级d级。<br>220kV采HGIS组合电器 |
| 5 | 配电装置 | 220kV屋外支持式管型母线中型布置 |
| 6 | 继电保护 | 220kV线路配置2套主保护 |
| 7 | 调度自动<br>化和计算<br>机监控 | 增加测控单元，增加计量表计 |
| 8 | 接地 | 镀锌扁钢 |
| 9 | 电缆 | 电力电缆：0.6km；<br>控制电缆：1km；光缆1km |
| 二、土建部分 | | |
| 1 | 构筑物 | 本工程在围墙内预留位置扩建，不新征地。扩建220kV设备支架等 |

## （六）±800kV 换流站工程技术组合方案

1. ±800kV 换流站（8000MW、户外 GIS 组合电器）新建方案

| 序号 | 项目名称 | ±800kV 换流站工程技术条件 |
|---|---|---|
| 一、电气部分 | | |
| 1 | 输送功率 | 本期 8000MW，远期 8000MW，具备过负荷能力 |
| 2 | 直流电压 | ±800kV |
| 3 | 换流变压器网侧交流电压 | 500kV |
| 4 | 出线回路数 | |
| 4.1 | 500kV | 8 回架空出线 |
| 4.2 | 800kV 直流极线 | 直流双极线路 1 回 |
| 4.3 | 直流接地极线 | 接地极出线 1 回 |
| 5 | 无功补偿装置 | |
| 5.1 | 500kV | 交流滤波器 4 大组 20 小组，总容量为 5600Mvar |
| 5.2 | 35kV | 两组站用变压器低压侧各安装 3 组 60Mvar 电抗器 |

续表

| 序号 | 项目名称 | ±800kV 换流站工程技术条件 |
|---|---|---|
| 6 | 电气主接线 | |
| 6.1 | 500kV 交流 | 3/2 断路器接线，远期 8 串；4 回换流变压器进线，4 回交流滤波器大组进线，8 回出线，形成 8 个完整串 |
| 6.2 | 换流单元 | 换流器接线采用双极配置，每极 2 个 12 脉动换流阀组串联接线，串联电压按（400＋400）kV 分配 |
| 6.3 | 800kV 直流 | 直流场采用典型双极直流接线，每极 1 组无源直流滤波器组（2 个双调谐支路并联共用 1 组隔离开关）。每极平波电抗器电感值 300mH，干式绝缘，每极设 6 台，采用“分置于极母线与中性母线”安装方式，每台平波电抗器电感值 75mH |
| 7 | 短路电流 | 500kV：63kA |
| 8 | 主要设备选择 | 单相双绕组换流变压器，空气绝缘水冷换流阀，户内悬吊式 |
| 8.1 | 站址基本条件 | 地震动峰值水平加速度 0.1g，垂直加速度 0.1g，设计风速 30m/s，场地为同一标高，海拔 1000m 下，国标 c 污秽区 |
| 8.2 | 500kV 设备 | 户内分相 GIS，出线避雷器 MOA，电压互感器 |
| 8.3 | 换流变压器 | 单相双绕组油浸式变压器，容量 415MVA |

续表

| 序号 | 项目名称 | ±800kV 换流站工程技术条件 |
| --- | --- | --- |
| 8.4 | 换流阀 | 6 英寸，5000A |
| 8.5 | 平波电抗器 | 干式，300mH，单台 75mH |
| 9 | 配电装置形式 | |
| 9.1 | 500kV 交流场 | 全架空出线，间隔宽度 26m，户内 GIS，8 完整串一次建成 |
| 9.2 | 500kV 交流滤波器场 | 改进“田”字形布置方式 |
| 9.3 | 换流场 | 高端阀厅面对面、低端阀厅背靠背，高低端阀厅采用“共轨布置” |
| 9.4 | 直流场 | 户外直流场，平波电抗器“品”字形布置 |
| 10 | 控制保护系统 | 全站配置 1 套计算机监控系统，监控系统采用分层分布式结构，间隔层测控及保护设备分散布置于就地继电器小室，就地测控单元按间隔设计并双重化配置。全站配置 1 套 GPS 时钟系统，GPS 时钟源按双重化配置。<br>火灾探测及报警系统 1 套。安全警卫及图像监视系统 1 套 |

续表

| 序号 | 项目名称 | ±800kV 换流站工程技术条件 |
| --- | --- | --- |
| 11 | 直流控制保护 | 直流控制保护每极配置双重化或三重化保护，双重化的极控、阀冷控制保护、换流变压器保护、直流滤波器保护。每极配置 1 套直流故障录波装置。全站配置直流线路故障定位装置 2 套。500kV 交流滤波器保护按小组双重化配置，故障录波器按每大组配置 1 套 |
| 12 | 交流保护 | 500kV 每回线路和母线均配置 2 套主保护。每台 500kV 断路器配置 1 套断路器保护 |
| 13 | 调度自动化及电能计量系统 | 远动系统监控系统方案统一考虑，配置冗余的远动工作站。调度数据网接入设备 2 套及相应的安全防护设备 |
| 14 | 通信 | 系统通信采用光纤通信方式，具备 3 条光纤通信通道，配置 3 套 SDH 设备，电路按 2.5G/10G 考虑；<br>站内通信配置 1 台 48/96 线调度程控交换机，2 套通信电源，2 组蓄电池，1 套综合数据网设备，1 套会议电视系统终端 |
| 15 | 直流系统 | 6～7 套 220V 直流系统，2 套 UPS 电源 |
| 二、土建部分 | | |
| 1 | 基本技术数据 | |
| 1.1 | 地震基本烈度 | 7 度，按设计基本地震加速度值 0.1g |

续表

| 序号 | 项目名称 | ±800kV 换流站工程技术条件 |
|---|---|---|
| 1.2 | 设计风速 | 100 年一遇设计风速 30m/s，50 年一遇设计风速 28m/s |
| 1.3 | 地基承载力特征值 | $f_{ak}$=150kPa |
| 1.4 | 海拔 | 1000m 以下，场地同一标高 |
| 1.5 | 污秽等级 | 国标 c 级 |
| 1.6 | 采暖 | 非采暖区 |
| 1.7 | 地下水 | 无影响 |
| 2 | 总平面布置 | |
| 2.1 | 站区占地 | 围墙中心：长×宽=499m×331m，占地：158 960m$^2$ |
| 3 | 道路 | 采用郊区型道路，有路牙，路面为沥青混凝土 |
| 3.1 | 站外道路 | 长度 5.0km，路面宽度 6.0m |
| 3.2 | 站内道路 | 23 580m$^2$ |
| 3.3 | 运主变压器道路 | 宽 6.0m |
| 3.4 | 巡视小道 | 宽 0.8m |
| 4 | 电缆沟 | 0.6m 以上电缆沟 5350m：过道路采用钢筋混凝土沟或埋设钢管，沟盖板采用成品沟盖板 |

续表

| 序号 | 项目名称 | ±800kV 换流站工程技术条件 |
| --- | --- | --- |
| 5 | 建筑物 | 全站建筑面积：25 864.7m$^2$，含极 1 高端阀厅 1 幢、极 2 高端阀厅 1 幢、极 1 低端阀厅 1 幢、极 2 低端阀厅 1 幢、极 1 辅控楼 1 幢、极 2 辅控楼 1 幢、主控楼 1 幢、阀外冷设备间 4 幢、500kV GIS 配电装置室 1 幢、500kV 第一继电器室 1 幢、500kV 第二继电器室 1 幢、500kV 第三继电器室 1 幢、备用平波电抗器室 1 幢、综合楼 1 幢、检修备品库 1 幢、车库 1 幢、综合水泵房及站公用配电室 1 幢、特种材料库 1 幢、消防小室 12 座、警卫传达室 1 个 |
| 5.1 | 极 1/极 2 高端阀厅 | 建筑面积：3518m$^2$，建筑体积：92 400m$^3$ |
|  | 结构 | 采用钢—钢筋混凝土剪力墙混合结构，即阀厅与换流变压器之间防火墙采用剪力墙，横向通过钢屋架联系，钢柱沿纵向设置支撑体系，共同形成框、排架结构体系 |
|  | 基础 | 阀厅防火墙与换流变压器基础采用整板基础，钢柱采用钢筋混凝土独立基础 |
|  | 建筑装修 | 外工业级：外墙采用复合彩色压型钢板，门采用钢质电磁屏蔽隔声防火门金属门，屋面防水等级Ⅱ级，采用复合压型钢板屋面。地面采用环氧树脂自流平地面 |
| 5.2 | 极 1、极 2 低端阀厅 | 建筑面积：3734m$^2$，建筑体积：73 740m$^3$ |

续表

| 序号 | 项目名称 | ±800kV 换流站工程技术条件 |
| --- | --- | --- |
| 5.2 | 结构 | 采用钢—钢筋混凝土剪力墙混合结构，即阀厅与换流变压器之间防火墙采用剪力墙，横向通过钢屋架联系，钢柱沿纵向设置支撑体系，共同形成框、排架结构体系 |
| | 基础 | 阀厅防火墙与换流变基础采用整板基础，钢柱采用钢筋混凝土独立基础 |
| | 建筑装修 | 外工业级：外墙采用复合彩色压型钢板，门采用钢质电磁屏蔽隔声防火门金属门，屋面防水等级Ⅱ级，采用复合压型钢板屋面。地面采用环氧树脂自流平地面 |
| 5.3 | 主控楼 | 建筑面积：3502m$^2$，建筑体积：17 486.7m$^3$ |
| | 结构 | 三层钢筋混凝土框架结构 |
| | 基础 | 采用钢筋混凝土柱下独立基础 |
| | 建筑装修 | 外工业级：外墙采用单层复合彩色压型钢板饰面，内附 50mm 厚保温棉；门根据工艺要求采用钢质电磁屏蔽隔声防火门金属门、复合钢板防火门、复合钢板门或铝合金玻璃门、实木门，窗采用电磁屏蔽窗（夹丝玻璃或镀膜型电磁屏蔽玻璃）；屋面防水等级Ⅰ级，采用合成高分子防水卷材，优先采用倒置式屋面，钢筋混凝土保护层；楼地面根据工艺要求采用环氧树脂自流平地面、石英玻化砖、防滑地砖或抗静电全钢活动地板；内墙面根据工艺要求采用耐擦洗丙烯酸涂料、内墙面砖；顶棚根据功能需要采用铝合金穿孔板、纸面石膏板吊顶或耐擦洗丙烯酸涂料顶棚 |

续表

| 序号 | 项目名称 | ±800kV 换流站工程技术条件 |
| --- | --- | --- |
| 5.4 | 极 1/极 2 辅控楼 | 建筑面积：1183.9m$^2$，建筑体积：6702.1m$^3$ |
|  | 结构 | 二层钢筋混凝土框架结构 |
|  | 基础 | 采用钢筋混凝土柱下独立基础 |
|  | 建筑装修 | 外工业级：外墙采用单层复合彩色压型钢板饰面，内附 50mm 厚保温棉；门根据工艺要求采用钢质电磁屏蔽隔声防火门金属门、复合钢板防火门、复合钢板门，窗采用电磁屏蔽窗（夹丝玻璃或镀膜型电磁屏蔽玻璃）；屋面防水等级Ⅰ级，采用合成高分子防水卷材，优先采用倒置式屋面，钢筋混凝土保护层；楼地面根据工艺要求采用环氧树脂自流平地面、石英玻化砖或抗静电全钢活动地板；内墙面采用耐擦洗丙烯酸涂料；顶棚根据功能需要采用铝合金穿孔板或耐擦洗丙烯酸涂料顶棚 |
| 5.5 | 阀外冷设备间（4 幢） | 建筑面积：119.3m$^2$，建筑体积：726.2m$^3$ |
|  | 结构 | 单层钢筋混凝土框架结构，地下局部泵坑采用钢筋混凝土箱型结构 |
|  | 基础 | 泵坑采用整板基础，独立框架柱采用钢筋混凝土独立基础 |

续表

<table>
<tr><th>序号</th><th>项目名称</th><th colspan="3">±800kV换流站工程技术条件</th></tr>
<tr><td>5.5</td><td>建筑装修</td><td colspan="3">外工业级：外墙采用单层复合彩色压型钢板饰面，内附50mm厚保温棉；门采用复合钢板门；屋面防水等级Ⅰ级，采用合成高分子防水卷材，优先采用倒置式屋面，钢筋混凝土保护层；楼地面根据工艺要求采用环氧树脂自流平地面、石英玻化砖；内墙面采用耐擦洗丙烯酸涂料；顶棚耐擦洗丙烯酸涂料</td></tr>
<tr><td rowspan="4">5.6</td><td>500kV GIS配电装置室</td><td colspan="3">建筑面积：3220m²，建筑体积：48 301m³</td></tr>
<tr><td>结构</td><td colspan="3">单层门型刚架结构</td></tr>
<tr><td>基础</td><td colspan="3">500kV GIS配电装置室基础采用钢筋混凝土独立基础，500kV GIS基础采用钢筋混凝土整板基础</td></tr>
<tr><td>建筑装修</td><td colspan="3">外工业级：外墙采用复合彩色压型钢板；门采用复合钢板门或电动推拉钢大门；屋面防水等级Ⅱ级，采用复合压型钢板屋面；地面采用环氧树脂自流平地面、石英玻化砖；内墙面采用耐擦洗丙烯酸涂料</td></tr>
<tr><td>5.7</td><td>500kV继电器小室</td><td>500kV第一继电器小室；<br>建筑面积：380.2m²；<br>建筑体积：1600.83m³</td><td>500kV第二继电器小室；<br>建筑面积：298m²；<br>建筑体积：1255.72m³</td><td>500kV第三继电器小室；<br>建筑面积：143m²；<br>建筑体积：567.57m³</td></tr>
</table>

续表

| 序号 | 项目名称 | ±800kV换流站工程技术条件 |
| --- | --- | --- |
| 5.7 | 结构 | 单层钢筋混凝土框架结构 |
| | 基础 | 钢筋混凝土柱下独立基础 |
| | 建筑装修 | 外工业级：外墙采用复合彩色压型钢板饰面；门采用复合钢板门；屋面防水等级Ⅰ级，采用合成高分子防水卷材，优先采用倒置式屋面，钢筋混凝土保护层；地面采用环氧树脂自流平地面；内墙面采用耐擦洗丙烯酸涂料；顶棚耐擦洗丙烯酸涂料 |
| 5.8 | 备用平波电抗器室 | 建筑面积：81m$^2$，建筑体积：366.912m$^3$ |
| | 结构 | 单层全钢结构，活动钢屋盖 |
| | 基础 | 钢柱与备用平波电抗器基础采用钢筋混凝土整板基础 |
| | 建筑装修 | 外工业级：外墙采用复合彩色压型钢板；门采用复合钢板门；屋面防水等级Ⅱ级，采用复合压型钢板屋面；地面采用环氧树脂自流平地面 |
| 5.9 | 综合水泵房及站公用配电室 | 建筑面积：486.1m$^2$，建筑体积：7505.33m$^3$ |
| | 结构 | 钢筋混凝土框架结构，局部地下泵坑采用钢筋混凝土箱型结构 |

续表

| 序号 | 项目名称 | ±800kV 换流站工程技术条件 |
| --- | --- | --- |
| 5.9 | 基础 | 泵坑采用整板基础，独立框架柱采用钢筋混凝土独立基础 |
|  | 建筑装修 | 外工业级：外墙采用外墙面砖饰面；门采用复合钢板门；屋面防水等级Ⅰ级，采用合成高分子防水卷材，优先采用倒置式屋面，钢筋混凝土保护层；地面采用环氧树脂自流平及石英玻化砖地面；内墙面采用耐擦洗丙烯酸涂料；顶棚耐擦洗丙烯酸涂料 |
| 5.10 | 综合楼 | 建筑面积：2500m$^2$，建筑体积：11 237.42m$^3$ |
|  | 结构 | 钢筋混凝土框架结构 |
|  | 基础 | 柱下独立钢筋混凝土基础 |
|  | 建筑装修 | 外工业级：外墙采外墙面砖饰面；门根据功能需求采用实木门、复合钢板门或铝合金门，窗采用断桥铝合金节能窗；屋面防水等级Ⅰ级，采用合成高分子防水卷材，优先采用倒置式屋面，钢筋混凝土保护层；地面采用石英玻化砖地面或防滑地砖；内墙面根据功能需求采用耐擦洗丙烯酸涂料或内墙面砖；顶棚耐擦洗丙烯酸涂料、纸面石膏板或铝合金穿孔板吊顶 |
| 5.11 | 备品备件库 | 建筑面积：1127m$^2$，建筑体积：22 543m$^3$ |
|  | 结构 | 排架结构。即采用钢筋混凝土柱与梯形钢屋架组成横向排架，屋面采用有檩屋盖体系 |

续表

| 序号 | 项目名称 | ±800kV 换流站工程技术条件 |
|---|---|---|
| 5.11 | 基础 | 基础采用柱下钢筋混凝土独立基础 |
|  | 建筑装修 | 外工业级：外墙采用外墙面砖饰面；门采用复合钢板门或电动推拉钢大门；屋面防水等级Ⅱ级，采用复合压型钢板屋面；地面采用水磨石耐磨地坪；内墙面采用耐擦洗丙烯酸涂料 |
| 5.12 | 车库 | 建筑面积：527m$^2$，建筑体积：1580m$^3$ |
|  | 结构 | 钢筋混凝土框架结构 |
|  | 基础 | 柱下钢筋混凝土独立基础 |
|  | 建筑装修 | 外工业级：外墙采用外墙面砖饰面；门根据功能需求采用金属卷帘门、复合钢板门或电动铝合金防火帘门，窗采用断桥铝合金节能窗；屋面防水等级Ⅰ级，采用合成高分子防水卷材，优先采用倒置式屋面，钢筋混凝土保护层；楼地面采用石英玻化砖楼面及水泥砂浆地面；内墙面求采用耐擦洗丙烯酸涂料；顶棚耐擦洗丙烯酸涂料 |
| 5.13 | 特种材料库 | 建筑面积：34m$^2$，建筑体积：101m$^3$ |
|  | 结构 | 钢筋混凝土框架结构 |
|  | 基础 | 柱下钢筋混凝土独立基础 |

续表

| 序号 | 项目名称 | ±800kV 换流站工程技术条件 |
|---|---|---|
| 5.13 | 建筑装修 | 外工业级：外墙采用外墙面砖饰面；门采用复合钢板门，窗采用断桥铝合金节能窗；屋面防水等级Ⅰ级，采用合成高分子防水卷材，优先采用倒置式屋面，钢筋混凝土保护层；地面采用环氧树脂自流平地面；内墙面求采用耐擦洗丙烯酸涂料；顶棚耐擦洗丙烯酸涂料 |
| 5.14 | 警卫传达室 | 建筑面积：44m$^2$，建筑体积：158.4m$^3$ |
|  | 结构 | 钢筋混凝土框架结构 |
|  | 基础 | 柱下钢筋混凝土独立基础 |
|  | 建筑装修 | 外工业级：外墙采用外墙面砖饰面；门采用复合钢板门、实木门，窗采用断桥铝合金节能窗；屋面防水等级Ⅰ级，采用合成高分子防水卷材，优先采用倒置式屋面，钢筋混凝土保护层；地面采用石英玻化砖及防滑地砖地面；内墙面采用耐擦洗丙烯酸涂料及内墙面砖；顶棚耐擦洗丙烯酸涂料及铝合金扣板吊顶 |
| 6 | 构筑物 |  |
| 6.1 | 500kV 交流出线构架 | 2 组 4 孔连续门型构架，24m 高，间隔宽 26m，地线柱高度为 8.0m（相对构架柱顶），避雷针高度为 40.0m（相对于地面高度）。构架采用铰接排架结构，构架柱采用“A”字形钢管柱，构架横梁采用格构式三角形钢梁（主材为钢管），梁柱铰接，柱、钢梁弦杆拼接接头采用法兰连接，钢梁弦杆与腹杆采用螺栓连接 |

续表

| 序号 | 项目名称 | ±800kV 换流站工程技术条件 |
| --- | --- | --- |
| 6.2 | 500kV 交流滤波器场构架 | 交流滤波器场构架为 2 组联合构架，按最终规模一次建成。构架柱高 28m，柱顶设避雷针。设 28m 及 21m 两层构架梁。其中 28m 梁分为 27m 跨和 30m 跨两种，21m 梁分为 29m 跨和 30m 跨两种。构架采用铰接排架结构，构架柱采用“A”字形钢管柱，构架横梁采用格构式三角形钢梁（主材为钢管），梁柱铰接，柱、钢梁弦杆拼接接头采用法兰连接，钢梁弦杆与腹杆采用螺栓连接 |
| 6.3 | 直流出线构架（塔架） | 直流极母线出线构架为 2 组出线挂线点高度为 35.5m 的塔架。塔架采用矩形变截面格构式柱，钢管弦杆、角钢腹杆、螺栓连接 |
| | | 接地极地极线出线构架采用两孔连续门型架结构，构架高度 19m，跨度 12.5m，地线柱高度 8m。构架柱采用“A”字形钢管柱，构架横梁采用格构式三角形钢梁（主材为钢管），梁柱铰接，柱、钢梁弦杆拼接接头采用法兰连接，钢梁弦杆与腹杆采用螺栓连接 |
| 6.4 | 换流变压器进线构架 | 换流变压器进线构架为 4 组 29m（跨度）×26m（高度）的单孔门型架和 4 组 17m（跨度）×26m（高度）的单孔门型架 |
| | | 构架柱采用“A”字形直缝焊接圆形钢管柱，构架横梁采用三角形变断面格构式钢梁，梁柱铰接。柱、钢梁弦杆拼接接头采用法兰连接，钢梁腹杆采用螺栓连接 |

续表

| 序号 | 项目名称 | ±800kV 换流站工程技术条件 |
| --- | --- | --- |
| 6.5 | 交、直流设备支架 | 全站所有设备支架均采用钢管结构 |
| 6.6 | 高端换流变压器基础 | 高端换流变压器基础与防火墙基础联合，采用整板基础 |
| 6.7 | 低端换流变压器基础 | 低端换流变压器基础与防火墙基础联合，采用整板基础 |
| 6.8 | 备用换流变压器基础 | 低端备用换流变压器基础与高端换流变压器和防火墙基础联合采用整板基础；高端备用换流变压器基础采用大块式整板基础 |
| 6.9 | 搬运轨道基础 | 搬运轨道基础采用钢筋混凝土厚板基础 |
| 6.10 | 交流滤波器组基础 | 交流滤波器组基础采用钢筋混凝土整板基础 |
| 6.11 | 站用变压器基础 | 站用变压器基础采用钢筋混凝土大块式整板基础 |
| 6.12 | 独立避雷线塔 | 独立避雷线塔采用变截面格构式柱 |
| 6.13 | 独立避雷针 | 独立避雷针采用拔梢钢管结构 |

续表

| 序号 | 项目名称 | ±800kV换流站工程技术条件 |
| --- | --- | --- |
| 6.14 | 事故集油池、废水池、污水调节池 | 钢筋混凝土箱型结构 |
| 三、给、排水 | | |
| 1 | 给水 | 水源为引接自来水。设半地下式水泵房1座。给水系统设置互相独立的生活水系统、生产水系统、消防水系统、喷淋降温及设备冲洗水系统，其加压水泵均设置在综合水泵房内 |
| 2 | 排水 | 站内排水采用有组织集中排放方式，重力自流排至站外 |
| 3 | 水池 | 4000m$^3$消防水池；354m$^3$换流变压器事故油池 |
| 四、采暖、通风 | | |
| 1 | 采暖 | 各建筑物采暖房间冬季采用电取暖 |
| 2 | 通风 | 设置干式变压器和高压开关柜的电气设备间设降温通风，蓄电池室、交流配电室、开关柜室、GIS配电装置室等电气设备间设置机械通风系统，阀厅设置火灾后排烟系统 |
| 3 | 空调 | 高、低端阀厅设置全空气集中空调系统，主控楼、辅控楼、综合楼设置多联空调集中空调系统，其他建筑物设置风冷分体空调 |

续表

| 序号 | 项目名称 | ±800kV 换流站工程技术条件 |
| --- | --- | --- |
| 五、阀冷却系统 | | |
| 1 | 阀内冷 | 水冷 |
| 2 | 阀外冷 | 水冷，喷淋补水采用软化、加药的处理方式 |
| 六、消防 | | |
| 1 | 主变压器消防 | 主变压器消防采用水喷雾灭火系统 |
| 2 | 建筑消防 | 建筑内配移动化学灭火、室内消火栓 |
| 3 | 户外消防 | 户外场地设室外消火栓 |

注　地基处理费用 6500 万元，大件运输措施费用 2000 万元。

2. ±800kV 换流站接地极极址方案

| 序号 | 项目名称 | 接地极极址技术条件 |
| --- | --- | --- |
| 1 | 极环半径（m） | 330/230（外环/内环） |
| 2 | 极环埋深（m） | 3 |
| 3 | 馈电棒直径（mm）（高硅铬铁） | 50 |
| 4 | 焦炭断面边长（m） | 0.85/0.8（外环/内环） |
| 5 | 最大跨步电压（V/m） | ＜6 |
| 6 | 地面最高电位升（V） | ＜190 |
| 7 | 接地电阻（W） | ＜0.05 |

续表

| 序号 | 项目名称 | 接地极极址技术条件 |
|---|---|---|
| 8 | 焦炭面电流密度（$A/m^2$） | ＜0.6 |
| 9 | 接地极温度（最大值）（℃） | ＜90 |
| 10 | 接地极持续运行时间（＜90℃）（月） | 2 |
| 11 | 接地极寿命（年） | ＞35 |
| 12 | 馈电棒量（m）（f 50mm 高硅铬铁） | 4200 |
| 13 | 焦炭量（t） | 4150 |
| 14 | 土方量（$m^3$） | 29 000 |
| 15 | 电缆量（m） | 15 000（电缆采用双根 XLPE-300） |

## （七）±500kV 换流站技术组合方案

1. ±500kV 换流站（3000MW、户内 GIS 组合电器）新建方案

| 序号 | 项目名称 | ±500kV 换流站工程技术条件 |
|---|---|---|
| 一、电气部分 | | |
| 1 | 换流站额定参数 | 整流换流站。额定直流输送功率双极 3000MW，单极 1500MW。额定直流电压±500kV，额定直流电流 3000A |

续表

| 序号 | 项目名称 | ±500kV 换流站工程技术条件 |
| --- | --- | --- |
| 2 | 交流滤波电容器组 | 500kV 交流滤波电容器组 10 小组,3 大组,容量共 1500Mvar |
| 3 | 换流变压器 | 单相双绕组变压器共计 12 台，另设 2 台备用相，每台容量 297.5MVA |
| 4 | 平波电抗器 | 油浸式电抗器，每极 1 台，每台 290mH，另设 1 台备用 |
| 5 | 直流滤波器 | 无源滤波器，每极 2 组，共计 4 组 |
| 6 | 出线回路数 | 交流 500kV 出线远期 4 回，本期 2 回。<br>直流±500kV 出线 1 回，接地极出线 1 回 |
| 7 | 电气主接线 | 交流 500kV 采用 3/2 断路器接线，远期共 9 个元件，组成 4 个完整串和 1 个不完整串。本期 7 个元件，组成 3 个完整串和 1 个不完整串。<br>直流采用双极每极 1 个 12 脉冲阀组接线，按极装设平波电抗器、直流滤波器等 |
| 8 | 短路电流 | 500kV 交流短路电流 63kA;直流短路电流 36kA |
| 9 | 主要设备选型 | 污秽等级Ⅱ级。海拔小于 1000m。<br>换流阀采用悬吊式二重阀（5 英寸阀）。换流变压器采用单相双绕组有励磁调压变压器。直流采用敞开式设备。交流 500kV 采用 GIS 设备 |

续表

| 序号 | 项目名称 | ±500kV 换流站工程技术条件 |
| --- | --- | --- |
| 10 | 配电装置 | 500kV GIS 屋内布置。<br>交流滤波器大组母线采用悬吊管母线，交流滤波器电容器采用支持式、双塔串联布置。<br>直流场设备按两极对称布置，中性点设备布置在直流场的中央，两侧分别布置直流滤波器组。滤波器内外两侧分别布置中性点设备和极线设备 |
| 11 | 计算机监控 | 全站配置 1 套计算机监控系统，监控系统采用分层分布式结构，间隔层测控及保护设备分散布置于就地继电器小室，就地测控单元按间隔设计并双重化配置。全站配置 1 套 GPS 时钟系统，GPS 时钟源按双重化配置。<br>火灾探测及报警系统 1 套。安全警卫及图像监视系统 1 套等 |
| 12 | 直流控制保护 | 直流控制保护每极配置双重化保护，双重化的极控、阀冷控制保护、换流变压器保护、直流滤波器保护。每极配置 1 套直流故障录波装置。全站配置直流线路故障定位装置 1 套。500kV 交流滤波器保护按双重化配置，故障录波器按每大组配置 1 套 |
| 13 | 交流保护 | 500kV 每回线路和母线均配置 2 套主保护。每台 500kV 断路器配置 1 套断路器保护 |

续表

| 序号 | 项目名称 | ±500kV 换流站工程技术条件 |
| --- | --- | --- |
| 14 | 调度自动化及电能计量系统 | 远动系统监控系统方案统一考虑，配置冗余的远动工作。调度数据网接入设备 2 套及相应的安全防护设备 |
| 15 | 通信 | 系统通信采用光纤通信方式，宜具备 3 条光纤通信通道，配置 2 套（或 3 套）SDH 设备，电路按 2.5G/10G 考虑；<br>站内通信配置 1 台 48/96 线调度程控交换机，2 套通信电源，2 组蓄电池，1 套综合数据网设备 |
| 16 | 直流系统 | 4 套 220V 或 110V 直流系统，2 套 UPS 电源 |
| 17 | 接地 | 镀锌扁钢和铜导线 |
| 18 | 电缆 | 电力电缆 180km。控制电缆 330km。24 芯光缆 8km |
| 19 | 站用电 | 高压站用变压器 3 台 5000kVA 油浸无励磁调压变压器，屋外布置。<br>低压站用变压器 4 台 2500kVA 干式有励磁调压变压器，屋内布置。<br>站用电源 1 回 110kV 线路 15km，1 回 35kV 线路 15km，1 回引自站内 500kV 交流滤波器大组母线 |
| 二、土建部分 | | |
| 1 | 基本数据 | 海拔小于 1000m，地震动峰加速度 0.10g，设计风速 30m/s。<br>地基承载力特征值 $f_{ak}$＝150kPa，地下水无影响，非采暖区 |

续表

| 序号 | 项目名称 | ±500kV 换流站工程技术条件 |
| --- | --- | --- |
| 2 | 总平面布置 | 总征地面积 15.40hm$^2$，围墙内占地面积 10.00hm$^2$，站外道路 2km，土石方工程量 20 万 m$^3$（50%石方），挡土墙和护坡工程量 2 万 m$^3$，电缆沟道 4000m，运输轨道长度 2×1100m，站内道路面积 30 000m$^2$ |
| 3 | 建筑物 | 控制楼 1 座（2200m$^2$）二层布置、阀厅 2 座（2×1600m$^2$）、户内 GIS 室、备品备件库 800m$^2$、综合楼 1000m$^2$ 等总建筑面积 10 500m$^2$，控制楼采用钢筋混凝土框架结构，阀厅采用钢—钢筋混凝土混合结构 |
| 4 | 构筑物 | 全站构架按最终规模一次建成，设备支架按本期规模建设，采用钢管结构，格构梁，回填土地基处理采用桩基 |
| 5 | 给排水 | 水源为两路自来水管线各 10km，工业用水最大补给水量 25t/h，有组织排水，设污水处理装置 1 套，站外排水管线 2km |
| 6 | 冷却空调通风 | 阀的外冷采用水冷却方式，阀厅采用集中空调，控制楼采用多联机空调，继电器小室和综合楼采用分体空调 |
| 7 | 消防 | 控制楼、继电器小室和换流变压器、平波电抗器等采用烟感温感火灾探测报警系统，阀厅采用紫外线敏感型火灾探测报警系统；户内外设水消防系统；换流变压器和平波电抗器采用水喷雾灭火装置 |

续表

| 序号 | 项目名称 | ±500kV 换流站工程技术条件 |
| --- | --- | --- |
| 8 | 噪声治理 | 按环评Ⅱ级考虑噪声治理措施，换流变压器和平波电抗器采用 Box-in，交流滤波器场外侧围墙采用 5m 围墙加 3m 隔声屏障，其他围墙 3m |

**注** 地基处理费用 2900 万元，大件运输措施费用 500 万元。

2. ±500kV 换流站（3000MW、户外柱式断路器）新建方案

| 序号 | 项目名称 | ±500kV 换流站工程技术条件 |
| --- | --- | --- |
| 一、电气部分 | | |
| 1 | 换流站额定参数 | 整流换流站。额定直流输送功率：双极 3000MW，单极 1500MW。额定直流电压±500kV，额定直流电流 3000A |
| 2 | 交流滤波电容器组 | 500kV 交流滤波电容器组 10 小组,3 大组，容量共 1500Mvar |
| 3 | 换流变压器 | 单相双绕组变压器 12 台，另设 2 台备用相，每台容量 297.5MVA |
| 4 | 平波电抗器 | 油浸式电抗器，每极 1 台，每台 290mH，另设 1 台备用 |
| 5 | 直流滤波器 | 无源滤波器，每极 2 组，共计 4 组 |
| 6 | 出线回路数 | 交流 500kV 出线远期 6 回，本期 4 回。<br>直流±500kV 出线 1 回，接地极出线 1 回 |

续表

| 序号 | 项目名称 | ±500kV换流站工程技术条件 |
| --- | --- | --- |
| 7 | 电气主接线 | 交流500kV采用3/2断路器接线，远期共12个元件，组成6个完整串，本期10个元件，组成5个完整串。<br>直流侧采用双极每极1个12脉冲阀组接线，按极装设平波电抗器、直流滤波器等 |
| 8 | 短路电流 | 500kV 交流短路电流 63kA；直流短路电流 36kA |
| 9 | 主要设备选型 | 污秽等级Ⅱ级。海拔小于1000m。<br>换流阀采用悬吊式二重阀（5英寸阀）。换流变压器采用单相双绕组有励磁调压变压器。直流开关设备采用户外敞开式设备。交流500kV采用瓷柱式$SF_6$断路器 |
| 10 | 配电装置 | 500kV采用屋外悬吊管母中型布置。<br>交流滤波器大组母线采用悬吊管母线，交流滤波器电容器采用支持式、双塔串联布置。<br>直流场设备按两极对称布置，中性点设备布置在直流场的中央，两侧分别布置直流滤波器组。滤波器内外两侧分别布置中性点设备和极线设备 |
| 11 | 计算机监控 | 全站配置1套计算机监控系统，监控系统采用分层分布式结构，间隔层测控及保护设备分散布置于就地继电器小室，就地测控单元按间隔设计并双重化配置。全站配置1套GPS时钟系统，GPS时钟源按双重化配置。火灾探测及报警系统1套。安全警卫及图像监视系统1套 |

续表

| 序号 | 项目名称 | ±500kV 换流站工程技术条件 |
| --- | --- | --- |
| 12 | 直流控制保护 | 直流控制保护每极配置双重化的极保护，双重化的极控、阀冷控制保护、换流变压器保护、直流滤波器保护。每极配置 1 套直流故障录波装置。全站配置直流线路故障定位装置 1 套。500kV 交流滤波器保护按双重化配置，故障录波器按每大组配置 1 套 |
| 13 | 交流保护 | 500kV 每回线路和母线均配置 2 套主保护。每台 500kV 断路器配置 1 套断路器保护 |
| 14 | 调度自动化及电能计量系统 | 远动系统的配置结合监控系统方案统一考虑，配置冗余的远动工作站。调度数据网接入设备 2 套及相应的安全防护设备 |
| 15 | 通信 | 系统通信采用光纤通信方式，宜具备 3 条光纤通信通道，配置 2 套（或 3 套）SDH 设备，电路按 2.5G/10G 考虑；<br>站内通信配置 1 台 48/96 线调度程控交换机，2 套通信电源，2 组蓄电池，1 套综合数据网设备 |
| 16 | 直流系统 | 4 套 220V 或 110V 直流系统，2 套 UPS 电源 |
| 17 | 接地 | 镀锌扁钢和铜导线 |
| 18 | 电缆 | 电力电缆 180km。控制电缆 390km。24 芯光缆 8km |

续表

| 序号 | 项目名称 | ±500kV 换流站工程技术条件 |
| --- | --- | --- |
| 19 | 站用电 | 高压站用变压器3台5000kVA油浸无励磁调压变压器，屋外布置。<br>低压站用变压器4台2500kVA干式调压有载变压器，屋内布置。<br>站用电源1回110kV线路15km，1回35kV线路15km，1回引自站内500kV交流串中 |
| 二、土建部分 | | |
| 1 | 基本数据 | 海拔小于1000m，地震动峰加速度0.10$g$，设计风速30m/s。<br>地基承载力特征值$f_{ak}$=150kPa，地下水无影响，非采暖区 |
| 2 | 总平面布置 | 总征地面积18.00hm$^2$，围墙内占地面积12.80hm$^2$，站外道路2km，土石方工程量20万m$^3$（50%石方），挡土墙和护坡工程量2万m$^3$，电缆沟长度4500m，运输轨道长度2×1100m，站内道路面积38 000m$^2$ |
| 3 | 建筑物 | 控制楼1座（2200m$^2$）二层布置、阀厅2座（2×1600m$^2$）、3个继电器小室、备品备件库800m$^2$、综合楼1000m$^2$和水工等总建筑面积8100m$^2$，控制楼和继电器小室等采用钢筋混凝土框架结构，阀厅采用钢—钢筋混凝土混合结构 |
| 4 | 构筑物 | 全站构架按最终规模一次建成，设备支架按本期规模建设，采用钢管结构，格构梁，回填土地基处理采用桩基 |

续表

| 序号 | 项目名称 | ±500kV换流站工程技术条件 |
|---|---|---|
| 5 | 给排水 | 水源为两路自来水管线各10km，工业用水最大补给水量25t/h，有组织排水，设污水处理装置1套，站外排水管线2km |
| 6 | 冷却采暖通风 | 阀的外冷采用水冷却方式，阀厅采用集中空调，控制楼采用多联机空调，继电器小室和综合楼采用分体空调 |
| 7 | 消防 | 控制楼、继电器小室和换流变压器、平波电抗器等采用烟感温感火灾探测报警系统，阀厅采用紫外线敏感型火灾探测报警系统；户内外设水消防系统；换流变压器和平波电抗器采用泡沫喷雾灭火装置 |
| 8 | 噪声治理 | 按环评Ⅱ级考虑噪声治理措施，换流变和平波电抗器采用Box-in |

**注** 地基处理费用2900万元，大件运输措施费用500万元。

3. ±500kV换流站接地极极址方案

| 序号 | 项目名称 | ±500kV换流站接地极极址工程技术条件 |
|---|---|---|
| 一、电气部分 | | |
| 同心双圆环布置，内环半径为210m，外环半径为300m，极环埋深3m，为了将强大的电流引入接地体，接地极布置采用一个中心构架，直接通过中心构架引下绝缘电缆与馈电棒相连，馈电电缆型号为XLPE-240（YJV22-10）聚乙烯绝缘电缆 | | |

续表

| 序号 | 项目名称 | ±500kV 换流站接地极极址工程技术条件 |
|---|---|---|
| 二、土建部分 | | |
| 外极环馈电棒均采用 $\phi$70mm 圆钢，内极环馈电棒均采用 $\phi$70mm 圆钢，引流棒采用 $\phi$70mm 圆钢，其周围敷设焦炭，考虑单极运行时间为 2 个月以内，内环焦炭截面为（0.7m×0.7m），外环焦炭截面为（0.8m×0.8m）。本工程方案为较为典型的常规方案，不含沿海地区、高海拔地区，以及没有足够场地布置极环的特殊地区 | | |

# 三、变电工程综合结算性造价指数

（2020～2021年水平）

## （一）编制说明

1. 主要编制依据

（1）定额执行国家能源局2019年11月发布的《电力建设工程概算定额（2018 年版）第一册　建筑工程》《电力建设工程概算定额（2018年版）第三册　电气设备安装工程》及《电力建设工程预算定额（2018年版）第六册　调试工程》《电力建设工程预算定额（2018年版）第七册　通信工程》。

（2）项目划分及取费标准执行国家能源局2019年11月发布的《电网工程建设预算编制与计算规定》（2018年版）及2021年4月发布的中华人民共和国电力行业标准DL/T 5467～54691—2021、DL/T 5471—2021，其他政策文件依照惯例使用截至2021年底。

（3）定额人工费调整、电网安装工程定额材机调整及建筑工程定额材料价差、施工机械价差调整执行《电力工程造价与定额管理总站关于发布2018版电力建设工程概预算定额2021年度价格水平调整的通知》（定额〔2022〕1号），1000、500、220、±800kV及±500kV及定额材料机械费调整执行北京市的系数，750kV及330kV工程执行甘肃省的系数。

（4）社会保险费：缴费费率为养老保险、失业保险、医疗保险、生育保险、工伤保险费率之和。1000、500、220、

±800kV 及±500kV 及工程按北京市为（16+0.5+9+0.8+1）%，750kV 及 330kV 工程按甘肃省为（16+0.7+6+0.7+0.6）%。

（5）住房公积金：1000、500、220、±800kV 及±500kV 工程缴费费率执行《关于 2021 住房公积金年度住房公积金缴存有关问题的通知》（京房公积金管委会发〔2021〕12 号）北京市为 12%，750kV 及 330kV 工程按甘肃省为 12%。

（6）增值税税率执行《电力工程造价与定额管理总站关于调整电力工程计价依据增值税税率的通知》（定额〔2019〕13 号）。

（7）主要设备价格以国家电网有限公司、中国南方电网有限公司、内蒙古电力（集团）有限责任公司提供的 2021 年度设备招标价为基础，按照实际工程进行修正。除 1000、±800kV 及±500kV 外，其他电压等级的主要设备价格均为到变电站现场上台价格。

（8）建筑、安装工程主要材料价格 1000、500、220、±800kV 及±500kV 工程按照北京市 2021 年信息价计列，750kV 及 330kV 工程按照甘肃兰州市 2021 年信息价计列。其中安装工程材料的实际价格以《电力建设工程装置性材料综合预算价格》（2018 年版）为基础，并结合 2021 年其他地区工程到货价情况作了综合测算，部分北京市材料价格为：

| 材料名称 | 单位 | 2021 年价格（含税） | 2021 年价格（不含税） |
|---|---|---|---|
| 圆钢 | 元/t | 5800 | 5133 |
| 木材 | 元/$m^3$ | 1800 | 1593 |
| 水泥 | 元/t | 555 | 491 |

续表

| 材料名称 | 单位 | 2021 年价格（含税） | 2021 年价格（不含税） |
| --- | --- | --- | --- |
| 砂 | 元/$m^3$ | 150 | 146 |
| 碎石 | 元/$m^3$ | 130 | 126 |
| 镀锌钢管 | 元/t | 11 200 | 9912 |
| 镀锌型钢 | 元/t | 9400 | 8319 |

本指标甲供材料范围为：

1）建筑材料：构支架、钢结构、压型钢板。

2）安装材料：10kV 及以上支柱绝缘子、管型母线、电缆（交、直流特高压工程安装材料暂按全部为乙供材料考虑）。

（9）本指标变电站、换流站新建工程中环境监测及环境保护验收费、水土保持监测及验收费计列金额如下表，实际工程按各地有关部门规定的标准计算。扩建工程未计列环境监测及环境保护验收费、水土保持监测及验收费。

金额单位：万元/站

| 电压等级（kV） | 环境监测及环境保护验收费 | 水土保持监测及验收费 |
| --- | --- | --- |
| 1000 | 100 | 120 |
| ±800 | 150 | 150 |
| 750 | 50 | 80 |
| ±500 | 100 | 120 |
| 500 | 25 | 30 |

续表

| 电压等级（kV） | 环境监测及环境保护验收费 | 水土保持监测及验收费 |
| --- | --- | --- |
| 330 | 20 | 25 |
| 220 | 15 | 20 |

（10）站外道路综合价控制在 120 万元/km（不含征地及高边坡挡墙护坡等特殊费用），站外 35kV 电源线路综合单价控制在 18 万元/km（此单价为按照杆塔混合设计，如采用全部铁塔设计单价控制在 30 万元/km，采用电缆设计单价控制在 80 万元～100 万元/km，采用 10kV 电源线路单价控制在 10 万元/km），站区征地综合单价 16.8 万元/亩，其中水土保持补偿费按 1.4 元/$m^2$ 计列。

（11）本指标 220、330、500、750kV 工程方案及模块均按智能变电站设计。

（12）本指标 1000、750、±800kV 及±500kV 新建方案中计列地基处理费用，其他方案及模块未计列。

（13）本指标 220、330、500、750kV 工程方案及模块均未计列大件运输措施费用。

（14）本指标不含专业爆破服务费。

（15）本指标不考虑新型冠状病毒肺炎疫情对工程造价的影响。

（16）本指标价格只计算到静态投资，基本预备费率：1000、±800kV 为 1%，其他为 1.5%。

2. 编制范围

（1）本指标工程量较 2020 年指标在部分方案下有所变化。

（2）本指标包括变电站围墙内所有的建筑物、构筑物及设备安装工程以及进站道路、站外电源，不包括系统（微波、光纤）通信工程及安全稳定控制系统。

## （二）1000、±800、750、500、330、220kV 变电工程综合结算性造价指数（%）

| 序号 | 项目名称 | 建筑工程费 | 设备购置费 | 安装工程费 | 其他费用 | 合计 |
|---|---|---|---|---|---|---|
| 1 | 1000kV 新建变电站（2×3000MVA、GIS 组合电器） | 4.42 | 0.27 | 1.10 | 0.47 | 0.83 |
| 2 | ±800kV 直流换流站（8000MW、户外 GIS 组合电器） | 3.69 | 0.37 | 0.82 | 0.33 | 0.77 |
| 3 | 750kV 新建变电站（1×2100MVA、750kV GIS、330kV GIS 断路器） | 2.60 | 6.05 | 0.48 | 2.11 | 4.42 |
| 4 | 500kV 新建变电站（2×1000MVA、GIS 组合电器） | 9.58 | 5.30 | 1.05 | 3.28 | 5.27 |
| 5 | 330kV 新建变电站（2×360MVA、GIS 组合电器） | 3.46 | 4.30 | 0.38 | 1.89 | 3.32 |

续表

| 序号 | 项目名称 | 建筑工程费 | 设备购置费 | 安装工程费 | 其他费用 | 合计 |
|---|---|---|---|---|---|---|
| 6 | 220kV 新建变电站（2×240MVA、GIS 组合电器） | 13.09 | 5.90 | – 0.43 | 4.83 | 6.46 |

**注** 1. 综合结算性造价指数同时受主要技术因素和设备材料价格变化的影响。

2. 500、220kV 建筑工程费指数变化较大，主要由于受建筑工程量调整影响。

3. 220kV 安装工程费指数为负值，主要由于受安装工程量调整影响。

# 四、工　程　案　例

## （一）±1100kV 换流站工程造价案例

选择准东（昌吉）—华东（皖南）±1100kV 特高压直流工程作为案例。

1. ±1100kV 准东（昌吉）换流站工程造价及技术组合方案

设计单位：西北电力设计院有限公司、华北电力设计院有限公司、广东省电力设计研究院有限公司

建设单位：国家电网有限公司

工程设计年：2016 年

（1）工程造价。

金额单位：万元

| 项目名称 | | 建筑工程费 | 设备购置费 | 安装工程费 | 其他费用 | 合计 | 单位投资（元/kW） |
|---|---|---|---|---|---|---|---|
| ±1100kV 准东（昌吉）换流站 | 金额 | 85 717 | 587 832 | 41 188 | 49 341 | 764 078 | 636.73 |
| | 占比（%） | 11.22 | 76.93 | 5.39 | 6.46 | 100.00 | |

注　基本预备费率 1%。

（2）基本技术组合方案。

| 序号 | 项目名称 | 工程技术条件 |
|---|---|---|
| 一、电气部分 | | |
| 1 | 换流站额定参数 | 额定直流输送功率双极 12 000MW，单极6000MW。额定直流电压±1100kV，直流额定电流 5455A |
| 2 | 交流滤波电容器组 | 750kV 交流滤波器及并联电容器总容量6700Mvar，分为 20 小组（4 个大组）。其中交流滤波器 12 小组，单组容量305Mvar；并联电容器 8 小组，单组容量380Mvar |
| 3 | 换流变压器 | 24 台单相双绕组换流变压器，每种型式换流变压器各设 1 台备用，共 4 台备用换流变压器，单台容量 607.5MVA |
| 4 | 平波电抗器 | 平波电抗器每极装设 4 台，单台容量75mH，全站设置 1 台备用线圈 |
| 5 | 直流滤波器 | 直流滤波器每极装设 1 组 |
| 6 | 出线回路数 | 交流 750kV 远景出线 13 回，本期一次建成 |

续表

| 序号 | 项目名称 | 工程技术条件 |
| --- | --- | --- |
| 7 | 电气主接线 | （1）直流部分。<br>采用双极带接地极接线，每极2个12脉动换流器串联，每极2个换流器电压按“550kV＋550kV”配置，每个换流器设旁路开关。按极装设平波电抗器、直流滤波器等装置，平波电抗器按极母线和中性母线各2台分别串接在极母线和中性母线上，直流滤波器跨接在平波电抗器后的极母线与中性母线之间。<br>中性母线上安装金属—大地回路转换用断路器。<br>（2）交流部分。<br>换流变压器交流侧标称电压为750kV。750kV采用1个半断路器接线，交流滤波器大组作为1个元件接入串中。远景750kV出线13回、换流变压器进线4回、交流滤波器4大组，按10个完整串和1个不完整串规划，本期一次建成，安装32台断路器。换流变压器进线回路不装设交流PLC装置。<br>750kV交流滤波器大组采用单母线接线。全站20小组交流滤波器及并联电容器，1台750/66kV降压变压器经断路器接入交流滤波器母线，本期交流滤波器场共安装21台小组断路器。<br>750/66kV降压变压器低压侧采用单母线接线，不设总回路断路器。本期共安装5台66kV断路器，其中低压无功回路4台、66/10kV站用变回路1台 |

续表

| 序号 | 项目名称 | 工程技术条件 |
|---|---|---|
| 8 | 短路电流 | 750kV 交流母线短路电流水平按 63kA 考虑；换流站 750kV 交流母线最小短路电流按 33.5kA 考虑 |
| 9 | 主要设备选型 | （1）直流部分。<br>换流变压器采用单相双绕组型式，装设油色谱在线监测装置。<br>换流阀按悬吊式二重阀、户内空气绝缘水冷却晶闸管阀考虑，换流阀外冷却采用空冷加辅助水冷方式；晶闸管元件采用 6 英寸阀片，额定电流 5455A，阀厅装设红外线测温装置。<br>平波电抗器采用干式，直流滤波器采用无源型。直流开关场极线设备、直流滤波器高压电容器以及部分 ±550kV 设备采用户内设备。<br>直流场户外部分支柱绝缘子等值盐密按 $0.116mg/cm^2$ 考虑。<br>（2）交流部分。<br>750、66kV 交流系统电气设备短路电流水平分别按 63、40kA 考虑（五彩湾站内 66kV 设备采用 50kA）。<br>750kV 交流开关场采用 GIS 设备，换流变压器及 750/66kV 降压变压器进线用断路器装设合闸电阻，750kV 出线接地开关按采用特殊地刀考虑。750kV 交流滤波器小组回路采用罐式 $SF_6$ 断路器和水平五柱组合式隔离开关，小组断路器装设合闸电阻。 |

续表

| 序号 | 项目名称 | 工程技术条件 |
| --- | --- | --- |
| 9 | 主要设备选型 | 750/66kV 降压变压器采用三相双绕组、油浸式、无励磁调压变压器，并装设油色谱在线监测装置。66kV 采用罐式 $SF_6$ 断路器，低压并联电抗器采用干式。<br>站址极端最低气温约–40℃，750kV GIS 断路器、750kV 罐式 $SF_6$ 断路器和 66kV 罐式 $SF_6$ 断路器考虑加装伴热带。<br>屋外交流电气设备电瓷外绝缘爬电距离按国标 e 级污区设计 |
| 10 | 电气总平面布置 | 换流阀采用二重阀悬挂布置，换流变采用户外布置、阀侧套管伸入阀厅布置，高、低端阀厅采用面对面布置，两个低端阀厅采用背靠背紧挨布置。直流开关场极线设备、直流滤波器高压电容器以及部分±550kV 设备采用户内布置，中性线设备采用户外布置。<br>750kV 交流开关场采用 GIS 设备户外布置。750kV 交流滤波器场采用新的改进“田”字形布置。66kV 采用户外敞开式布置 |
| 11 | SCADA 系统 | 交/直流系统合建一套监控系统，系统应具有完善的 SCADA 功能。换流站监控系统、保护装置、保护及故障录波信息子站等采用 DL/T 860 标准通信规约。站控层配置 2 台主机、5 台运行人员工作站、1 台工程师站、2 台Ⅰ区通信网关机、2 台Ⅱ区通信网关机、1 台Ⅲ区通信网关机、2 台图形及告警网关机、 |

续表

| 序号 | 项目名称 | 工程技术条件 |
| --- | --- | --- |
| 11 | SCADA 系统 | 1台站长工作站、1台谐波监视工作站、1台综合服务器等设备。阀冷却控制保护系统工作站纳入监控系统统一考虑，不配置独立后台。换流站直流及相关交流系统测控单元按本期规模双重化配置。<br>特高压直流控制系统和保护系统分别独立配置，两个极的直流控制保护系统，每个极的高、低端换流单元的控制保护均分别独立配置。<br>直流控制保护系统应按成套设计。控制系统采用双重化配置，包括换流变压器保护在内的直流保护均采用三重化配置，跳闸出口采用“三取二”逻辑。交流滤波器保护按大组双重化配置，高压站用变压器等保护按双重化配置。66、35kV低压站用变压器保护按单套配置。<br>每个阀组各配置1套直流暂态故障录波系统，每站各配置2套直流线路专用故障测距装置。每台换流变压器及每大组交流滤波器各配置1套故障录波装置，每2台高压站用变压器配置1套故障录波装置。<br>1套公用的时间同步系统，主时钟源按双重化配置。<br>1套图像安全监视系统和1套火灾报警系统。<br>每个阀厅和直流场各配置1套红外测温监测系统。 |

续表

| 序号 | 项目名称 | 工程技术条件 |
|---|---|---|
| 11 | SCADA系统 | 1 台综合应用服务器，集成设备状态检测和智能辅助监控系统后台，实现对图像监视、安全警卫、火灾报警及主变压器消防等辅助系统的智能运行管理功能和设备状态评估等功能。<br>1 套接地极监视系统，接地极线差动保护三重化配置，每个极址配置 2 台红外测温、2 台摄像设备。<br>接地极配置 1 套 110V 直流电源系统 |
| 12 | 交流保护 | 每回 750kV 线路两侧配置 2 套分相电流差动主保护，每套主保护均具有完整的后备保护功能。<br>每段 750、500kV 母线各配置 2 套母线差动保护装置。<br>每台 750、1000、500kV 断路器各配置 1 面断路器保护屏（含站用变压器高压侧）。<br>高、低端换流阀不同时投运时过渡时期短引线保护装置原则上不在本工程配置。<br>昌吉换流站配置 5 套 750kV 系统故障录波装置、2 套 750kV 母线专用故障录波装置和 2 套 750kV 线路专用故障测距装置。<br>全站交、直流系统各配置 1 套公用保护及故障信息管理子站，按调度端的要求汇集有关直流和交流系统保护信息，故障录波信息单独组网 |

续表

| 序号 | 项目名称 | 工程技术条件 |
| --- | --- | --- |
| 13 | 调度自动化及电能计量系统 | 远动系统与换流站监控系统统一考虑，I区通信网关机双重化配置。<br>1套电能量采集装置。在本期750、1000、500kV线路出线侧、换流变交流侧及站外电源高压侧按双表配置计费关口表。计量信息采用调度数据网远传至各级调度主站系统。<br>2套调度数据网络接入设备，配置IP认证加密装置和硬件防火墙。<br>1套同步相量测量装置。<br>1台检修计划工作站。<br>1台远程监视工作站 |
| 14 | 通信 | 1套用户线容量为48线的系统调度程控交换机。<br>1套用户线容量不大于100线的行政电话程控交换机。<br>1套综合数据网接入设备。<br>2套高频开关通信电源设备（–48V/300A）和4组免维护蓄电池组（–48V/500Ah），按双重化配置设计。<br>通信机房动力环境监测系统（子站）纳入变电站视频监控系统统一考虑，并将电源告警等动力环境信息接入相关运维单位（主站）。<br>1套高清视频会议终端设备。<br>1套广播呼叫系统 |

续表

| 序号 | 项目名称 | 工程技术条件 |
| --- | --- | --- |
| 15 | 直流系统 | 直流电源系统按地点分散设置，采用 110V 电压。昌吉换流站配置 7 套直流电源系统。其中，阀组每套直流系统包括 3 组蓄电池组和 4 套高频开关电源装置；站公用和交流场每套直流系统包括 2 组蓄电池组和 3 套高频开关电源装置。<br>阀组每套直流系统包括 2 组 600Ah、1 组 200Ah 蓄电池组；站公用每套直流系统包括 2 组 1200Ah 蓄电池组；交流场每套直流系统包括 2 组 800Ah 蓄电池组。<br>220V 交流 UPS 电源系统按地点分散设置。昌吉换流站主控楼配置 1 套容量为 30kVA、每个辅控楼配置 1 套容量为 5kVA、交流场配置 1 套容量为 8kVA |
| 16 | 接地 | 全站采用避雷针和避雷线进行防直击雷保护。<br>站区土壤具有强腐蚀性，全站主接地材料采用铜材 |
| 17 | 站用电 | 全站设置 2 台 66/10kV 油浸式、有载调压变压器作为本站的工作电源，另设 1 台 35/10kV 油浸式、有载调压变压器作为备用电源，容量均为 20MVA。线路长 17.4km（含 0.7km 电缆） |
| | | 全站安装 12 台 10/0.4kV 干式、无励磁调压变压器，按每个 12 脉动换流器 2 台（4 个 12 脉动换流器共 8 台）、全站公用负荷 4 台配置，互为备用考虑，每台容量为 3150kVA |

续表

| 序号 | 项目名称 | 工程技术条件 |
| --- | --- | --- |
| 二、土建部分 | | |
| 1 | 基本数据 | 站址海拔为512.6m，抗震设防烈度为7度（0.125g），50年一遇设计风速为31.7m/s，100年一遇设计风速为34.1m/s |
| 2 | 总平面布置 | 换流站最终规模一次征地，总征地面积28.12hm$^2$（421.8亩），其中围墙内占地面积26.51hm$^2$，站外道路0.878hm$^2$，土石方工程量18.3万m$^3$，电缆沟道5680m（本期规模），运输轨道长度2×2600m，站内道路广场面积61 000m$^2$ |
| 3 | 建筑物 | 站内建设主控楼、辅控楼、高端阀厅、低端阀厅、户内直流场、继电器小室和检修备品库等主要建筑物。全站建筑总面积46 100m$^2$。<br>主控楼采用三层布置，建筑面积3865m$^2$，设电梯1部。<br>两座辅控楼采用两层布置，建筑面积2×1480m$^2$，各设电梯1部。<br>两座高端阀厅2×5920m$^2$、两座低端阀厅2×2300m$^2$。<br>两座户内直流场2×7352m$^2$。<br>一座综合楼3072m$^2$；车库按一大四小185m$^2$，与综合水泵房合并布置考虑。<br>检修备品库1座1397m$^2$。<br>全站设五座继电器小室。<br>高端阀厅采用全钢结构，型钢格构柱排架+梯形空间钢管桁架方案，格构柱采用双H型 |

续表

| 序号 | 项目名称 | 工程技术条件 |
| --- | --- | --- |
| 3 | 建筑物 | 钢主材。换流变间防火墙、换流变与阀厅间防火墙均采用现浇混凝土结构，防火墙与钢结构脱开布置；低端阀厅采用钢—钢筋混凝土剪力墙混合结构，换流变间防火墙、换流变与阀厅间防火墙均采用现浇混凝土结构，两低端阀厅间防火墙采用钢筋混凝土框架填充墙结构；户内直流场钢柱采用三角形格构柱，屋面采用倒三角形空间桁架梁检修备品库采用混凝土排架结构＋T 型钢屋架；主辅控楼、继电器小室采用钢筋混凝土框架结构；备用平波电抗器室采用钢结构 |
| 4 | 构筑物 | 750kV 构架、直流场构架按最终规模一次建成，750kV 构架采用钢管格构式结构，其他均采用钢管结构。GIS 基础按最终规模建设。<br>挖方区采用天然地基，局部粉砂层采用换填；场地土表层为盐渍土，采取基础防护措施 |
| 5 | 给排水 | 水源：采用一路管网供水，站内设 2×1500m$^3$ 蓄水池。<br>站内供水：全站共设生产、消防、生活三个供水系统，站内设一套原水净化处理系统。<br>排水：站区雨水通过水泵提升排至站外蒸发池（容积 2×5500m$^3$）。站内设 2 套生活污水处理装置 |

续表

| 序号 | 项目名称 | 工程技术条件 |
| --- | --- | --- |
| 6 | 冷却空调通风 | 换流阀的外冷却采用空冷+辅助水冷却方式。<br>阀厅、户内直流场采用集中空调系统；主、辅控制楼采用多联机空调系统；其他建筑物采用分体空调。有采暖需求的房间采用电暖气分散供暖 |
| 7 | 消防 | 全站设置火灾探测报警系统及室外消火栓系统；控制楼、综合楼等设室内消火栓系统；阀厅室内设移动式化学灭火装置；其他建筑物采用化学灭火器灭火；换流变压器消防采用泡沫喷雾灭火系统，户内直流场直流滤波器设置泡沫消防炮 |
| 8 | 噪声治理 | 根据本工程环评批复文件，换流站按站界噪声达到 GB 12348—2008《工业企业厂界环境噪声排放标准》3 类标准，周围敏感点达到 GB 3096—2008《声环境质量标准》3 类标准。<br>换流变压器采用隔声罩，局部围墙加高 |

2. ±1100kV 皖南（古泉）换流站工程造价及技术组合方案

设计单位：中南电力设计院有限公司、华东电力设计院有限公司、西南电力设计院有限公司

建设单位：国家电网有限公司

工程设计年：2016 年

（1）工程造价。

金额单位：万元

| 项目名称 | | 建筑工程费 | 设备购置费 | 安装工程费 | 其他费用 | 合计 | 单位投资（元/kW） |
|---|---|---|---|---|---|---|---|
| ±1100kV皖南（古泉）换流站 | 金额 | 96 396 | 614 914 | 32 623 | 65 362 | 809 295 | 674.41 |
| | 占比（%） | 11.91 | 75.98 | 4.03 | 8.08 | 100.00 | |

**注** 基本预备费率1%。

（2）基本技术组合方案。

| 序号 | 项目名称 | 工程技术条件 |
|---|---|---|
| 一、电气部分 | | |
| 1 | 换流站额定参数 | 额定直流输送功率双极12 000MW，单极6000MW。额定直流电压±1100kV，直流额定电流5455A |
| 2 | 交流滤波电容器组 | 1000kV 交流滤波器及并联电容器总容量4080Mvar，按2大组、12小组考虑，小组容量均为340Mvar；500kV交流滤波器及并联电容器总容量3990Mvar，按3大组、14小组考虑，小组容量均为285Mvar |
| 3 | 换流变压器 | 24台单相双绕组换流变压器，每种型式换流变压器各设1台备用，共4台备用换流变压器，单台容量587.1MVA |

续表

| 序号 | 项目名称 | 工程技术条件 |
|---|---|---|
| 4 | 平波电抗器 | 平波电抗器每极装设 4 台，单台容量 75mH，全站设置 1 台备用线圈 |
| 5 | 直流滤波器 | 直流滤波器每极装设 1 组 |
| 6 | 出线回路数 | 交流 1000kV 远景出线 2 回，本期一次建成。<br>交流 500kV 远景出线 8 回，本期出线 6 回 |
| 7 | 电气主接线 | （1）直流部分。<br>采用双极带接地极接线，每极 2 个 12 脉动换流器串联，每极 2 个换流器电压按“550kV＋550kV”配置，每个换流器设旁路开关。按极装设平波电抗器、直流滤波器等装置，平波电抗器按极母线和中性母线各 2 台分别串接在极母线和中性母线上，直流滤波器跨接在平波电抗器后的极母线与中性母线之间。<br>（2）交流部分。<br>本工程交流侧采用分层接入方案，低端换流变网侧电压 1000kV，高端换流变的网侧电压 500kV。<br>1000kV 交流侧接线：采用 1 个半断路器接线，远景 1000kV 出线 2 回、换流变压器进线 2 回、交流滤波器 2 大组，按 3 个完整串规划，本期一次建成，安装 9 台断路器。 |

续表

| 序号 | 项目名称 | 工程技术条件 |
| --- | --- | --- |
| 7 | 电气主接线 | 500kV 交流侧接线：采用 1 个半断路器接线，远景 500kV 出线 8 回、换流变压器进线 2 回、交流滤波器 3 大组、调相机 2 组、500/10kV 站用变压器 2 台，按 8 个完整串（1 台站用变压器进串）、1 台站用变压器经断路器接母线规划。本期出线间隔按一次上齐考虑（提前安装 2 回备用出线设备），本工程计列 22 台断路器（与调相机相关的 3 台断路器计列在扩建调相机工程中）。<br>1000kV 和 500kV 换流变进线回路不装设交流 PLC 设备。<br>1000kV 交流滤波器大组采用单母线接线。全站共 12 小组交流滤波器和并联电容器，组成 2 大组，共安装 12 台小组断路器。<br>500kV 交流滤波器大组采用单母线接线。全站共 14 小组交流滤波器和并联电容器，组成 3 大组，共安装 14 台小组断路器 |
| 8 | 短路电流 | 1000kV 和 500kV 交流电气设备短路电流水平均按 63kA 考虑 |
| 9 | 主要设备选型 | （1）直流部分。<br>换流变压器采用单相双绕组型式，并装设油色谱在线监测装置。 |

续表

| 序号 | 项目名称 | 工程技术条件 |
| --- | --- | --- |
| 9 | 主要设备选型 | 换流阀按悬吊式二重阀、户内空气绝缘水冷却晶闸管阀考虑，换流阀外冷却采用水冷方式；晶闸管元件采用6英寸阀片，额定电流5455A，阀厅装设红外线测温装置。<br>平波电抗器采用干式，直流滤波器采用无源型。直流开关场极线设备、直流滤波器高压电容器以及部分±550kV设备采用户内设备。<br>直流场户外部分支柱绝缘子等值盐密按0.07mg/cm$^2$考虑。<br>（2）交流部分。<br>1000kV和500kV交流电气设备短路电流水平均按63kA考虑。<br>1000kV交流开关场采用户外GIS设备，1000kV交流滤波器场采用瓷柱式四断口$SF_6$断路器和五柱式组合隔离开关。500kV交流开关场采用户内GIS设备，500kV交流滤波器场采用瓷柱式$SF_6$断路器。<br>1000kV换流变压器进线断路器装设合闸电阻，1000kV小组滤波器断路器装设合闸电阻，1000kV出线隔离开关采用特殊地刀。500kV换流变压器进线断路器装设合闸电阻，500kV出线按不装设合闸电阻考虑，本期500kV出线隔离开关采用特殊地刀，500kV小组滤波器断路器装设选相合闸装置。 |

续表

| 序号 | 项目名称 | 工程技术条件 |
| --- | --- | --- |
| 9 | 主要设备选型 | 500/10kV 站用变压器采用三相双绕组、油浸式变压器，容量为 40MVA，装设油色谱在线监测装置。<br>屋外交流电气设备电瓷外绝缘爬电距离按国标 d 级污区设计 |
| 10 | 电气总平面布置 | 换流阀采用二重阀悬挂布置，换流变采用户外布置、阀侧套管伸入阀厅布置，阀厅采用“一”字形布置。直流开关场极线设备、直流滤波器高压电容器以及部分±550kV 设备采用户内布置，中性线设备采用户外布置。1000kV 交流开关场采用 GIS 设备户外布置。1000kV 交流滤波器场采用改进“田”字形布置，采用高架进线方式，大组母线平行伸入交流滤波器区域。<br>500kV 交流开关场采用 GIS 设备户内布置，出线间隔宽度为 25m。500kV 交流滤波器场采用改进“田”字形布置，采用高架进线方式，大组母线平行伸入交流滤波器区域 |
| 11 | SCADA 系统 | 交/直流系统合建一套监控系统，系统应具有完善的 SCADA 功能。换流站监控系统、保护装置、保护及故障录波信息子站等采用 DL/T 860 系列通信规约。站控层配置 2 台主机、5 台运行人员工作站、1 台工程师站、2 台Ⅰ区通信网关机、2 台Ⅱ区通信网关机、1 台Ⅲ区通信网关机、2 台图形及告警网关机、1 台站长工作站、 |

续表

| 序号 | 项目名称 | 工程技术条件 |
|---|---|---|
| 11 | SCADA 系统 | 1 台谐波监视工作站、1 台综合服务器等设备。阀冷却控制保护系统工作站纳入监控系统统一考虑，不配置独立后台。换流站直流及相关交流系统测控单元按本期规模双重化配置。<br>特高压直流控制系统和保护系统分别独立配置，两个极的直流控制保护系统，每个极的高、低端换流单元的控制保护均分别独立配置。<br>直流控制保护系统应按成套设计。控制系统采用双重化配置，包括换流变压器保护在内的直流保护均采用三重化配置，跳闸出口采用“三取二”逻辑。交流滤波器保护按大组双重化配置，高压站用变压器等保护按双重化配置。66、35kV 低压站用变压器保护按单套配置。<br>每个阀组各配置 1 套直流暂态故障录波系统，每站各配置 2 套直流线路专用故障测距装置。每台换流变压器及每大组交流滤波器各配置 1 套故障录波装置，每 2 台高压站用变压器配置 1 套故障录波装置。<br>1 套公用的时间同步系统，主时钟源按双重化配置。<br>1 套图像安全监视系统和 1 套火灾报警系统。<br>每个阀厅和直流场各配置 1 套红外测温监测系统。 |

续表

| 序号 | 项目名称 | 工程技术条件 |
| --- | --- | --- |
| 11 | SCADA 系统 | 1 台综合应用服务器，集成设备状态检测和智能辅助监控系统后台，实现对图像监视、安全警卫、火灾报警及主变消防等辅助系统的智能运行管理功能和设备状态评估等功能。<br>1 套接地极监视系统，接地极线差动保护三重化配置，每个极址配置 2 台红外测温、2 台摄像设备。<br>接地极配置 1 套 110V 直流电源系统 |
| 12 | 交流保护 | 每回 500kV 线路各配置 2 套分相电流差动主保护，每套主保护均具有完整的后备保护功能，远方跳闸就地判别功能集成在主保护中实现。每套主保护均配置双通信接口。<br>每段 750、1000、500kV 母线各配置 2 套母线差动保护装置。<br>每台 1000、500kV 断路器各配置 1 面断路器保护屏（含站用变压器高压侧）。<br>高、低端换流阀不同时投运时过渡时期短引线保护装置原则上不在本工程配置。<br>古泉换流站配置 3 套 500kV 系统故障录波装置、1 套 500kV 母线专用故障录波装置和 1 套 500kV 线路专用故障测距装置，并配置 1 套 1000kV 系统故障录波装置和 1 套 1000kV 母线专用故障录波装置。 |

续表

| 序号 | 项目名称 | 工程技术条件 |
|---|---|---|
| 12 | 交流保护 | 全站交、直流系统各配置1套公用保护及故障信息管理子站，按调度端的要求汇集有关直流和交流系统保护信息，故障录波信息单独组网 |
| 13 | 调度自动化及电能计量系统 | 远动系统与换流站监控系统统一考虑，I区通信网关机双重化配置。<br>1套电能量采集装置。在本期750、1000、500kV线路出线侧、换流变压器交流侧及站外电源高压侧按双表配置计费关口表。计量信息采用调度数据网远传至各级调度主站系统。<br>2套调度数据网络接入设备，配置IP认证加密装置和硬件防火墙。<br>1套同步相量测量装置。<br>1台检修计划工作站。<br>1台远程监视工作站 |
| 14 | 通信 | 1套用户线容量为48线的系统调度程控交换机。<br>1套用户线容量不大于100线的行政电话程控交换机。<br>1套综合数据网接入设备。<br>2套高频开关通信电源设备（–48V/300A）和4组免维护蓄电池组（–48V/500Ah），按双重化配置设计。 |

续表

| 序号 | 项目名称 | 工程技术条件 |
|---|---|---|
| 14 | 通信 | 通信机房动力环境监测系统（子站）纳入变电站视频监控系统统一考虑，并将电源告警等动力环境信息接入相关运维单位（主站）。<br>1 套高清视频会议终端设备。<br>1 套广播呼叫系统 |
| 15 | 直流系统 | 直流电源系统按地点分散设置，采用 110V 电压。古泉换流站配置 8 套直流电源系统。其中，阀组每套直流系统包括 3 组蓄电池组和 4 套高频开关电源装置；站公用和交流场每套直流系统包括 2 组蓄电池组和 3 套高频开关电源装置。<br>古泉换流站阀组每套直流系统包括 2 组 600Ah、1 组 200Ah 蓄电池组；站公用直流系统包括 2 组 1200Ah 蓄电池组；1000kV 交流场直流系统包括 2 组 600Ah 蓄电池组，500kV 交流场第 1 继电器小室直流系统包括 2 组 800Ah 蓄电池组、第 2 继电器小室直流系统包括 2 组 500Ah 蓄电池组。<br>220V 交流 UPS 电源系统按地点分散设置。古泉换流站主控楼配置 1 套容量为 30kVA；每个辅控楼配置 1 套容量为 5kVA；1000kV 交流场配置 1 套容量为 3kVA；500kV 交流场第 1 继电器小室配置 1 套容量为 5kVA |
| 16 | 接地 | 全站采用避雷针和避雷线进行防直击雷保护。<br>全站主接地材料采用铜材 |

续表

| 序号 | 项目名称 | 工程技术条件 |
| --- | --- | --- |
| 17 | 站用电 | 全站设置 2 台 500/10kV 油浸式、有载调压变压器作为本站的工作电源，容量均为 40MVA，另设 1 台 35/10kV 油浸式、有载调压变压器作为备用电源，容量为 20MVA。其中 1 台工作变压器接于交流 500kV GIS 配电装置母线，1 台工作变压器接于交流 500kV GIS 配电装置串中，另 1 台备用变压器电源由站外 110kV 变电站的 35kV 配电装置专线引接，架空线路长度 18.5km、电缆长度 1.94km。<br>全站安装 10 台 10/0.4kV 干式、无励磁调压变压器，按每个 12 脉动换流器 2 台（4 个 12 脉动换流器共 8 台）、全站公用负荷 2 台配置，互为备用考虑，每台容量为 3150kVA |
| 二、土建部分 | | |
| 1 | 基本数据 | 站址海拔为 76m，抗震设防烈度为 6 度（0.075g），50 年一遇设计风速为 28.7m/s，100 年一遇设计风速为 31.4m/s |
| 2 | 总平面布置 | 换流站最终规模一次征地，总征地面积 37.66hm$^2$（564.9 亩），其中围墙内占地面积 27.70hm$^2$，土石方工程量 126.8 万 m$^3$，电缆沟道 7210m，运输轨道长度 2×2100m，站内道路广场面积 52 900m$^2$ |

续表

| 序号 | 项目名称 | 工程技术条件 |
| --- | --- | --- |
| 3 | 建筑物 | 站内建设主控楼、辅控楼、高端阀厅、低端阀厅、户内直流场、500kV GIS 室、继电器小室、检修备品库和综合楼等主要建筑物。全站建筑总面积 51 404m²。<br>主控楼采用三层布置，建筑面积 2270m²，设电梯 1 部；<br>两座辅控楼采用三层布置，建筑面积 2×2529m²，各设电梯 1 部；<br>两座高端阀厅 2×5745m²、两座低端阀厅 2×2707m²；<br>两座户内直流场按 2×7844m²；直流场空调设备间 2×1330m²；<br>一座 500kV GIS 室 3377m²。<br>站内建设 1 座综合楼 2850m²、含 1 座车库 100m²（一大二小）。<br>检修备品库 1 座 1480m²，设 2 台 20t 吊车。<br>全站设三座继电器小室。<br>控制楼、阀厅、户内直流场、500kV GIS 室等主要生产建筑按 7 度采取抗震措施。高端阀厅采用全钢结构，实腹式 H 型钢柱；换流变压器间防火墙、换流变压器与阀厅间防火墙均采用现浇混凝土结构，防火墙与钢结构脱开布置；低端阀厅（一字形布置）采用钢—钢筋混凝土剪力墙混合结构；换流变压器间防火墙、换流变压器与阀厅间防火墙均采用现浇混凝土结构；户内直流场采用全钢管立 |

续表

| 序号 | 项目名称 | 工程技术条件 |
| --- | --- | --- |
| 3 | 建筑物 | 体桁架结构；主、辅控楼、继电器小室采用钢筋混凝土框架结构；500kV GIS室、备用平波电抗器室采用钢结构，检修备品库采用钢筋混凝土排架＋钢屋架 |
| 4 | 构筑物 | 1000kV 构架、500kV 构架、直流场构架按最终规模一次建成，1000kV 构架采用钢管格构式结构、500kV 构架采用钢管 A 型柱结构，其他均采用钢管结构。<br>填方区域的主要建构筑物采用桩基础和换填。场地平整采用强夯进行预处理 |
| 5 | 给排水 | 水源：采用站外 2 路自来水供水方案，管道长度分别为 13.5km 和 11.6km。站内设置 4000m$^3$ 工业消防蓄水池一座，总冷却水补给水量 2100t/d。<br>站内供水：全站共设生产、消防、生活三个供水系统。<br>排水：雨水采用有组织排水，排至站外站区东侧 1.2km 的天然河道，站内设 2 套生活污水处理装置 |
| 6 | 冷却空调通风 | 换流阀的外冷却采用水冷却方式，水处理采用反渗透方案。<br>阀厅、户内直流场采用集中空调系统；主、辅控制楼及综合楼采用多联机空调系统；其他建筑物采用分体空调。有采暖需求的房间采用电暖气分散供暖 |

续表

| 序号 | 项目名称 | 工程技术条件 |
| --- | --- | --- |
| 7 | 消防 | 全站设置火灾探测报警系统及室外消火栓系统，控制楼、综合楼等设室内消火栓；建筑物室内设移动式化学灭火装置，换流变压器水喷雾灭火装置，户内直流场直流滤波器设置泡沫消防炮 |
| 8 | 噪声治理 | 根据本工程环评批复意见，换流站按站界噪声达到 GB 12348《工业企业厂界环境噪声排放标准》2 类标准，周围敏感点达到 GB 3096《声环境质量标准》2 类标准。<br>换流变压器采用隔声罩，局部围墙加高、加隔声屏障 |

## （二）±660kV 换流站工程造价案例

1. ±660kV 银川东换流站工程造价及技术组合方案

设计单位：中国电力工程顾问集团公司西北电力设计院

建设单位：国家电网有限公司

工程设计年：2008～2009 年

（1）工程造价。

金额单位：万元

| 项目名称 | | 建筑工程费 | 设备购置费 | 安装工程费 | 其他费用 | 合计 | 单位投资（元/kW） |
|---|---|---|---|---|---|---|---|
| ±660kV银川东换流站 | 金额 | 29 795 | 221 620 | 9581 | 29 058 | 290 054 | 725.14 |
| | 占比（%） | 10.27 | 76.41 | 3.30 | 10.02 | 100.00 | |

注　基本预备费率 2%。

（2）基本技术组合方案。

| 序号 | 项目名称 | 工程技术条件 |
|---|---|---|
| 一、电气部分 | | |
| 1 | 换流站额定参数 | 整流换流站。额定直流输送功率双极 4000MW，单极 2000MW，额定直流电压 ±660kV，额定直流电流 3030A |
| 2 | 交流滤波电容器组 | 330kV 交流滤波电容器组 14 小组，3 大组，容量共 2100Mvar |
| 3 | 换流变压器 | 单相双绕组变压器共计 12 台，另设 2 台备用相，每台容量 302MVA |
| 4 | 平波电抗器 | 干式空芯型，极母线和中性母线上分别配置 1 台和 3 台，共 9 台，其中 1 台备用。每台电感值为 75mH |
| 5 | 直流滤波器 | 双调谐无源滤波器，每极 2 组 |

续表

| 序号 | 项目名称 | 工程技术条件 |
| --- | --- | --- |
| 6 | 出线回路数 | 交流 330kV 出线远期 13 回，本期无出线 |
| | | 直流±660kV 出线 1 回，接地极出线 1 回 |
| 7 | 电气主接线 | 交流 330kV 采用 3/2 断路器接线，远期共 20 个元件，组成 10 个完整串。本期 7 个元件,组成 1 个完整串和 1 个不完整串、完善 2 个不完整串 |
| | | 直流采用双极每极 1 个 12 脉冲阀组接线，按极装设平波电抗器、直流滤波器等 |
| 8 | 主要设备选型 | 污秽等级Ⅲ级。海拔 1250m |
| | | 换流阀采用悬吊式二重阀阀组，外冷却采用空冷。换流变压器采用单相双绕组变压器。直流高压开关场采用户内布置，交流滤波器采用常规敞开式设备。交流 330kV 采用户外敞开式设备 |
| 9 | 配电装置 | 总体布局按照“±660kV 直流场—换流阀组及换流变压器—330kV 交流场—主变压器—750kV 交流场”的工艺流向考虑。该站交流变电站部分已先期建设。±660kV 直流开关场采用户内布置。330kV 配电装置采用户外、悬吊管型母线、普通中型布置方案 |

续表

| 序号 | 项目名称 | 工程技术条件 |
| --- | --- | --- |
| 10 | SCADA 系统 | 全站配置 1 套计算机监控系统，监控系统采用分层分布式结构，间隔层测控及保护设备分散布置于就地继电器小室，就地测控单元按间隔设计配置。全站配置 1 套 GPS 时钟系统，主时钟双重化配置 |
| | | 火灾探测及报警系统 1 套。安全警卫及图像监视系统 1 套 |
| 11 | 直流控制保护 | 高压直流保护按保护区域设置，每一个保护区与相邻保护区的保护区重叠，无保护死区。每个保护区域的保护双重或多重化配置。高压直流保护双极保护与极保护独立，两个极的保护系统、每个极内的两个换流单元的保护系统均完全独立、双重或多重化配置，换流变压器保护按阀组双重化配置。交流滤波器组配置双重化主、后备保护。全站配置直流线路故障定位装置 1 套、1 套直流暂态故障录波系统 |
| | | 换流变压器保护按阀组双重化配置。交流滤波器组配置双重化主、后备保护 |
| 12 | 交流保护 | 330kV 断路器配置断路器保护。利用现有管理子站 |

续表

| 序号 | 项目名称 | 工程技术条件 |
| --- | --- | --- |
| 13 | 调度自动化及电能计量系统 | 远动系统与换流站的计算机监控系统统一考虑，远动工作站应双重化配置，满足多通道、多规约传输要求，高压直流远动系统按极冗余配置，纳入换流站直流控制、保护系统统一考虑，站间SCADA系统、极控制、极保护的数据交换通道配备主/备通道。利用现有电能量采集设备 |
| 14 | 通信 | 配置1套数据网接入设备，1套行政交换机，利用现有的系统调度交换机及安全防护设备。配置1台计划检修管理维护终端及c区安全文件网关，综合数据网设备1套，电视会议系统1套。扩音呼叫系统1套 |
| 15 | 直流系统 | 极用220V直流电源2套，300Ah蓄电池4组；交流场220V直流电源1套，400Ah蓄电池2组；站用220V直流电源1套，400Ah蓄电池2组；交流不停电电源2套（15kVA） |
| 16 | 接地 | 镀锌扁钢 |
| 17 | 电缆 | 动力电缆130.4km。控制电缆690km |
| 18 | 站用电 | 换流站与750kV变电站站用电系统按合建考虑。站用电系统考虑3回独立的站用电源、两级降压方式。终期本站2回站用电源分别引自2组750kV变压器的 |

续表

| 序号 | 项目名称 | 工程技术条件 |
| --- | --- | --- |
| 18 | 站用电 | 66kV 侧，备用电源由站外 110kV 磁窑堡变电站 35kV 母线引接，线路长度约 10km。本期完善站用电系统为终期接线，新增 1 台 66kV 站用变压器，其费用计列在银川东交流扩建工程中。本工程站用电部分仅计列 4 台低压变压器（包括相应的低压柜）和 4 面 10kV 开关柜的费用 |
| 二、土建部分 | | |
| 1 | 基本数据 | 海拔 1250m，地震动峰加速度 0.20$g$，设计风速 23.7m/s |
| | | 地基承载力特征值 $f_{ak}$=180kPa，地下水影响较小，采暖区 |
| 2 | 总平面布置 | 本工程按最终规模征地面积 27.91hm$^2$（419 亩），其中围墙内占地面积 26.10hm$^2$，土石方工程量 8 万 m$^3$，站内道路采用公路型，面积 18 000m$^2$，换流变压器运输轨道长度 2×1230m，配电装置场地采用硬化地坪 |
| 3 | 建筑物 | 1 座控制楼 3010m$^2$、2 座阀厅（2×3030m$^2$）、2 座户内直流场（2×4530m$^2$）、3 座继电器小室、扩建备品库 260m$^2$ 和警传室等建筑物，新建总建筑面积 19 000m$^2$，前期工程已建面积 4600m$^2$，全站总建筑面积 23 600m$^2$，控制楼采用钢筋混凝土框架结构，阀厅和户内直流场采用钢结构设计，继电器小室采用框架结构加设屏蔽网 |

续表

| 序号 | 项目名称 | 工程技术条件 |
| --- | --- | --- |
| 4 | 构筑物 | 660kV 构架和滤波器构架按最终规模一次建成，设备支架按本期规模建设，采用钢管结构 |
| | | 地基处理：本工程场地为Ⅰ级非自重湿陷黄土，湿陷土层较浅，采用加深基础处理 |
| 5 | 给排水 | 前期工程已建设，站区设生活和消防供水系统，站区设 $300m^3$ 消防蓄水池一座 |
| 6 | 冷却空调通风 | 阀的外冷采用风冷却方式，阀厅和户内直流场采用防尘微正压，每侧阀设 2 套空调系统，1 用 1 备。控制楼采用多联机空调，继电器小室采用分体空调，采用分散电暖气供暖 |
| 7 | 消防 | 全站在控制楼、继电器小室和换流变压器采用烟感温感火灾探测报警系统，阀厅采用紫外线敏感型火灾探测报警系统，控制楼室内外设水消防系统，室内设移动式化学灭火装置，阀厅户内设移动式化学灭火装置，户外设水消防系统，电缆竖井及电缆沟采用防火材料封堵措施，换流变压器采用泡沫喷雾灭火装置 |
| 8 | 噪声治理 | 12 台换流变压器采用隔音室，采用 5m 高围墙加 3m 和 2m 隔声屏障，长度 590m，改造围墙长度 940m |

### 2. ±660kV 青岛换流站工程造价及技术组合方案

设计单位：中国电力工程顾问集团公司中南电力设计院

建设单位：国家电网有限公司

工程设计年：2008～2009 年

（1）工程造价。

金额单位：万元

| 项目名称 | | 建筑工程费 | 设备购置费 | 安装工程费 | 其他费用 | 合计 | 单位投资（元/kW） |
|---|---|---|---|---|---|---|---|
| ±660kV 青岛换流站 | 金额 | 26 831 | 201 598 | 8577 | 29 895 | 266 901 | 667.25 |
| | % | 10.05 | 75.54 | 3.21 | 11.20 | 100.00 | |

注　基本预备费率 2%。

（2）基本技术组合方案。

| 序号 | 项目名称 | 工程技术条件 |
|---|---|---|
| 一、电气部分 | | |
| 1 | 换流站额定参数 | 整流换流站。额定直流输送功率双极 4000MW，单极 2000MW，额定直流电压 ±660kV，额定直流电流 3030A |
| 2 | 交流滤波电容器组 | 500kV 交流滤波电容器组 14 小组，3 大组，容量共 2520Mvar |
| 3 | 换流变压器 | 单相双绕组变压器共计 12 台，另设 2 台备用相，每台容量 386MVA |

续表

| 序号 | 项目名称 | 工程技术条件 |
| --- | --- | --- |
| 4 | 平波电抗器 | 干式空芯型，极母线和中性母线上分别配置1台和3台，共9台，其中1台备用。每台电感值为75mH |
| 5 | 直流滤波器 | 双调谐无源滤波器，每极2组 |
| 6 | 出线回路数 | 交流500kV出线远期6回，本期无出线<br>直流±660kV出线1回，接地极出线1回 |
| 7 | 电气主接线 | 交流500kV采用3/2断路器接线，远期共15个元件，组成7个完整串。本期5个元件，组成5个不完整串 |
|  |  | 直流采用双极每极1个12脉冲阀组接线，按极装设平波电抗器、直流滤波器等污秽等级Ⅲ级 |
| 8 | 主要设备选型 | 换流阀采用悬吊式二重阀阀组，外冷却采用水冷。换流变压器采用单相双绕组变压器。直流高压开关场采用常规敞开式设备，交流滤波器采用常规敞开式设备。交流500kV采用户外HGIS设备 |
| 9 | 配电装置 | 总体布局按照“±660kV直流场—换流阀组及换流变压器—500kV交流场—主变压器—220kV交流场”的工艺流向考虑。±660kV直流开关场采用户外布置。500kV配电装置采用户外HGIS设备、悬吊管型母线、普通中型布置方案 |

续表

| 序号 | 项目名称 | 工程技术条件 |
| --- | --- | --- |
| 10 | SCADA 系统 | 全站配置 1 套计算机监控系统，监控系统采用分层分布式结构，间隔层测控及保护设备分散布置于就地继电器小室，就地测控单元按间隔设计配置。全站配置 1 套 GPS 时钟系统，主时钟双重化配置。<br>火灾探测及报警系统 1 套。安全警卫及图像监视系统 1 套 |
| 11 | 直流控制保护 | 高压直流保护按保护区域设置，每一个保护区与相邻保护区的保护区重叠，无保护死区。每个保护区域的保护双重或多重化配置。高压直流保护双极保护与极保护独立，两个极的保护系统、每个极内的两个换流单元的保护系统均完全独立、双重或多重化配置，换流变压器保护按阀组双重化配置。交流滤波器组配置双重化主、后备保护。全站配置直流线路故障定位装置 1 套、1 套直流暂态故障录波系统。换流变压器保护按阀组双重化配置。交流滤波器组配置双重化主、后备保护 |
| 12 | 交流保护 | 500kV 断路器配置断路器保护，500kV 母线保护按双重化配置。全站配置 1 套保护及故障录波信息管理子站 |

续表

| 序号 | 项目名称 | 工程技术条件 |
| --- | --- | --- |
| 13 | 调度自动化及电能计量系统 | 远动系统与换流站的计算机监控系统统一考虑，远动工作站应双重化配置，满足多通道、多规约传输要求，高压直流远动系统按极冗余配置，纳入换流站直流控制、保护系统统一考虑，站间SCADA系统、极控制、极保护的数据交换通道配备主/备通道。交直流系统统一配置1套电能量采集装置 |
| 14 | 通信 | 配置1套调度数据网络接入设备、1套行政交换机，调度数据网接入设备1套。1台计划检修管理维护终端及c区安全文件网关综合数据网设备1套，电视会议系统1套。扩音呼叫系统1套 |
| 15 | 直流系统 | 极用220V直流电源2套，300Ah蓄电池4组；交流场220V直流电源1套，400Ah蓄电池2组；站用220V直流电源1套，400Ah蓄电池2组；交流不停电电源2套（15kVA） |
| 16 | 接地 | 铜材 |
| 17 | 电缆 | 动力电缆130.4km。控制电缆690km |
| 18 | 站用电 | 换流站与500kV变电站站用电系统按合建考虑。站用电系统考虑3回独立的站用电源、两级降压方式 |

续表

| 序号 | 项目名称 | 工程技术条件 |
|---|---|---|
| 18 | 站用电 | 站内装设3台35/10kV油浸式有载调压变压器作为本站的工作和备用电源，其中2台工作电源由本站引接，备用电源由距本站约12km的110kV中云变电站35kV母线引接。除交流站用2台低压变压器（包括相应的低压柜）和2面10kV柜外，本工程其余站用电部分投资均计列在本工程中 |
| 二、土建部分 | | |
| 1 | 基本数据 | 海拔1250m，地震动峰加速度0.10g，设计风速23.7m/s |
| | | 地基承载力特征值$f_{ak}$=180kPa，地下水影响较小，采暖区 |
| 2 | 总平面布置 | 按换流站规模征地11.89hm$^2$（178亩），围墙内占地面积11.00hm$^2$，外购土石方工程量18万m$^3$，站内道路采用公路型，面积32 700m$^2$，变压器运输轨道长度2×1320m，配电装置场地采用碎石铺设 |
| 3 | 建筑物 | 1座控制楼2860m$^2$，2座阀厅（2×3030m$^2$）、1座继电器小室、检修备品库765m$^2$，综合楼（含车库）1980m$^2$、警传室等建筑物，总建筑面积12 350m$^2$，控制楼采用钢筋混凝土框架结构，阀厅和户内直流场采用钢结构设计，继电器小室采用框架结构加设屏蔽网 |

续表

| 序号 | 项目名称 | 工程技术条件 |
| --- | --- | --- |
| 4 | 构筑物 | 换流站建设 3 串 500kV 构架，滤波器场地、直流场地构支架按最终规模一次建设，采用钢管结构 |
| | | 地基处理：本工程地基承载力满足要求，采用天然地基，局部回填土采用换填 |
| 5 | 给排水 | 水源：站内水源两路自来水水源，长度 12km＋12km，工业用水最大补给水量 36t/h，站区设生活、消防和工业供水系统，设 1200m³ 工业消防蓄水池一座 |
| | | 排水：站区雨水排及经处理生活污水排至站外东侧 500m 河道内 |
| 6 | 冷却空调通风 | 阀的外冷采用水冷却方式，阀厅和户内直流场采用防尘微正压，每侧阀设 2 套空调系统，1 用 1 备。控制楼采用多联机空调，继电器小室采用分体空调，采用分散电暖气供暖 |
| 7 | 消防 | 全站在控制楼、继电器小室和换流变压器采用烟感温感火灾探测报警系统，阀厅采用紫外线敏感型火灾探测报警系统，控制楼室内外设水消防系统，室内设移动式化学灭火装置，阀厅户内设移动式化学灭火装置，户外设水消防系统，电缆竖井及电缆沟采用防火材料封堵措施，换流变压器采用水喷雾灭火 |
| 8 | 噪声治理 | 本工程 12 台换流变压器采用隔音室，采用 5m 高围墙加 3m 隔声屏障，长度 1250m，其他围墙高度 2.5m |

### （三）±500kV 柔性直流换流站工程造价案例

选张北柔性直流电网试验示范工程张北换流站、康保换流站作为案例。

1. ±500kV 张北换流站新建工程造价及技术组合方案

设计单位：浙江省电力设计院有限公司

建设单位：国家电网有限公司

工程设计年：2018 年

（1）工程造价。

金额单位：万元

| 项目名称 | | 建筑工程费 | 设备购置费 | 安装工程费 | 其他费用 | 合计 | 单位投资（元/kW） |
|---|---|---|---|---|---|---|---|
| ±500kV 张北换流站 | 金额 | 38 565 | 201 219 | 16 005 | 18 101 | 273 890 | 912.97 |
| | 占比（%） | 14.08 | 73.47 | 5.84 | 6.61 | 100.00 | |

**注**　基本预备费率 0.5%。

（2）基本技术组合方案。

| 序号 | 项目名称 | 工程技术条件 |
|---|---|---|
| 一、电气部分 | | |
| 1 | 换流站额定参数 | 额定直流输送功率 3000MW，2 个 1500MVA 柔性直流换流单元。额定直流电压±500kV，直流额定电流 5455A |

续表

| 序号 | 项目名称 | 工程技术条件 |
|---|---|---|
| 2 | 换流变压器 | 安装6台换流变压器，备用1台，单台容量566.7MVA |
| 3 | 限流电抗器 | 每回每极直流出线设置1台150mH限流电抗器，全站共4台；每极中性母线设置2台150mH限流电抗器，全站共4台，设置1台备用线圈 |
| 4 | 桥臂电抗器 | 每极6台，每台按50mH考虑，全站共12台，另设1台备用线圈 |
| 5 | 出线回路数 | 500/220/66kV、1200MVA联络变压器规划2组，本期一次建成；500kV规划出线2回，本期1回。220kV规划线12回，本期一次建成。联络变压器低压侧（66kV）装设4组低压无功补偿装置，分别为3×60Mvar低压电容器和1×60Mvar低压电抗器，本期一次建成。站内设置2台220/10kV、20MVA高压站用降压变压器，本期一次建成。站内装设3000MW交流耗能装置，分为2大组、8小组，每小组额定功率375MW，站内设置2台230/69kV、600MVA交流耗能装置降压变压器 |
| 6 | 电气主接线 | （1）直流部分。<br>本期一次建成2×1500MW柔性直流换流单元，采用对称双极接线，设独立的金属回流线（不设接地极），换流器采用半桥型模块化多电平拓扑结构。换流器交流侧通过桥臂电抗器、启动电阻及旁路断路 |

续表

| 序号 | 项目名称 | 工程技术条件 |
| --- | --- | --- |
| 6 | 电气主接线 | 器、快速开关和换流变压器等设备接入交流 220kV 配电装置中。换流器直流侧采用简化单母线接线，直流极母线阀侧装设直流母线快速开关，共安装 2 台；每回每极直流出线装设 1 台直流断路器，本期共安装 4 台；金属回路设汇流母线，每极中性母线通过限流电抗器和中性母线开关（NBS）与其相连。每回金属回线线路侧装设 1 台金属回线开关（MBS）。<br>（2）交流部分。<br>换流变压器网侧标称电压为 220kV。<br>500kV 采用 1 个半断路器接线。远期 2 线 2 变压器，按 2 个完整串规划；本期 1 线 2 变压器，组成 1 个完整串和 1 个不完整串，安装 5 台断路器。<br>220kV 远期出线 12 回、联络变压器进线 2 回、换流变压器进线 2 回。交流耗能装置变压器进线 2 回、站用工作变压器进线 2 回，按双母线双分段接线规划；本期一次建成，安装 24 台断路器。<br>联络变压器 66kV 侧采用单母线单元接线，装设总回路断路器。本期安装 10 台断路器(其中总回路 2 台、无功回路 8 台)。<br>交流耗能装置降压变压器 66kV 侧采用单母线单元接线，不设总回路断路器。每台降压变压器 66kV 侧设置 4 小组 375MW 耗能装置，共安装 8 台断路器 |

续表

| 序号 | 项目名称 | 工程技术条件 |
| --- | --- | --- |
| 7 | 主要设备选型 | （1）直流部分。<br>换流变压器采用单相双绕组、油浸式。换流阀采用户内空气绝缘水冷却（阀外冷却采用空冷加辅助水冷方式）、支撑式结构，每个阀模块由 IGBT、直流电容、晶闸管和旁路开关等组成。启动电阻采用单相户外自然冷却型（共 6 台，每台 2000Ω）。桥臂电抗器、限流电抗器均采用干式。直流断路器采用混合式。<br>启动电阻旁路断路器、换流变压器阀侧快速开关额定相电压为 550kV（275kV DC＋230kV AC rms），额定电流为 4000A rms。<br>阀厅、交流耗能装置配电装置室装设红外测温装置。换流站户外直流设备外绝缘等值盐密按 0.066mg/cm$^2$ 考虑。<br>户内直流设备爬电比距按 14mm/kV 考虑。 |
| | | （2）交流部分。<br>500、220kV 和 66kV 母线侧电气设备短路电流水平分别按 63、50kA 和 31.5kA 考虑。<br>500kV 联络变压器采用单相三绕组、油浸式、无励磁调压自耦变压器，额定电压为，额定容量为 400/400/120MVA，短路阻抗高—中为 18%、高—低为 58%、中—低为 38%。220kV 交流耗能装置降压变压器采用三相双绕组、油浸式变压器，额定电 |

续表

| 序号 | 项目名称 | 工程技术条件 |
| --- | --- | --- |
| 7 | 主要设备选型 | 压为 230/69kV，额定容量 600MVA，阻抗电压百分比 10%。变压器均装设油色谱在线监测装置。<br>500kV 采用 GIS 设备，母线额定电流为 5000A，设备额定电流为 4000A。220kV 采用 GIS 设备，换流变压器进线侧断路器装设合闸电阻（1500Ω）。<br>联络变压器 66kV 侧采用罐式 $SF_6$ 断路器，低压电抗器采用干式空心型，低压电容器采用框架式。交流耗能装置 66kV 采用 GIS 设备。<br>屋外交流电气设备电瓷外绝缘爬电距离按国标 d 级污区设计。<br>站址海拔 1344m，根据规程对电气设备外绝缘和空气间隙进行海拔修正 |
| 8 | 电气总平面布置 | 换流阀及直流断路器均布置在阀厅内，换流变压器、桥臂电抗器、启动电阻、限流电抗器及直流场设备均采用户外布置。<br>阀厅尺寸按 85m×96m×22m 考虑（长×宽×净高）。<br>500kV 交流开关场采用户内布置，进出线电压互感器和避雷器采用单列布置，出线构架宽度 36m。220kV 采用户外布置，2 回出线共用 1 榀构架，宽度为 25m。66kV 采用户外布置。 |

续表

| 序号 | 项目名称 | 工程技术条件 |
| --- | --- | --- |
| 8 | 电气总平面布置 | 220/66kV 交流耗能装置降压变压器、66kV 配电装置、耗能电阻、耗能装置阀厅依次布置在换流站联络变压器及低压无功区域场地的两侧。耗能电阻采用户外布置，耗能装置晶闸管阀采用户内布置。每大组耗能装置晶闸管阀设置 1 个阀厅 |
| 9 | 电气二次 | （1）交/直流系统合建 1 套监控系统，系统应具有完善的监视控制功能。换流站监控系统、保护装置、保护及故障录波信息子站等均采用DL/T 860标准通信规约。站控层安全Ⅰ区：配置2台主机、5台运行人员工作站、2台Ⅰ通信网关机等设备。站控层安全Ⅱ区：配置1台计划工作站、2台培训工作站、1套保护及故障信息管理子站、1套在线监测服务器。配置1台Ⅲ区检修工作站、1台文件管理服务器。上述各安全区网络没有互联。换流站直流及相关交流系统测控单元按本期规模双重化配置。各换流站分别配置1套五防操作系统、锁控装置，从监控系统获取设备状态信息。<br>张北、北京换流站各配置2套多端直流协调控制系统主站。<br>各换流站人机工作站远程浏览经 KVM（Keyboard Video Mouse）切换器、4×2M专线、纵向加密装置接入直流技术中心主站系统。 |

续表

| 序号 | 项目名称 | 工程技术条件 |
| --- | --- | --- |
| 9 | 电气二次 | （2）直流控制系统和保护系统分别独立配置，每个换流单元的直流控制保护系统分别独立配置；各换流站阀冷却控制保护系统工作站纳入监控系统统一考虑，不配置独立后台。<br>（3）控制系统采用双重化配置。直流线路保护按三重化配置，包括换流变保护在内的直流保护、直流母线保护均采用三重化配置，跳闸出口采用“三取二”逻辑。直流母线保护、直流线路保护、换流变保护均配置独立的控制主机。直流保护应具备重合直流断路器、直流断路器失灵保护、断路器失灵后的远跳等功能。<br>各换流站在每回直流线路的平波电抗器靠近母线侧阀厅内增加 1 组电流互感器，用于平波电抗器和穿墙套管保护，判断故障点，不启动线路重合闸。<br>丰宁、北京换流站考虑对接地点状态进行监测，相关接地电阻在线监测功能在直流控制保护系统中统一考虑。<br>（4）各换流站交流联络变压器、220kV 及以上高压站用变压器保护按双重化配置，66kV 低压站用变压器、电容器等保护按单套配置。 |

续表

| 序号 | 项目名称 | 工程技术条件 |
| --- | --- | --- |
| 9 | 电气二次 | （5）张北、康保换流站每组 AC 耗能装置降压变压器配置双重化的主备一体化保护装置及本体保护装置，每组 66kV 母线配置双套保护设备；换流站直流控制保护系统与耗能变压器控制保护采用标准接口和通信协议交换信息，原则上相关后台应用功能在运行人员监控系统中统一考虑。<br>（6）每个换流单元配置 1 套直流暂态故障录波装置。每台换流变压器配置 1 套故障录波装置，每两台交流联络变压器、每两台高压站用变、每两台耗能降压变压器各配置 1 套故障录波装置。<br>每回直流线路配置 1 套故障定位装置。本工程 4 回金属线共配置 4 台故障定位监测装置（单侧配置）。<br>（7）配置 1 套公用的时间同步系统，主时钟双重化配置。<br>（8）直流电源系统均按地点分散配置，直流电压采用 220V，各配置 4 套直流电源系统。其中换流单元每套直流系统包括 3 组蓄电池组和 4 套高频开关电源装置；站公用和交流场每套直流系统包括 2 组蓄电池组和 3 套高频开关电源装置。<br>（9）220V 交流 UPS 电源系统按地点分散配置，主控楼配置 2 套，容量为 30kVA，其他小室共配置 2 套 UPS 系统，容量 5kVA。 |

续表

| 序号 | 项目名称 | 工程技术条件 |
| --- | --- | --- |
| 9 | 电气二次 | （10）配置1套图像安全监视系统、1套火灾报警系统、1套阀厅及耗能装置室红外测温监测系统。<br>（11）配置主变压器、换流变压器、联络变压器、耗能降压变压器油色谱在线检测模块，避雷器在线监测模块，220kV及以上电压等级开关设备六氟化硫在线监测模块，在安全Ⅱ区的在线监测服务器上实现应用展示。户内配置六氟化硫气体泄漏在线监测装置，监测GIS室有害气体密度 |
| 10 | 防雷接地 | 本站采用避雷线、避雷针及屋顶避雷带进行直击雷保护。<br>主接地材料采用铜材，并根据规程采取相应的隔离、均压等措施 |
| 11 | 站用电 | 本期安装2台站用工作变压器和1台站用备用变压器，其中站用工作变压器采用220/10kV 油浸式有载调压变压器，容量为20MVA。<br>站用备用变压器采用35/10kV油浸式有载调压变压器，容量为12.5MVA，其电源由110kV变电站的35kV配电装置专线引接，架空线路长度 17.0km、电缆 1.2km。<br>全站设置10台10/0.4kV干式无励磁调压变压器，其中8台2500kVA的用于阀组负荷供电、2台3150kVA的用于站公用负荷供电 |

续表

| 序号 | 项目名称 | 工程技术条件 |
| --- | --- | --- |
| 二、土建部分 | | |
| 1 | 基本数据 | 站址海拔 1344m，地震烈度 7 度，50 年一遇设计风速为 31.8m/s，100 年一遇设计风速为 33.2m/s |
| 2 | 总平面布置 | 本工程按最终规模一次征地，总征地面积 10.60hm$^2$（159.0 亩），其中围墙内占地面积 9.41hm$^2$，场平挖方工程量 5 万 m$^3$，电缆沟道 2500m，运输轨道长度 2×480m，站内道路广场面积 12 840m$^2$ |
| 3 | 建筑物 | 站内建筑按终期规模建设，建有主辅控楼、柔直阀厅、500kV GIS 室、2 座继电器室、2 座备用电抗器室、2 座交流耗能装置室、备品备件库、综合水泵房、车库、综合楼和警传室等建筑物。全站总建筑面积 31 222m$^2$。<br>主控楼采用四层布置，建筑面积 4115m$^2$，设电梯 1 部；<br>辅控楼采用三层布置，建筑面积 2723m$^2$，设电梯 1 部；<br>柔直阀厅建筑平面轴线尺寸 2×85m×96m，面积 16 856m$^2$；<br>500kV GIS 室建筑面积 1312m$^2$，设置 1 台 10t 吊车；<br>备品备件库建筑面积 1200m$^2$，设置 1 台 10t 吊车；<br>综合楼采用三层布置，建筑面积 2190m$^2$。 |

续表

| 序号 | 项目名称 | 工程技术条件 |
| --- | --- | --- |
| 3 | 建筑物 | 主辅控楼、柔直阀厅、500kV GIS 室、继电器室、备用电抗器室、备品备件库等建筑外墙采用压型钢板外饰，综合楼、警传室、车库外墙采用面砖。<br>本工程场地抗震设防烈度为7度，地震动峰值加速度0.10g。<br>主辅控制楼、柔直阀厅、500kV GIS 室及继电器室等主要生产建筑按 8 度采取抗震措施。阀厅采用钢排架＋钢网架屋面结构；主辅控楼、继电器室、交流耗能装置室、综合楼等采用钢筋混凝土框架结构;500kV GIS 室采用轻型门式刚架结构；备品备件库采用钢筋混凝土排架＋钢屋架结构 |
| 4 | 构筑物 | 换流变压器和联络变压器防火墙采用现浇钢筋混凝土墙结构。<br>构支架：全站构架、GIS 基础、换流变压器和联络变压器基础按最终规模建设，构架采用 A 型钢管柱、格构式钢梁结构。设备支架按本期规模建设，采用钢管结构 |
| 5 | 地基处理 | 地基处理：场地土为盐渍土、季节性冻土，黏土具有强膨胀潜势。阀厅、主辅控楼、换流变压器和联络变压器等重要建构筑物采用预制方桩，电缆沟采用碎石换填。场地土、水为强腐蚀性，基础防腐采用混凝土掺加综合外加剂和外涂环氧沥青方案 |

续表

| 序号 | 项目名称 | 工程技术条件 |
| --- | --- | --- |
| 6 | 给排水 | 水源：采用站外自来水方案，管线长度11km。<br>站内供水：全站共设生产、消防、生活三个供水系统。站内设置容积 3000$m^3$ 生产消防水池。<br>排水：雨水经收集排至站外集雨池，工业废水经收集排至站外蒸发池。站内设 2 套生活污水处理装置 |
| 7 | 冷却空调通风 | 冷却系统：换流阀和直流断路器内冷系统采用闭式循环纯水冷却系统，外冷采用空冷+辅助水冷方案。<br>暖通：阀厅采用集中空调，主辅控楼、综合楼、交流耗能装置室采用多联机空调，继电器室等采用分体空调，其他有通风要求的建筑物采用自然进风、机械排风。建筑物均采用分散式电暖器供暖 |
| 8 | 消防 | 全站设置火灾探测报警系统、室外消火栓，主辅控制楼、综合楼、备品备件库等设室内消火栓。室内设移动式化学灭火装置。换流变压器、联络变压器和降压变压器消防采用泡沫喷雾灭火系统，换流变压器设置泡沫消防炮及消火栓 |

续表

| 序号 | 项目名称 | 工程技术条件 |
|---|---|---|
| 9 | 噪声治理 | 站界噪声按 GB 12348—2008《工业企业厂界环境噪声排放标准》2 类标准执行。<br>换流变压器采用隔声罩（Box-in）；且围墙加高至 5m，部分加设隔声屏障，其中南、北侧西段围墙以及东南侧凹角处围墙加高至 5m 并上设 3m 高隔声屏障，西侧围墙加高至 5m 并上设 1m 高隔声屏障 |

2. ±500kV 康保换流站新建工程造价及技术组合方案

设计单位：福建省电力勘测设计院

建设单位：国家电网有限公司

工程设计年：2018 年

（1）工程造价。

金额单位：万元

| 项目名称 | | 建筑工程费 | 设备购置费 | 安装工程费 | 其他费用 | 合计 | 单位投资（元/kW） |
|---|---|---|---|---|---|---|---|
| ±500kV 换流站 | 金额 | 32 621 | 153 020 | 13 566 | 15 711 | 214 918 | 1432.79 |
| | 占比（%） | 15.18 | 71.20 | 6.31 | 7.31 | 100.00 | |

**注**　基本预备费率 0.5%。

（2）基本技术组合方案。

| 序号 | 项目名称 | 工程技术条件 |
|---|---|---|
| 一、电气部分 | | |
| 1 | 换流站额定参数 | 额定直流输送功率 1500MW，2 个 750MVA 柔性直流换流单元。额定直流电压±500kV，直流额定电流 4000A |
| 2 | 换流变压器 | 全站安装 6 台换流变压器，备用 1 台，单台容量按 283.3MVA 考虑 |
| 3 | 限流电抗器 | 每回每极直流出线设置 1 台 150mH 限流电抗器，全站远期共 6 台，本期 4 台。每极中性母线设置 1 台 300mH 限流电抗器，全站 2 台，设置 1 台备用线圈 |
| 4 | 桥臂电抗器 | 每极 6 台，每台 100mH，全站共 12 台 |
| 5 | 出线回路数 | 500/220/66kV、1200MVA 联络变压器规划 1 组，本期一次建成；500kV 规划出线 2 回，本期 1 回。220kV 规划出线 8 回，本期一次建成。主变压器低压侧装设 4 组低压无功补偿装置，分别为 3×60Mvar 低压电容器和 1×60Mvar 低压电抗器，本期一次建成。站内设置 2 台 220/10kV、20MVA 高压站用降压变压器，本期一次建成。<br>站内装设 1500MW 交流耗能装置，分为 2 大组、4 小组，每小组额定功率 375MW，站内设置 2 台 230/69kV、300MVA 交流耗能装置降压变压器 |

续表

| 序号 | 项目名称 | 工程技术条件 |
|---|---|---|
| 6 | 电气主接线 | （1）直流部分。<br>本期一次建成 2×750MW 柔性直流换流单元，采用对称双极接线，设独立的金属回流线（不设接地极），换流器采用半桥型模块化多电平拓扑结构。换流器交流侧通过桥臂电抗器、启动电阻及旁路断路器、快速开关和换流变压器等设备接入交流 220kV 配电装置中。换流器直流侧采用简化单母线接线，直流极母线阀侧装设直流母线快速开关，共安装 2 台；每回每极直流出线装设 1 台直流断路器，本期共安装 4 台；金属回路设汇流母线，每极中性母线通过限流电抗器和中性母线开关（NBS）与其相连。每回金属回线线路侧装设 1 台金属回线开关（MBS）。<br>（2）交流部分。<br>换流变压器网侧标称电压为 220kV。<br>500kV 采用 1 个半断路器接线。远期 2 线 1 变，组成 1 个完整串和 1 个不完整串；本期 1 线 1 变，采用线路—变压器组接线（双断路器），安装 2 台断路器。<br>220kV 远期出线 8 回、联络变压器进线 1 回、换流变压器进线 2 回、交流耗能装置变进线 2 回、站用工作变压器进线 2 回，按双母线双分段接线规划；本期一次建成，安装 19 台断路器。 |

续表

| 序号 | 项目名称 | 工程技术条件 |
| --- | --- | --- |
| 6 | 电气主接线 | 联络变压器66kV侧采用单母线单元接线，装设总回路断路器。本期安装5台断路器（其中总回路1台、无功回路4台）。<br>交流耗能装置降压变压器66kV侧采用单母线单元接线，不设总回路断路器。每台降压变压器66kV侧设置2小组375MW耗能装置，共安装4台断路器 |
| 7 | 主要设备选型 | （1）直流部分。<br>换流变压器采用单相双绕组、油浸式。换流阀采用户内空气绝缘水冷却（阀外冷却采用空冷加辅助水冷方式）、支撑式结构，每个阀模块由IGBT、直流电容、晶闸管和旁路开关等组成。启动电阻采用单相户外自然冷却型（本期共6台，每台按4000Ω考虑）。<br>桥臂电抗器、限流电抗器均采用干式。直流断路器采用混合式拓扑结构。<br>启动电阻旁路断路器、换流变压器阀侧快速开关额定相电压为550kV（275kV DC＋230kV AC rms），额定电流为4000A rms。<br>阀厅、交流耗能装置配电装置室装设红外测温装置。<br>换流站户外直流设备外绝缘等值盐密按0.068mg/cm$^2$考虑。<br>户内直流设备爬电比距按14mm/kV考虑。 |

续表

| 序号 | 项目名称 | 工程技术条件 |
| --- | --- | --- |
| 7 | 主要设备选型 | （2）交流部分。<br>500、220kV 和 66kV 母线侧电气设备短路电流水平分别按 63、50kA 和 31.5kA 考虑。<br>500kV 联络变压器采用单相三绕组、油浸式、无励磁调压自耦变压器，额定电压为，额定容量为 400/400/120MVA，短路阻抗高—中为 18%、高—低为 58%、中—低为 38%。220kV 交流耗能装置降压变压器采用三相双绕组、油浸式变压器，额定电压为 230/69kV，额定容量 300MVA，阻抗电压百分比 8%。变压器均装设油色谱在线监测装置。<br>500kV 采用 GIS 设备，出线隔离开关采用特殊接地刀，母线额定电流为 5000A，设备额定电流为 4000A。220kV 采用 GIS 设备，换流变压器进线侧断路器装设合闸电阻（1500Ω）。<br>联络变压器 66kV 侧采用罐式 SF6 断路器。低压电抗器采用干式空心型，低压电容器采用框架式。交流耗能装置 66kV 采用 GIS 设备。<br>屋外交流电气设备电瓷外绝缘爬电距离按国标 d 级污区设计。<br>站址海拔约 1385m，根据规程对电气设备外绝缘和空气间隙进行海拔修正 |

续表

| 序号 | 项目名称 | 工程技术条件 |
| --- | --- | --- |
| 8 | 电气总平面布置 | 换流阀及直流断路器均布置在阀厅内，换流变压器、桥臂电抗器、启动电阻、限流电抗器及直流场设备均采用户外布置。<br>阀厅尺寸按 85m×96m×22m（长×宽×净高）考虑。<br>500kV 交流配电装置采用户内布置，进出线电压互感器和避雷器采用单列布置，出线构架宽度 36m。220kV 采用户外布置，2 回出线共用 1 榀构架，宽度为 25m。66kV 采用户外布置。<br>220/66kV 交流耗能装置降压变压器、66kV 配电装置、耗能电阻、耗能装置阀厅依次布置在换流站联络变压器及低压无功区域场地的两侧。耗能电阻户外布置，耗能装置晶闸管阀户内布置。每大组耗能装置晶闸管阀设置 1 个阀厅 |
| 9 | 电气二次 | （1）张北、北京换流站各配置 2 套多端直流协调控制系统主站。<br>各换流站人机工作站远程浏览经 KVM 切换器、4×2M 专线、纵向加密装置接入直流技术中心主站系统。<br>（2）直流控制系统和保护系统分别独立配置，每个换流单元的直流控制保护系统分别独立配置；各换流站阀冷却控制保护系统工作站纳入监控系统统一考虑，不配置独立后台。 |

续表

| 序号 | 项目名称 | 工程技术条件 |
| --- | --- | --- |
| 9 | 电气二次 | （3）控制系统采用双重化配置。直流线路保护按三重化配置，包括换流变压器保护在内的直流保护、直流母线保护均采用三重化配置，跳闸出口采用“三取二”逻辑。直流母线保护、直流线路保护、换流变压器保护均配置独立的控制主机。直流保护应具备重合直流断路器、直流断路器失灵保护、断路器失灵后的远跳等功能。<br>各换流站在每回直流线路的平波电抗器靠近母线侧阀厅内增加 1 组电流互感器，用于平波电抗器和穿墙套管保护，判断故障点，不启动线路重合闸。<br>丰宁、北京换流站考虑对接地点状态进行监测，相关接地电阻在线监测功能在直流控制保护系统中统一考虑。<br>（4）各换流站交流联络变压器、220kV 及以上高压站用变压器保护按双重化配置，66kV 低压站用变压器、电容器等保护按单套配置。<br>（5）张北、康保换流站每组 AC 耗能装置降压变压器配置双重化的主备一体化保护装置及本体保护装置，每组 66kV 母线配置双套保护设备；换流站直流控制保护系统与耗能变压器控制保护采用标准接口和通信协议交换信息，原则上相关后台应用功能在运行人员监控系统中统一考虑。 |

续表

| 序号 | 项目名称 | 工程技术条件 |
| --- | --- | --- |
| 9 | 电气二次 | （6）每个换流单元配置 1 套直流暂态故障录波装置。每台换流变配置 1 套故障录波装置，每两台交流联络变压器、每两台高压站用变、每两台耗能降压变压器各配置 1 套故障录波装置。<br>每回直流线路配置 1 套故障定位装置。本工程 4 回金属线共配置 4 台故障定位监测装置（单侧配置）。<br>（7）配置 1 套公用的时间同步系统，主时钟双重化配置。<br>（8）直流电源系统均按地点分散配置，直流电压采用 220V，各配置 4 套直流电源系统。其中换流单元每套直流系统包括 3 组蓄电池组和 4 套高频开关电源装置；站公用和交流场每套直流系统包括 2 组蓄电池组和 3 套高频开关电源装置。<br>（9）220V 交流 UPS 电源系统按地点分散配置，主控楼配置 2 套，容量为 30kVA，其他小室共配置 2 套 UPS 系统，容量 5kVA。<br>（10）配置 1 套图像安全监视系统、1 套火灾报警系统、1 套阀厅及耗能装置室红外测温监测系统。<br>（11）配置主变压器、换流变压器、联变压器、耗能降压变压器油色谱在线检测模块，避雷器在线监测模块，220kV 及以上电压等级开关设备六氟化硫在线监测模块，在安全Ⅱ区的在线监测服务器上实现应用展示。户内配置六氟化硫气体泄漏在线监测装置，监测 GIS 室有害气体密度 |

续表

| 序号 | 项目名称 | 工程技术条件 |
| --- | --- | --- |
| 10 | 防雷接地 | 本站采用避雷针、避雷线及屋顶避雷带进行直击雷保护。<br>主接地材料采用铜材，并根据规程采取相应的隔离、均压等措施 |
| 11 | 站用电 | 本期安装 2 台的站用工作变压器和 1 台站用备用变压器，其中站用工作变压器采用 220/10kV 油浸式、有载调压变压器，容量为 20MVA；站用备用变压器采用 35/10kV 油浸式、有载调压变压器，容量为 12.5MVA，其电源由 110kV 变电站的 35kV 间隔专线引接，架空线路长度 17.1km、电缆 0.46km。<br>全站共安装 6 台 10/0.4kV、3150kVA 干式、无励磁调工程压变压器，分别用于柔性直流阀组负荷以及全站公用负荷供电 |
| 二、土建部分 | | |
| 1 | 基本数据 | 站址海拔 1385m，地震烈度 6 度，50 年一遇设计风速为 29.7m/s，100 年一遇设计风速为 31.0m/s |
| 2 | 总平面布置 | 本工程按最终规模一次征地，总征地面积 9.52hm$^2$（142.8 亩），其中围墙内占地面积 8.45hm$^2$，场平挖方工程量 5 万 m$^3$，电缆沟道 2200m，运输轨道长度 2×400m，站内道路广场面积 11 300m$^2$ |

续表

| 序号 | 项目名称 | 工程技术条件 |
| --- | --- | --- |
| 3 | 建筑物 | 站内建筑按终期规模建设，建有主辅控楼、柔直阀厅、500kV GIS 室及 500kV 继电器室、220kV 继电器室及站用电室、2 座交流耗能装置室、备品备件库、综合水泵房和综合楼等建筑物，全站总建筑面积 30 188m²。<br>主控楼采用四层布置，建筑面积 4049m²，设电梯 1 部；<br>辅控楼采用三层布置，建筑面积 2759m²，设电梯 1 部；<br>柔直阀厅平面轴线尺寸为 2×85m×96m，面积 16 830m²；<br>500kV GIS 室建筑面积 1286m²，设置 1 台 10t 吊车；<br>备品备件库建筑面积 1097m²，设置 2 台 10t 吊车；<br>综合楼采用三层布置，建筑面积 2166m²。<br>主辅控楼、柔直阀厅、500kV GIS 室及 500kV 继电器室、220kV 继电器室及站用电室、备品备件库、交流耗能装置室、综合水泵房等位于配电装置区的建筑外墙采用压型钢板外饰，综合楼、车库、警传室外墙采用面砖。<br>本工程场地抗震设防烈度 6 度，地震动峰值加速度 0.05g，主辅控制楼、柔直阀厅、500kV GIS 室及继电器室等主要生产建筑按 7 度采取抗震措施。阀厅采用钢排 |

续表

| 序号 | 项目名称 | 工程技术条件 |
|---|---|---|
| 3 | 建筑物 | 架柱＋钢网架屋面结构；主辅控楼、继电器室、交流耗能装置室和综合楼等采用钢筋混凝土框架结构；500kV GIS 室采用轻型门式刚架结构；备品备件库采用钢筋混凝土排架柱＋钢屋架结构 |
| 4 | 构筑物 | 换流变压器和联络变压器防火墙采用现浇钢筋混凝土墙结构。<br>构支架：全站构架、GIS 基础、换流变压器和联络变压器基础按最终规模建设，构架采用 A 型钢管柱、格构式钢梁结构。设备支架按本期规模建设，采用钢管结构 |
| 5 | 地基处理 | 建构筑物均采用天然地基，局部超深场地采用毛石混凝土换填 |
| 6 | 给排水 | 水源：打井取水，供水管线长度 2.3km。<br>站内供水：全站共设生产、消防、生活三个供水系统。站内设置容积 3000$m^3$ 的生产消防水池。<br>排水：雨水和工业水经收集排至站外蒸发池，管线长度 300m。<br>站内设 2 套生活污水处理装置 |
| 7 | 冷却空调通风 | 冷却系统：换流阀和直流断路器内冷系统采用闭式循环纯水冷却系统，外冷采用空冷＋辅助水冷方案。<br>暖通：阀厅采用集中空调，主辅控楼、综合楼采用多联机空调，继电器室等采用分体空调，其他有通风要求的建筑物采用自然进风、机械排风。建筑物均采用分散式电暖器供暖 |

续表

| 序号 | 项目名称 | 工程技术条件 |
| --- | --- | --- |
| 8 | 消防 | 全站设置火灾探测报警系统、室外消火栓，主辅控制楼、综合楼、备品备件库等设室内消火栓。室内设移动式化学灭火装置。换流变和联络变、降压变消防采用泡沫喷雾灭火系统，换流变设置泡沫消防炮及消火栓 |
| 9 | 噪声治理 | 站界噪声按GB 12348—2008《工业企业厂界环境噪声排放标准》2类标准执行。<br>换流变压器采用隔声罩（Box-in）；除西北侧围墙高2.5m外，其余围墙加高至5m；东侧围墙上加设1m高隔声屏障，北侧围墙东部、南侧围墙东部、西南侧局部围墙加设3m高隔声屏障 |

### （四）500kV与220kV合建变电工程（全户内）造价案例

北京CBD 500kV变电站新建工程造价及技术组合方案

设计单位：北京电力公司经济技术研究院有限公司

建设单位：国网北京市电力公司

工程设计年：2021年

（1）工程造价。

金额单位：万元

| 项目名称 | | 建筑工程费 | 设备购置费 | 安装工程费 | 其他费用 | 合计 | 单位投资（元/kVA） |
|---|---|---|---|---|---|---|---|
| 北京CBD500kV变电站新建工程 | 金额 | 16 993 | 30 913 | 5528 | 337 391 | 390 825 | 1163.17 |
| | 占比（%） | 12.13 | 67.24 | 3.69 | 16.94 | 100.00 | |

注 1. 本工程为500kV与220kV合建户内变电站。

2. 其中建设场地征用及清理费329 432万元。

3. 基本预备费率1.5%，其他费用中226 000万元不作为取费基数。

（2）基本技术组合方案。

| 序号 | 项目名称 | 500kV变电站工程技术条件 |
|---|---|---|
| 一、电气部分 | | |
| 1 | 主变压器 | 500kV本期2组1200MVA，最终2组1200MVA。220kV本期4台240MVA，最终4台240MVA |
| 2 | 无功补偿装置 | 500kV并联电抗器，本期2组180Mvar。<br>66kV并联电抗器，本期6组80Mvar。<br>35kV SVG，本期4组±20Mvar |
| 3 | 出线回路数和出线方向 | 500kV本期2回，最终2回。<br>220kV本期10回，最终12回。<br>110kV本期8回，最终16回 |

续表

| 序号 | 项目名称 | 500kV 变电站工程技术条件 |
| --- | --- | --- |
| 4 | 电气主接线 | 500kV 采用内桥接线，安装 3 台断路器。<br>220kV 为双母线双分段接线，安装 20 台断路器。<br>110kV 为双母线双分段接线，安装 16 台断路器。<br>500kV 主变压器 66kV 侧采用单母线单元接线，按装设总回路断路器规划。本期安装 10 台断路器，其中总回路 2 台、低压无功回路 8 台（远期接电容器的 2 台断路器提前建设）。<br>220kV 主变压器 35kV 侧采用单母线单元接线，带站用变压器回路装设总回路断路器。本期安装 8 台断路器，总回路 2 台、站用变回路 2 台、低压无功回路 4 台。<br>本期 500kV 主变压器中性点经小电抗接地、低压侧不接地。220kV 主变压器高压侧、中压侧直接接地，低压侧不接地 |
| 5 | 短路电流 | 500、220、110、66kV 和 35kV 母线侧电气设备短路电流水平分别按 63、50、40、40kA 和 31.5kA 选择 |
| 6 | 主要设备选型 | 500kV 主变压器采用单相、自耦、油浸式无励磁调压、自然循环风冷变压器，220kV 主变压器采用三相、油浸式有载调压、自然循环风冷变压器。500kV 高压并联电抗器采用单相、油浸式。500、220、110、66kV 均采用 GIS 组合电器，66kV 电容器采用框架式、电抗器采用油浸式、35kV 无功设备采用 SVG、500kV 主变压器中性点电抗器采用干式 |

续表

| 序号 | 项目名称 | 500kV 变电站工程技术条件 |
|---|---|---|
| 7 | 配电装置 | 500、220、110、66kV 均采用 GIS 设备户内布置 |
| 8 | 控制及远动 | 配置 1 套基于 DL/T 860 的监控系统，包含完整防误闭锁操作功能。CBD 变压器监控系统应具备一键顺控功能，智能五防主机独立配置，由监控系统其中一台主机内置一键顺控功能软件，与五防主机闭锁逻辑共同实现具备双校核的一键顺控功能。设置 1 个公用二次设备室，布置站控层、通信、交直流电源、主变、500kV 二次设备及 220、110kV 公用二次设备等，220、110kV 及 66kV 间隔保护测控、智能终端、合并单元等均按间隔分散安装于就地智能控制柜，35kV 集成装置安装于就地开关柜。远动与监控系统一体化设计，配置 2 台 I 区数据通信网关机，远动信息传送至华北调控分中心、北京市调采用双平面调度数据网络 |
| 9 | 直流系统 | 配置 1 套 220V 直流电源系统，配置 2 组 1000Ah 蓄电池组和 3 套高频开关电源装置。配置 2 套高频开关直流通信电源设备（400A）和 4 组免维护蓄电池组（500Ah），按双重化配置设计 |
| 10 | 接地 | 全站主接地网采用铜接地材料 |

续表

| 序号 | 项目名称 | 500kV 变电站工程技术条件 |
|---|---|---|
| 11 | 电缆 | 220、110、66kV 联络电缆 4km；<br>35kV 电力电缆 0.25km；<br>低压动力电缆 15km；<br>控制电缆 130km；通信电缆 5km；光缆 100km |
| 12 | 站用电 | 本期安装 3 台容量为 1000kVA 的站用变压器，其中 2 台站用工作变压器采用干式有载调压型，分别接入 2 组 220kV 主变低压 35kV 母线；另 1 台站用备用变压器采用干式无励磁调压型，接于站外电源。站外电源由国贸 110kV 变电站的 10kV 配电装置引接，新建电缆线路长度 1.413km。<br>站用备用变压器 10kV 侧采用高压开关柜，安装 1 台断路器 |
| 二、土建部分 | | |
| 1 | 基本技术数据 | 站址设计高程 38.6m，地震基本烈度 8 度（0.20g），50 年一遇设计风速 26.8m/s |
| 2 | 总平面布置<br>站区占地<br>竖向设计<br>站外道路<br>电缆隧道<br>水源<br>排水方式 | 本工程按变电站最终规模征地面积 $1.12hm^2$（16.8 亩），其中围墙内占地 $1.10hm^2$，进站道路及其他用地 $0.02hm^2$。<br>竖向设计：本工程不受百年一遇洪水位及城市内涝水位影响，采用平坡布置，外弃建筑垃圾 0.79 万 $m^3$；站址区域原有地下室空间，场平后标高为与周围相协调需外购土方 1.73 万 $m^3$。 |

续表

| 序号 | 项目名称 | 500kV 变电站工程技术条件 |
| --- | --- | --- |
| 2 | 总平面布置<br>站区占地<br>竖向设计<br>站外道路<br>电缆隧道<br>水源<br>排水方式 | 站区道路采用城市型沥青混凝土路面，按终期规模建设面积 1685m$^2$。<br>电缆隧道采用钢筋混凝土结构，按终期规模建设长度 240m。<br>水源及供水系统：水源采用市政自来水管网引接方案，管道长度 50m。<br>排水：站区雨水采用有组织排水方案，排至站外市政雨水管网；生活污水经化粪池处理后排至站外市政污水管网 |
| 3 | 建筑物<br>建筑面积<br>建筑结构<br>建筑装修 | 本站采用全户内布置，设一座四层配电装置楼加地下电缆夹层布置，各电压等级均采用电缆出线。一层南侧布置 500kV 和 220kV 主变室，中部布置 500kV、220kV、110kV 和 66kV GIS 室，北侧布置 66kV 并联电抗器，500kV 并联电抗器布置在北侧及东侧；二层布置二次设备室、蓄电池室、资料室等；三层布置 SVG 室、35kV 配电装置室、站用电室、66kV 电容器室（预留）；四层布置运维和保电值班室等辅助用房；地下室布置电缆夹层、消防泵房及消防水池等。<br>建筑：站区建筑物按终期规模建设，建有 1 座配电装置楼，全站总建筑面积 17 518m$^2$。 |

续表

| 序号 | 项目名称 | 500kV 变电站工程技术条件 |
| --- | --- | --- |
| 3 | 建筑物<br>建筑面积<br>建筑结构<br>建筑装修 | 建筑外立面：根据北京市规划部门意见（京规自文〔2019〕463 号），与周围环境相协调，进行建筑立面专项设计，外表皮立面采用镂空金属网＋陶板＋砌块、局部采用玻璃幕墙；屋面采用金属格栅＋镂空金属板；围墙采用 2.3m 高的镂空砌块。全站设置建筑夜景照明装置，采用投光灯和灯带等光源。<br>结构：本工程抗震设防烈度 8 度，设计基本地震加速度 0.20g，按 9 度采取抗震措施，采用钢筋混凝土框架＋局部采用剪力墙结构。该建筑隔震措施采用隔震支座 |
| 4 | 地质条件<br>地基处理 | 场地土层主要为粘质粉土—砂质粉土层、粉质黏土—黏土层、粉砂—细砂层等。采用天然地基，局部采用灰土换填 |
| 5 | 噪声 | 根据环评报告，变电站厂界执行 GB 12348—2008《工业企业厂界环境噪声排放标准》2 类标准；变电站西侧、南侧、北侧 50m 范围内暂按 GB 3096—2008《声环境质量标准》2 类执行，东侧按 4a 类标准执行。<br>主变间、SVG 室、并联电抗器室室内墙体采用吸声材料；主变、并联电抗器、SVG 设备散热器周围设置隔声屏障等措施 |

续表

| 序号 | 项目名称 | 500kV 变电站工程技术条件 |
| --- | --- | --- |
| 6 | 采暖通风 | 供暖、空调及通风：二次设备室、蓄电池室等采用多联机空调，辅助用房采用分体空调，生产工艺房间通风全部采用自然进风、机械排风 |
| 7 | 消防 | 全站设置火灾探测报警系统，室内外采用移动式化学灭火方案，并设置室内、外消火栓；主变压器采用水喷雾灭火系统，高抗采用水喷雾灭火系统；二次设备室和蓄电池室等采用气体灭火系统；电缆夹层和电缆竖井采用超细干粉灭火系统 |

# 编写组成员

## 审核人员

张　健　李喜来　张国良　钟西岳

薛春林　梁言桥　张华伦　李一男

## 电力规划设计总院

刘　庆　贺　瑞　杨　健　姜　楠

李园园　左宏斌　唐易木　于　超

李　丰　李振宇　王　建　梁　剑

董鹤云　饶　娆　姚　韵　郭　蓉

郭　林　宋宗耘　侯欣宇　苑金海

焦　红　李新磊　康　巍　吴　静

王　勇　唐　剑　张　涛　邓长红

张昉熠　陈海焱　尹　鹏　颜士海

贾江波　赵雪灵　李振杰　董飞飞

刘德天　王志强　王　晶　孟　鑫

运志涛　张红志　姜海博　徐　林

关　丽　程　翀　李　鹏　杨靖波

张　华　王伟刚　方　舟

## 东北电力设计院有限公司

薛丽娜　陈灵露　崔琬婷　姜笑天

杜世星　孙　航　张　晗　王宇拓

王　丹　韩　彬　宫玉琨　邵长利

张　刚

## 西北电力设计院有限公司

税全利　沐　彬　王　红　周　杨

杜珂萌　杨　婷　陈　云　谢依辰

赵珊珊　徐　熙　李新明　季　明

王志军　秦　瑜　李姗姗　王　蕊

殷　锴　陈　哲

## 华东电力设计院有限公司

傅华风　胡　懿　慈远子　王焱森

程礼祥　罗　绮　闫　丹　梅　玉

庞金来　潘益华

## 中南电力设计院有限公司

祝玉章　丁　锐　汤　雷　刘成伟

覃　博　聂永祯　林　骎　潘　磊

朱　俭　秦　博　王欢林　熊焕荣

李罗兰　张　婷

**西南电力设计院有限公司**

袁　泉　肖　宇　王寒梅　于雪薇

李树林　唐　蕙　周　婧　陈柯羽

梁　明　刘翔云　邢　毅　吴向军

刘翰柱　毛　宇

**华北电力设计院有限公司**

封春菲　薛宾喜　刘　柳　于　靖

刘快军　赵志斌　李　帅　初　兰

王静思　曾令驰　张　馨　孙绪侠

唐典典　崔凯舒　张琳舒　侯昕昕